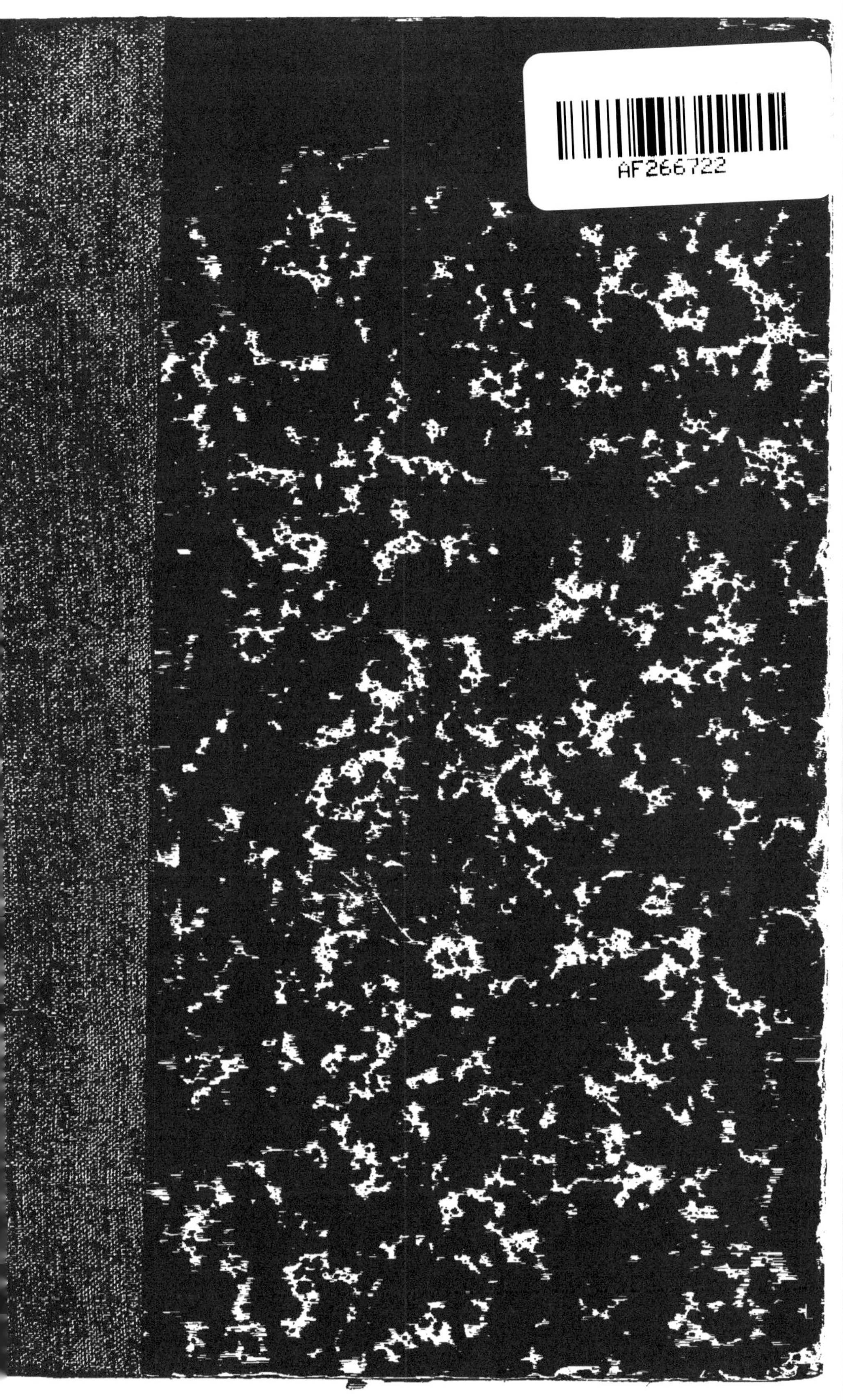
AF266722

MAURICE LOIR

L'Escadre

DE

l'Amiral Courbet

PARIS

BERGER-LEVRAULT ET Cⁱᵉ, ÉDITEURS

L'ESCADRE

DE

L'AMIRAL COURBET

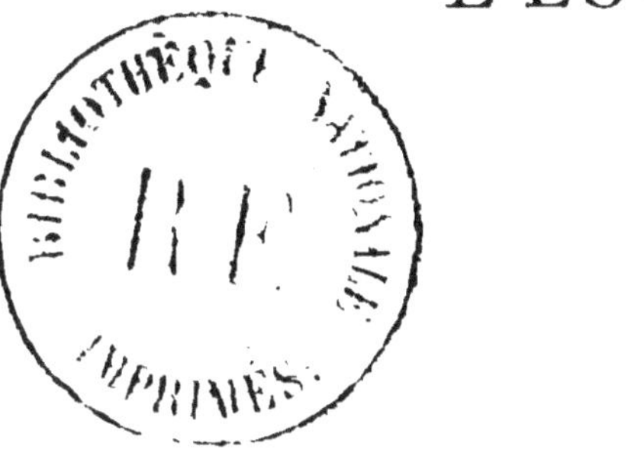

NANCY, IMPRIMERIE BERGER-LEVRAULT ET Cie

L'Escadre

DE

l'Amiral Courbet

PAR

MAURICE LOIR

LIEUTENANT DE VAISSEAU A BORD DE LA « TRIOMPHANTE »

Illustrations de M. Brossard de Corbigny, capitaine de frégate en retraite

BERGER-LEVRAULT ET Cie, ÉDITEURS

PARIS
5, RUE DES BEAUX-ARTS

NANCY
18, RUE DES GLACIS

1894

Tous droits réservés

A LA MÉMOIRE

DU

VICE~AMIRAL COURBET

COMMANDANT EN CHEF L'ESCADRE DE L'EXTRÊME-ORIENT

Mort aux iles Pescadores le 11 Juin 1885

La guerre entreprise en Extrême-Orient à la suite de l'expédition
du Tonkin a consacré à jamais la gloire du grand chef dont le
nom, par un sentiment de profonde admiration, a été placé en tête
de ce livre.

L'amiral Courbet appartient à la postérité, qui associera son
souvenir à celui des meilleurs serviteurs de la patrie. Mais l'histoire
de ses éclatants services doit être connue de ses contemporains qui ne
sauraient oublier que, le premier depuis de cruels revers, il a su
donner à la France les émotions de la victoire.

Si modeste que soit la part de son Escadre dans les brillants
succès qu'il a remportés, cette part mérite d'être racontée. Il n'est
pas inutile de rappeler et de prouver que si cette belle Escadre de
l'Extrême-Orient a été parfois à l'honneur, elle a été aussi à la peine ;
et il est toujours salutaire pour un pays de rendre hommage à ceux
de ses enfants qui déploient, sans compter, les meilleures vertus
militaires.

C'est dans cette double pensée que les pages qui suivent ont été
écrites. Elles ne sont qu'un simple récit du rôle joué sur mer par la
marine française durant le cours de l'expédition du Tonkin. Il n'y
est pas question de la flottille qui a opéré dans le Delta. Celle-ci
comptait une vingtaine de petits navires qui contribuèrent souvent
dans la plus large mesure au succès de nos armes depuis Son-Tay
jusqu'à Tuyen-Quan. Ils ont déployé une activité et une énergie
remarquables pendant deux années de guerre dans des rivières
d'une navigation difficile. Il serait d'un puissant intérêt d'écrire leur

histoire et de mettre en lumière ce que leurs équipages ont fait d'utile, d'audacieux et d'héroïque.

Mais ces Souvenirs n'embrassent que les opérations auxquelles ont pris part, soit la division navale des côtes du Tonkin et la division navale des mers de Chine, soit ces deux divisions réunies, soit l'Escadre de l'Extrême-Orient : ils partent de la sortie d'Hanoï du 19 mai 1883 et vont jusqu'à la dissolution de l'Escadre, le 25 juillet 1885.

M. L.

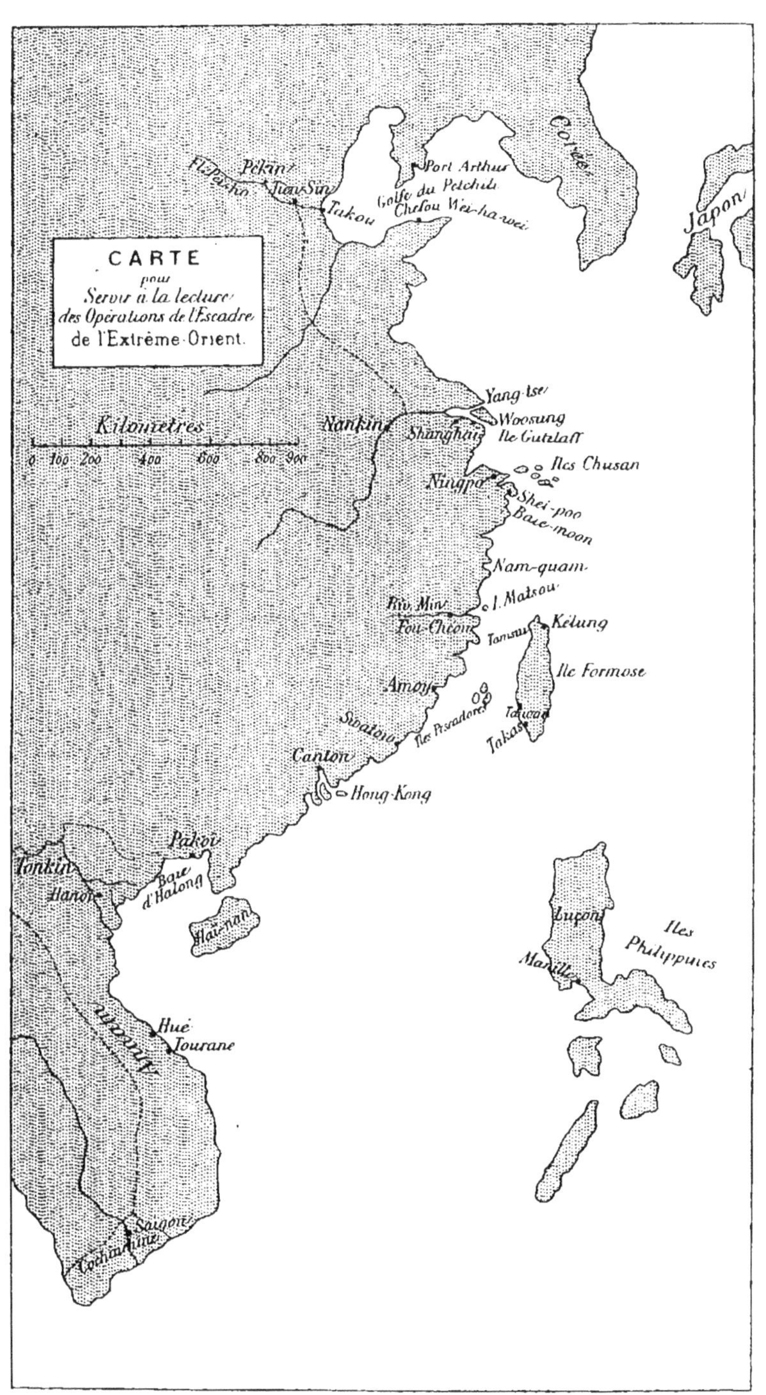

CARTE
pour
Servir à la lecture
des Opérations de l'Escadre
de l'Extrême-Orient.
Kilomètres
0 100 200 400 600 800 900
Pékin
Ft Pei-ho
Tien-Sin
Takou
Port Arthur
Golfe du Petchili
Chefou
Wei-ha-wei
Corée
Japon
Yang-tse
Woosung
Ile Gutzlaff
Nankin
Shanghaï
Iles Chusan
Ningpo
Shei-poo
Baie-moon
Nam-quam
Riv. Min
I. Matsou
Fou-Chéou
Tamsui
Kélung
Amoy
Ile Formose
Swatou
Iles Pescadores
Taïwan
Takao
Canton
Hong-Kong
Pakoï
Tonkin
Baie d'Halong
Hanoï
Hai-nan
Luçon
Iles Philippines
Manille
Annam
Hué
Tourane
Saïgon
Cochinchine

I

APRÈS LA SORTIE

D'HANOÏ

(19 mai — 20 août 1883)

Il n'est pas besoin de rappeler les causes de notre dernière expédition en Extrême-Orient. Chacun sait que les difficultés sont venues, d'une part, de notre volonté de maintenir les droits que nous conférait le traité de 1874, et d'autre part, de la continuelle mauvaise foi de la cour de Hué, qui cherchait par tous les moyens possibles à s'affranchir des obligations que ce même traité lui avait imposées.

La question de la suzeraineté de la Chine sur l'Annam n'ayant pas été nettement résolue, — dans le sens de la suppression — par le traité de 1874, le Céleste-Empire ne tarda pas à faire entendre des protestations nombreuses au sujet de notre intervention en Annam. Les difficultés s'en accrurent d'autant et le différend, de franco-annamite qu'il était, devint par la suite franco-chinois.

Chacun sait aussi que ce fut seulement au lendemain de la mort d'Henri Rivière, c'est-à-dire après le 19 mai 1883, que l'action de la France au Tonkin commença à se dessiner nettement. Jusque-là, même en 1882, elle ne s'était manifestée que timidement, avec des alternatives de vigueur et de mollesse. Quand le ministre de la marine prescrivait de « relever notre prestige amoindri par nos hésitations et nos faiblesses », et recommandait « de faire comprendre à la cour de Hué que le moment était venu pour elle de prendre au sérieux les stipulations du traité de 1874, que les ruses de sa politique tortueuse avaient jusque-là réduites à l'état de lettre morte », il avait le soin d'ajouter en même temps un correctif à cette politique, et de tempérer par des atténuations ce que ces ordres avaient de net et de résolu. C'est *politique-ment, pacifiquement, administrativement,* que le gouverneur de la Cochinchine ordonnait d'agir; et Henri Rivière, dans une lettre datée d'Hanoï — 27 avril, 2 mai 1882 — souriait de ce luxe d'adverbes qui lui défendait, ce semble, de tirer un coup de fusil. C'était pourtant avec un certain appareil militaire, trois compagnies d'infanterie de marine et des canonnières, qu'on l'avait envoyé dans un pays notoirement hostile, où les mandarins ne se privaient ni d'insultes ni de menaces envers le drapeau français et ses défenseurs.

Il faut le dire, l'expédition de Francis Garnier, qui tient du prodige et du merveilleux, restait comme un mirage trompeur devant les yeux de tous ceux qui, après cette étonnante aventure, regardaient de nouveau du côté du Tonkin. Il était convenu et prouvé pour eux qu'une compagnie d'infanterie établirait à tout jamais notre autorité dans ce vaste pays.

Aussi, le mot d'ordre n'était pas d'agir militairement. On comptait sans doute que les Tonkinois, à la seule vue de nos fantassins et de nos marins, seraient pris d'une salutaire terreur et se montreraient calmes et soumis, peut-être même reconnaissants, envers la nation généreuse qui venait s'implanter chez eux. Cette opinion était empreinte de quelque optimisme, mais elle avait cours pourtant : ils étaient nombreux, ceux qui allaient répétant qu'on ne perdrait pas quatre hommes à la conquête du Tonkin !

L'émotion fut donc grande à Paris quand arriva, le 26 mai 1883, la nouvelle de la malheureuse sortie du 19. L'émotion se doublait d'une cruelle surprise et d'une douloureuse déception... Les quatre hommes et le caporal qui, à eux seuls, devaient pacifier le Tonkin, n'étaient donc pas suffisants ?... Il fallait compter avec nos ennemis!... On avait trompé l'opinion !..... Quoi qu'il en soit, le sang français avait coulé : les Chambres résolurent de venger ceux qui étaient tombés. Le ministre de la marine annonça qu'il venait de donner l'ordre au général Bouët, commandant supérieur des troupes en Cochinchine, de se rendre au Tonkin, que des renforts partaient sur l'*Annamite* et sur le *Mytho,* et qu'une division navale, dite du Tonkin, allait être formée sous les ordres de l'amiral Courbet, tandis que la division navale des mers de Chine, commandée par l'amiral Meyer, serait renforcée.

Ajoutons que, par un décret du 8 juin, M. Harmand, qui était alors consul à Bangkock, était nommé commissaire général civil au Tonkin. M. Harmand, ancien médecin de la marine, compagnon de Francis Garnier lors de l'expédition de 1873, homme intelligent et instruit, très au courant des choses de l'Indo-Chine, se trouvait investi d'une fonction assez nouvelle, dont les attributions étaient si considérables et si multiples, que le ministère lui-même ne pouvait qu'à grands renforts de périphrases en établir la nécessité : « Le commissaire général civil est un négociateur autant qu'un administrateur et un organisateur..... il est le dépositaire de la pensée du Gouvernement..... il a pour mission d'étudier ce qui est possible et de faire ce qui est nécessaire... Il est chargé d'empêcher que l'action militaire ne dévie et ne s'étende au delà du cercle tracé... »

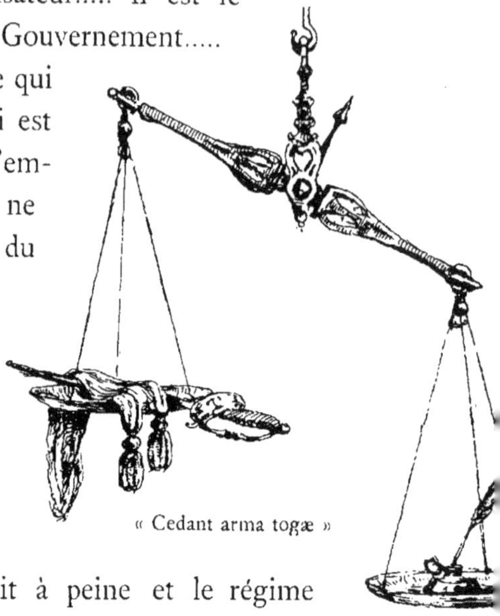

L'événement ne tarda pas à prouver que la fonction de commissaire général civil — malgré la compétence du titulaire — était au moins prématurée. La

« Cedant arma togæ »

période militaire commençait à peine et le régime anormal qu'elle entraîne reculait à une date indéterminée, mais lointaine, l'avènement du régime pacifique et régulier qui aurait pu permettre à un négociateur-organisateur-administrateur, voire même explorateur, de mettre utilement à profit son expérience et ses méditations. La mission de M. Harmand dura du mois de juillet au mois de décembre 1883.

Lors de la malheureuse sortie d'Hanoï, voici quelle était la situation de nos forces navales dans l'Extrême-Orient :

La division des mers de Chine stationnait à la baie d'Halong depuis la fin d'avril, amenée là par les événements qui se passaient au Tonkin. Elle se composait du cuirassé *la Victorieuse,* portant le pavillon de l'amiral, du croiseur *Villars,* commandé par M. le capitaine de vaisseau Dewâtre, des éclaireurs d'escadre *Kersaint* et *Volta,* commandés par MM. de Beaumont et Fournier, enfin de la canonnière *le Lutin,* dont le capitaine était M. le lieutenant de vaisseau Debar.

Le commandant Rivière, avec le titre de commandant de la division navale de Cochinchine, avait sous ses ordres au Tonkin, répandus dans les divers arroyos : les avisos *le Pluvier, Parseval, l'Hamelin,* les ca-nonnières *Surprise, Fanfare, Léopard,* et les

Canonnière de rivière.

petites canonnières *Éclair, Trombe, Hache, Yatagan, Carabine* et *Massue.* En outre, il avait en Cochinchine le transport *le Drac,* l'aviso *l'Alouette* et les petites canonnières *Framée* et *Javeline.*

Le 26 mai, le contre-amiral Courbet, qui commandait la *division d'essais* formée en avril à Cherbourg, reçut l'ordre d'envoyer à Alger le cuirassé *le Bayard,* sur lequel il avait son pavillon, et de venir prendre les ordres du ministre en vue du nouveau commandement de la division navale du Tonkin, auquel il était appelé (31 mai). Le renom que s'était déjà acquis l'amiral Courbet, sa réputation de marin savant et de chef habile, le désignaient d'avance pour une mission qui nécessitait de grandes et sérieuses qualités.

En même temps, le cuirassé *l'Atalante,* sous le commandement de M. le capitaine de vaisseau Galache, entrait en armement à Brest pour faire partie de la division nouvelle, et le croiseur *le Château-Renaud,* commandé par M. le capitaine de frégate Boulineau, quittait, lui aussi, la division d'essais — qui se trouvait disloquée — et suivait le sort du *Bayard.* Précédemment, les canonnières *Vipère,* capitaine Lejard, et *Lynx,* capitaine Blouet, la chaloupe canonnière *le Mousqueton,* avaient été désignées pour renforcer la division du commandant Rivière.

Le 28 mai, l'amiral Conte, qui avait, dans le Levant, son pavillon sur la *Triomphante,* recevait l'ordre de passer sur le *Duguay-Trouin* en attendant l'arrivée de la *Vénus,* et d'expédier la *Triomphante* à Saïgon, où elle devait rejoindre la division de Chine. A la même date, le grand et rapide croiseur *le Tourville* prenait armement, à Toulon, à destination de la même division. La *Triomphante* et le *Tourville* étaient commandés par MM. Baux et Bosc.

Embarquement d'un torpilleur.

Deux autres petits navires complétaient l'effectif des bâtiments de l'amiral Courbet. C'étaient les deux torpilleurs de 2ᵉ classe, porte-torpilles *45* et *46 :* ceux-là mêmes qui plus tard devaient se couvrir de gloire au combat de Fouchéou.

On avait jugé, non sans raison, que leur aide pourrait être utile, et on avait décidé leur envoi en Extrême-Orient.

Les deux divisions ainsi constituées étaient indépendantes. Chacun des amiraux qui les commandaient avait le titre de commandant en chef.

Leurs relations étaient ainsi réglées :

« Si à un moment donné M. le contre-amiral Meyer croyait avoir besoin d'un renfort de bâtiments pour une opération dans les mers de Chine, il aurait à prendre par le télégraphe les ordres du département de la marine avant d'adresser une réquisition à M. le commandant de la division du Tonkin. M. le contre-amiral Courbet agirait de même, de son côté, s'il reconnaissait la nécessité de faire appel à M. Meyer. »

Les rapports entre l'amiral Courbet et M. Harmand étaient exactement ceux qui existent entre les commandants en chef de division navale et les gouverneurs de colonie :

« Cet officier général devra donc, si vous réclamez son assistance, déférer à vos réquisitions, à moins qu'il n'apprécie que les circonstances, dont il est seul juge, le mettent dans l'impossibilité de le faire. Ainsi, c'est à M. le contre-amiral Courbet seul qu'incomberait la direction de toute opération militaire sur les côtes de l'Annam et du Tonkin, de tout blocus, en un mot de toute action par mer. » (Instructions officielles à M. Harmand, 8 juin.)

Les rôles des deux divisions navales se trouvaient également définis dans le document auquel ces emprunts sont faits.

« L'amiral Courbet surveillera activement les côtes de l'Annam et du Tonkin jusqu'au détroit d'Haïnan, y compris le côté ouest de cette île. Il aura à garantir ces parages de tout acte éventuel d'hostilité de la part des bâtiments de guerre chinois. Toutefois, le Gouvernement désirant que cette éventualité ne se produise pas, je lui recommande, comme à M. le contre-amiral Meyer, d'agir à cet égard avec la plus entière prudence. Il se tiendra prêt toutefois à repousser toute action des Chinois, et à bloquer étroitement le port de Pakhoï. Il assurera, si cela est nécessaire, la navigation de nos transports; en un mot, il garantira le corps d'occupation de tout danger venant de l'extérieur.

« M. le contre-amiral Meyer continuera d'être chargé de toute la surveillance à partir de l'île d'Haïnan. Il fera montrer fréquemment le pavillon dans les principaux ports de la Chine, et surtout dans ceux où la présence des navires de guerre peut exercer le plus d'influence sur l'esprit et la détermination des autorités chinoises. Je le prie d'étudier les moyens auxquels il lui semblerait utile de recourir pour exercer une action contre le gouvernement de Pékin. »

L'amiral Courbet arriva à Saïgon le 13 juillet, et y demeura trois jours. Il y rencontra M. Harmand et tous deux échangèrent leurs vues sur la ligne de conduite à suivre. M. Harmand quitta Saïgon le 19, pour se rendre à sa nouvelle résidence.

Dès l'arrivée du *Bayard* dans la baie d'Halong, l'amiral Meyer se hâta d'appareiller pour Hong-Kong après avoir remis à l'amiral Courbet le commandement, provisoirement exercé par lui. Les derniers jours du mois de juillet furent employés à l'étude exacte des choses, à la répartition des canonnières dans les rivières,

à la réunion des plus gros navires dans la baie d'Halong, en un mot à des mesures d'ordre et d'installation. Le 30 juillet, le commissaire général réunissait à Haï-Phong, en conseil de guerre, l'amiral Courbet et le général Bouët, afin de délibérer sur la situation et d'arrêter un plan de conduite. On y décida d'abord que l'effort principal devait se porter sur Son-Tay et on y mit enfin en discussion l'opportunité d'une opération sur Hué.

Depuis longtemps, les personnes les plus compétentes émettaient l'avis que l'affaire du Tonkin ne se réglerait pas sans une intervention belliqueuse à Hué : c'était là qu'il fallait chercher la principale source des difficultés ; c'était de là que partaient les ordres donnés pour la résistance aux mandarins du Tonkin, les subsides et les encouragements aux Pavillons-Noirs. Ne convenait-il pas de profiter du trouble résultant de la mort soudaine de Tu-Duc pour se porter rapidement sur la rivière de Hué, enlever les forts qui commandent la passe et de là dicter des conditions ? Les avantages de cette opération furent reconnus à l'unanimité. Quant aux moyens d'action, un examen approfondi fit reconnaître qu'ils pouvaient être réunis en peu de jours : il suffisait que les forces navales fussent augmentées de quelques pièces d'artillerie fournies par le corps expéditionnaire et d'un petit corps de débarquement emprunté à la Cochinchine.

Le plan exposé offrait toutes chances de réussite. Le Gouvernement y donna son assentiment. L'exécution n'en pouvait être retardée; car, passé le mois d'août, la mousson de nord-est allait se faire sentir et rendre la côte devant Hué intenable aux navires. Rendez-vous fut pris à Tourane où se rencontreraient, le 16 août, la division du Tonkin et les bâtiments venus de Saïgon. M. Harmand prendrait alors passage sur le *Bayard*, afin d'aller conduire les négociations qui suivraient immédiatement les opérations militaires : il serait assisté dans cette mission par M. de Champeaux, lieutenant de vaisseau, administrateur des affaires indigènes en Cochinchine, ancien consul à Haï-Phong, qui avait été déjà, pendant un an, chargé de la légation de Hué.

II

BOMBARDEMENT DE THUAN-AN

(18-20 août 1883)

Le *Bayard*, le *Château-Renaud* et le *Lynx* quittèrent la baie d'Halong le 14 août. La journée du 16 fut employée à reconnaître les ouvrages qui défendaient l'entrée de Hué. Toutes les fortifications paraissaient en bon état. Les sommets ayant vue sur la mer avaient été couronnés par l'ennemi d'amas de sable derrière lesquels étaient braqués des canons. Les deux ouvrages qui fermaient l'entrée de la rivière ainsi que les douze défenses, situées en arrière de la lagune sur la route fluviale de Hué, méritaient seuls le nom de forts. Sur la plage même, une série d'abris creusés dans le sable avaient été disposés pour les tirailleurs et étaient soutenus en arrière par une ligne continue de retranchements. Enfin, un barrage fermait la rivière.

L'*Annamite* était parti d'Halong quelques jours plus tôt pour aller à Saïgon chercher les troupes d'infanterie de marine qui devaient coopérer au débarquement : 600 hommes des 27e et 31e compagnies, 100 tirailleurs annamites, plus une batterie d'artillerie et 100 coolies pour le transport des bagages. Le soir du 16 août, ces quatre navires étaient au rendez-vous.

L'*Atalante*, qui avait quitté la baie d'Halong le 15, resta à la mer pour effectuer un tir d'exercice et mouilla le 17 à Tourane où venaient d'arriver la *Vipère* et le *Drac* : celui-ci apportait de Saïgon une partie des troupes et du matériel.

Le 18 au matin, l'escadre apparcilla pour Thuan-an où elle arriva vers midi et où elle s'embossa. Les Annamites, qui l'attendaient, se

Jonque de mandarin.

rendirent immédiatement à bord du *Bayard* et demandèrent la cause de la présence de l'escadre. L'amiral, pour toute réponse, leur intima l'ordre de rendre les forts dans les deux heures, sous peine de bombardement. Ils déclarèrent ne pouvoir répondre sans consulter la cour de Hué et ils quittèrent le bord. Ces allées et venues entre la côte et le *Bayard,* leur firent gagner quelques heures. Une autre circonstance allongea encore le délai assigné par l'amiral : on avait aperçu une fumée au large et bientôt on reconnaissait l'*Alouette,* venant de Saïgon. Qu'apportait-elle ? Il se passa une bonne demi-heure avant de pouvoir communiquer avec elle. Enfin, au signal du *Bayard :* « Avez-vous quelque chose pour moi ? » elle répondit : « Non. » Et aussitôt le feu commença. Il était 4 heures 1/2.

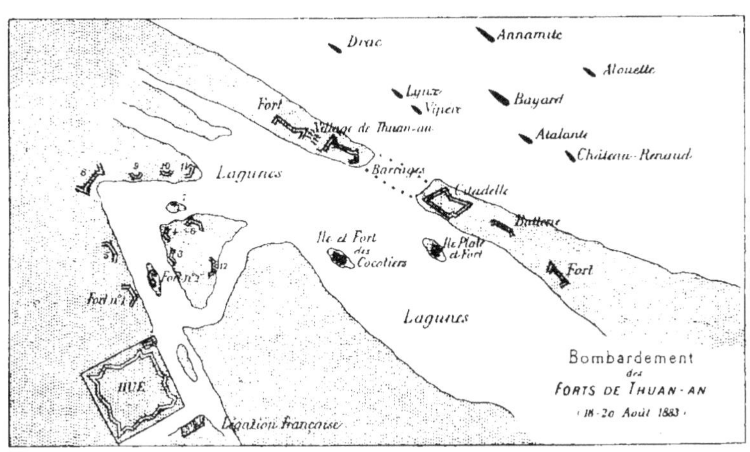

Carte pour le bombardement des forts de Thuan-an.

Chaque bâtiment attaqua l'ouvrage dont l'amiral l'avait particulièrement chargé.

Au septième ou huitième coup, les Annamites répondirent, mais leurs projectiles ne venaient pas à moitié route. Seule, la *Vipère,* qui était mouillée très près du fort du Nord, voyait les boulets pleuvoir autour d'elle. « Bien que plusieurs fois touché, le petit bâtiment n'en continua pas moins son feu avec une énergie qui fait le plus grand honneur à son capitaine, M. Lejard. » La riposte des Annamites dénotait, à la vérité, un réel courage ; malgré la houle qui gênait le tir, nos obus touchaient juste et devaient faire de grands ravages au milieu des défenseurs. Le bombardement dura jusqu'à 8 heures du soir.

Le débarquement avait été décidé pour le lendemain, 19, à 6 heures du matin. Mais la houle très forte de la veille n'étant pas tombée, on ne put songer à aborder la plage et la journée se passa à agacer à coups de hotchkiss les sampans chargés de soldats qui allaient d'une rive à l'autre de la lagune. Les gros canons restèrent silencieux. Très rassurés, les Annamites s'imaginèrent que nous n'avions plus de poudre et, à 10 heures du matin, reprenant confiance, ils ouvrirent un feu violent auquel tous les bâtiments répondirent sans tarder. C'est alors que le *Bayard* reçut un boulet rond qui blessa un homme dans la batterie et quelques autres projectiles qui ne firent aucun mal. Cette fois, les canons des forts étaient mieux pointés, les boulets passaient même au-dessus du but.

Le 20, au petit jour, le feu recommença. L'amiral Courbet avait jugé le débarquement possible, et il importait de déblayer la plage et ses environs à coups d'obus. Les troupes devant débarquer étaient au nombre de 1,050 hommes, comprenant les 600 hommes d'infanterie de marine, la batterie d'artillerie de marine, la compagnie de tirailleurs annamites, les compagnies de débarquement du *Bayard*, de l'*Atalante* et du *Château-Renaud,* plus, la batterie des canons de $65^{m}/_{m}$ (en tout 15 canons) et les 100 coolies. A 5 h. 45 m., toutes ces troupes embarquées dans les canots poussaient des navires, tandis que la musique du *Bayard* faisait retentir l'air des accents de la *Marseillaise.* Il y avait encore un peu de levée à la plage, et, pour débarquer, les hommes durent se mettre dans l'eau jusqu'à la ceinture, au risque de mouiller leurs munitions et leurs armes. A 6 h. 10, sous la protection du *Lynx* et de la *Vipère,* assez rapprochés de la terre pour couvrir la plage de leurs obus, soldats et marins se lançaient à l'attaque, sous les ordres de M. le capitaine de vaisseau Parrayon, du *Bayard*. « Tout le monde était arrivé au complet sur le sable, malgré les balles et la pluie de bombettes que des gens invisibles, cachés derrière les dunes lançaient d'en haut. Vite, on avait commencé à monter et à courir en gardant un silence de mort. Et puis, tout à coup,

Soldat annamite embusqué dans son trou de sable.

dans une ligne de tranchées, merveilleusement établie, qui semblait entourer toute la presqu'île, on avait trouvé des gens qui guettaient, tapis comme des rats, sournois dans leurs trous de sable. On les avait presque tous tués là, sur place, au milieu de leur effarement, à coups de baïonnette. »

Nos soldats n'avaient pas à redouter seulement des embuscades ; l'artillerie des forts tirait aussi sur eux pour les repousser, mais en vain. M. le lieutenant de vaisseau Poidloue, à la tête des marins de l'*Atalante*, enlève le fort du Nord et se livre à la poursuite de l'ennemi. Vers le sud, le commandant

Parrayon, se couvrant d'un détachement d'infanterie, marche à l'assaut du fort principal. Les canons de 65, commandés par M. Amelot, du *Bayard,* en commencent l'attaque.

Pendant ce temps, les dernières troupes sont mises à terre. Rien ne peut arrêter leur élan. A 8 heures, elles rejoignent les soldats et les marins aux abords du fort, que les Annamites défendent avec bravoure. Mais, heureusement pour nous, ils n'ont pas levé le pont-levis. Une cartouche de fulmi-coton, placée par les torpilleurs du lieutenant de vaisseau Gourdon, fait sauter la porte d'entrée et, à 9 heures, le commandant pénètre dans le fort avec l'enseigne Olivieri. A 9 h. 5 m., le pavillon tricolore remplace au sommet des fortifications le grand étendard jaune de l'Annam. Les Annamites, pris de terreur devant nos baïonnettes, ont fui au milieu d'une bousculade insensée, se jetant par-dessus les murs, se précipitant dans la rivière et abandonnant morts et blessés par centaines.

Les deux principaux ouvrages de l'entrée de la lagune étant évacués, il restait à franchir le barrage de la rivière. Dans l'après-midi, la *Vipère* et le *Lynx* y réussirent en essuyant les dernières salves d'artillerie de l'ennemi. Les capitaines, MM. Lejard et Blouet, firent preuve d'une ténacité et d'une énergie remarquables ; ils s'avancèrent audacieusement, ripostant avec vigueur, tandis que de la haute mer, le *Bayard* et le *Château-Renaud* contribuaient à mettre en déroute les derniers défenseurs. Vers le soir, le feu de l'ennemi était éteint, et dans la nuit, les forts occupés par nous.

A 3 heures du matin, on vint

PORTE DE HUE

prévenir M. Harmand, qui s'était rendu à terre, que le ministre des affaires étrangères de Hué venait en parlementaire avec un évêque comme interprète. Une suspension d'armes de quarante-huit heures fut convenue, mais M. Harmand déclara qu'il ne voulait traiter qu'à Hué même. L'armistice portait l'évacuation des douze forts intérieurs, l'enlèvement des barrages, la destruction des munitions et la restitution des deux navires existant encore parmi ceux concédés à Tu-Duc en 1874. Sans attendre la fin de la suspension d'armes qui avait été accordée, le commissaire général se rendit à Hué et s'installa avec M. de Champeaux à la légation de France. De là, il adressa au gouvernement annamite un ultimatum où, après avoir rappelé les nombreux griefs que nous avions à faire valoir, il indiquait les conditions d'une paix acceptable.

Le 25 août, après une longue discussion, le traité fut signé. En voici les principales clauses : Le protectorat sur l'Annam et le Tonkin était reconnu ; la France annexait la province de Binh-Thuan à la Cochinchine; elle occupait militairement et d'une façon permanente les forts de Thuan-an; les troupes annamites du Tonkin seraient rappelées; la France se chargeait de chasser les Pavillons-Noirs pour assurer la liberté du commerce : enfin le représentant de la France jouirait du privilège, toujours refusé jusqu'alors, des audiences personnelles auprès du souverain.

Les plénipotentiaires annamites ayant demandé la réouverture la plus prochaine de la légation, M. de Champeaux fut nommé, par le télégraphe, résident à Hué. Il s'y installa le 1er septembre. Le 18, l'amiral Courbet quittait la baie de Tourane pour Halong avec le *Bayard* et le *Lynx*. Le *Château-Renaud* et la *Vipère* restaient à Thuan-an, où venaient d'arriver le torpilleur *46* et la *Javeline*, remorqués par les transports

Saône et *Drac*. Peu de jours avant, le blocus de l'Annam avait été déclaré et notifié par l'amiral Courbet.

Ce premier fait d'armes devant Hué était tout à l'honneur des canonniers, dont le tir avait été excellent, et des compagnies de débarquement, dont l'entrain avait largement contribué au succès. Quant à l'infanterie de marine, elle s'était montrée, pendant cette journée, à la hauteur de sa belle réputation. A la suite de cette affaire, le commandant Parrayon fut nommé commandeur de la Légion d'honneur, le chef d'état-major, M. de Maigret, officier, et MM. Poidloue et Amelot, chevaliers. M. Lejard passa capitaine de frégate et resta à Thuan-an comme commandant supérieur; MM. les lieutenants de vaisseau Gourdon et Blouet furent mis au tableau d'avancement ainsi que l'enseigne Olivieri.

III

APRÈS LE TRAITÉ DE HUÉ

(25 août 1883 - 11 mai 1884)

Le coup de vigueur de
la division du Tonkin de-
vant les forts de Hué avait
mis entre nos mains les clefs
de la capitale de l'Annam; un
traité de paix avait été signé :
il semblait donc que la solution
de la question tonkinoise dût être
proche. Il n'en était rien. D'abord
dans l'application du traité, nous
commettions nous-mêmes des
erreurs fondamentales : oubliant
que dans l'Annam, plus qu'ailleurs, la méfiance est mère de la
sûreté, nous accordions une confiance
exagérée aux mandarins de Hué, et
nous négligions de faire tomber

résolûment les têtes de ceux de ces mandarins qui, tout en protestant de leur amitié pour nous, demeuraient de connivence avec les réguliers et les pirates chinois. D'un autre côté, chose beaucoup plus grave, la Chine ne voulant pas reconnaître à l'Annam le droit de traiter directement avec la France, continuait à soutenir de ses armes, de ses soldats et de son argent, tous ceux qu'il était convenu de désigner sous le nom de Pavillons-Noirs. Aussi, malgré le traité, la situation restait la même.

A la suite des combats du 15 août et du 1ᵉʳ septembre, les Pavillons-Noirs avaient été refoulés sur la rive droite du Day. Mais, malgré leur défaite, ils n'en demeuraient pas moins en face de nous, n'ayant pas de meilleurs ni de plus sûrs auxiliaires que les mandarins annamites, rendus confiants par notre mansuétude à leur égard. Sur ces entrefaites, de graves dissentiments s'étant élevés entre le général Bouët et le commissaire civil, le général rentra en France et le gouvernement confia à l'amiral Courbet la direction des affaires militaires.

L'amiral quitta le *Bayard* avec son chef d'état-major, M. de Maigret, ses aides de camp MM. Ravel et de Jonquières, et vint établir son quartier général à Hanoï (26 octobre). Il avait pris sur ses différents navires et amené avec lui 600 hommes des compagnies de débarquement ou de l'armement des canons de montagne. Des renforts étaient partis de France. Dès leur arrivée, l'amiral entreprit contre Son-Tay, la plus forte et la mieux défendue des citadelles tonkinoises, cette campagne de quatre jours qui demeurera, avec le siège de Tuyen-Quan, le plus glorieux épisode de la conquête du Tonkin (14, 15, 16, 17 décembre). En attaquant Son-Tay avant Bac-Ninh, l'amiral avait pensé que les Pavillons-Noirs étant refoulés sur le haut Song-Koï et privés de leur repaire de Son-Tay, Bac-Ninh et les réguliers chinois deviendraient une proie facile.

Les événements ont démontré la justesse de ces prévisions. Son-Tay occupé, l'amiral se disposait à reprendre le cours de ses succès, quand il fut remplacé par le général Millot (12 février). Le grade de vice-amiral qu'obtint le 1er mars le vainqueur de Son-Tay, ne tempéra que fort peu l'amertume et le regret que lui causait son remplacement. Un mois après, jour pour jour, Bac-Ninh tombait entre nos mains. Le 12 avril, c'était le tour de Hong-Hoa. Le Delta était conquis.

Puisque la Chine nous faisait ouvertement la guerre, puisque le marquis Tseng, dans sa correspondance avec les affaires étrangères, et Li-Hung-Chang, dans un entretien avec M. Tricou, avaient avoué tous deux que des troupes impériales chinoises étaient au Tonkin, et notamment à Bac-Ninh, il eût semblé naturel de répondre à la guerre par la guerre. Mais le Gouvernement crut ne pas devoir la déclarer, et les deux divisions de Chine et du Tonkin restèrent immobilisées, l'arme au bras, pendant tout cet hiver (1883-1884), alors qu'il leur eût été facile de se répandre sur les côtes de la Chine, de bombarder ses ports, de rançonner ses villes commerçantes, de ruiner sa marine, de couler ses jonques.

Nos navires auraient eu là un rôle tout tracé et tout indiqué à remplir : ils eussent ainsi répondu énergiquement et efficacement à la guerre qui nous était faite sur terre. Le cabinet français ne voulait pas en venir à cette extrémité. Son constant souci, durant le cours de ces difficultés, fut de respecter les intérêts des neutres. Or, c'eût été léser ces intérêts que de bombarder des ports et rançonner des villes où les étrangers l'emportent toujours sur les Français, comme nombre, comme crédit et comme chiffre d'affaires. De ce souci, peut-être exagéré, mais à coup sûr défendable, naquirent toutes les hésitations du Gouvernement devant les mesures de violence et de coercition ; si l'on a le droit de s'étonner parfois de sa longanimité, il est juste aussi de reconnaître que sa politique prudente nous a évité toute complication avec les puissances neutres.

Ainsi qu'il a été dit, la division de Chine avait été réunie à Hong-Kong dès la fin de juillet. Le 3 août, elle fut renforcée par la *Triomphante*, et le 12 septembre par le *Tourville*. Quand cette division, imposante à la fois par le nombre et par la qualité des navires, fut ainsi complétée, il vint à l'idée de chacun de ceux qui en faisaient partie, que l'heure de l'action décisive avait peut-être sonné. Un réel entrain animait les états-majors et les équipages ; leur amour-propre national avait déjà souffert des atermoiements dont on usait vis-à-vis d'un peuple solidaire, après tout, de la guerre que ses vice-rois nous faisaient au Tonkin. Ils trouvaient que le moment d'en finir était venu, et ils sentaient qu'on avait le moyen d'agir. Il était au moins prématuré d'entretenir ces patriotiques espérances : la marine devait rester longtemps encore inactive.

En effet, la *Victorieuse*, frégate amirale, ne quitta le mouillage de Hong-Kong que pour rentrer en France le 10 mars 1884. Le *Tourville* passa le mois d'octobre au Japon, puis il vint à Amoy et de là gagna Hong-Kong pour y rester jusqu'à son retour en France, le 4 mars. La *Triomphante* visita en octobre Amoy, Shanghaï, Tchefou, Port-Arthur, Ningh-Haï. Le 19 novembre, elle revint à Amoy où elle resta jusqu'au 3 février. Après quoi elle retourna à Hong-Kong et y demeura un mois et demi. Le *Villars* se rendit en septembre à Shanghaï pour protéger nos nationaux dans le cas où l'émeute qui avait éclaté à Canton aurait eu son contre-coup dans le Nord; il y resta jusqu'en décembre; à cette époque il alla prendre à Halong

La *Triomphante* en marche voiles et vapeur.

un commandant, un état-major et un équipage nouveaux que le *Mytho* lui amenait de France. Puis il entra à Hong-Kong pour deux mois.

Le *Volta* fut mieux partagé. Envoyé à Shanghaï, le 24 août, pour y relever le *Kersaint,* il se mit à la disposition de M. Tricou, titulaire de la légation de France au Japon, chargé, après le départ de M. Bourée, d'une mission en Chine, pour essayer d'y négocier la question du Tonkin. M. Tricou avait rencontré Li-Hung-Chang à Shanghaï, alors que le vice-roi du Petchili se rendait dans le sud pour prendre le commandement des forces militaires, et il avait tenté de lui faire rebrousser chemin : le vice-roi, qui n'est pas un foudre de guerre, avait facilement consenti à remonter jusqu'à Tien-Sin. M. Tricou, jugeant utile de l'y rejoindre, s'était embarqué le 13 septembre sur le *Volta* qui l'avait conduit à l'entrée du Peï-Ho (16 septembre). Là, notre envoyé extraordinaire voulut mettre à profit l'expérience que le commandant Fournier avait acquise pendant son récent commandement du stationnaire de Tien-Sin. Il savait que le jeune commandant du *Volta* était très au courant des choses de la Chine et qu'il s'était fait l'ami personnel du vice-roi et de son entourage : il demanda donc au ministre de la marine que M. Fournier lui fût adjoint pendant la durée de sa mission près de Li-Hung-Chang. Les négociations entamées n'aboutirent pas. M. Tricou se rembarqua le 2 novembre sur le *Volta* qui le conduisit au Japon, où il avait à rompre son établissement, et de là à Hong-Kong où le *Volta* resta jusqu'au mois d'avril. Un seul incident marqua ce séjour. Les Chinois ayant répandu le bruit que si un navire français osait remonter à Canton, il serait reçu à coups de canon, le *Volta* s'y rendit, l'équipage au poste de combat. Ce fut une précaution inutile. Les forts de Bocca-Tigris restèrent silencieux et les Chinois convaincus de fanfaronnade. Le *Lutin* fut envoyé à Canton au lendemain de l'émeute qui y éclata le 10 septembre ; il y séjourna jusqu'au mois de juin, n'interrompant cette monotone relâche que par de courts et rares voyages à Hong-Kong.

Le *Kersaint*, qui était à Shanghaï depuis deux mois aux ordres de M. Tricou, y fut relevé par le *Volta* à la fin d'août. Arrivé à Hong-Kong le 7 septembre, il en partit peu après pour la baie d'Halong d'où il devait rentrer en France. Les événements le maintinrent dans la division du Tonkin plus qu'on ne pensait. Le *Duguay-Trouin*, qui faisait partie de la division du Levant, était à Smyrne quand il reçut l'ordre (le 15 décembre 1883) de venir renforcer la division de Chine. Il arriva sur rade de Hong-Kong le 30 janvier.

Le rôle de la division du Tonkin, pendant cet hiver 1883-1884, fut sans doute tout aussi ingrat, mais en revanche plus actif et plus pénible que celui de la division de Chine. Au lendemain du traité de Hué, l'amiral Courbet avait déclaré le blocus des côtes de l'Annam. Il s'agissait de le rendre effectif et c'est à cette besogne que sa division fut employée. S'il n'y avait pas de commerce à entraver ou à détruire, il était du moins nécessaire d'empêcher l'introduction des armes et le débarquement des troupes.

La baie d'Halong était la meilleure rade à choisir comme point de concentration et de ravitaillement de la station navale. Cette baie offre, en effet, un excellent mouillage aux navires de toutes dimensions. Les milliers de rochers qui la défendent de la mer font d'elle un abri sûr, même en cas de typhon, comme l'événement l'a prouvé au mois de décembre 1883. Sans doute, il aurait été téméraire de s'y croire dans une sécurité profonde en temps de guerre avec une nation maritime bien outillée. Chacun des rochers qui la bordent peut servir de merveilleuse cachette aux torpilleurs, prêts à fondre sur un ennemi tranquille au mouillage. Mais cette éventualité n'était pas trop à craindre de la part de la Chine, qui n'avait à nous opposer dans ces parages que quelques

jonques de guerre montées par des pirates. Il suffisait de faire
faire des rondes, chaque nuit, par des canots à vapeur et
d'avoir à bord quelques pièces de petit calibre toujours
chargées, pour mettre la flotte à l'abri d'une surprise. Des
ordres sévères étaient également donnés aux factionnaires qui
devaient faire feu sur toute embarcation laissant sans réponse
un troisième appel.

Ces mesures de prudence n'étonneront pas ceux qui connaissaient le chef de la division navale. Elles ont eu le
résultat attendu : jamais ses navires n'ont été inquiétés au
mouillage.

Chaque bâtiment avait alternativement une semaine de
séjour à la baie d'Halong et une semaine de croisière ; celle-ci
se passait tantôt dans la zone Est du blocus, c'est-à-dire du
côté de Pakoï, tantôt dans la zone Sud, du côté de Tourane et
de Hué. Puis, suivant les besoins, les navires étaient envoyés
à Quan-Yen, à Hongay, à Saïgon, à Haï-
Phong. D'autres fois on les chargeait de
surveiller les chenaux du long de la côte
par lesquels les troupes chinoises pouvaient
chercher à gagner la frontière.

Les expéditions contre les pirates à
Fou-Taï-Moun, à Siong-Mui-Tao étaient
celles que les équipages préféraient ; les
navires qui y prenaient part avaient ainsi
l'occasion de mettre à terre leurs compagnies de débarquement et revenaient avec
un butin de jonques souvent bien armées.
Mais ces événements étaient malheureusement trop rares.

Ceux-là seuls qui ont eu l'occasion de

« Ho ! du canot !... »

participer à un blocus pourront se faire une idée exacte de ce que fut cette tâche imposée pendant plusieurs mois à la division Courbet. Ils n'auront pour cela qu'à évoquer leurs souvenirs personnels. Faire pendant quelques heures une certaine route, la défaire ensuite, aller dans un sens, revenir en sens contraire, constitue, il faut l'avouer, le métier le plus monotone et le plus aride qui se puisse imaginer. C'est une tâche ingrate que celle qui consiste à battre la mer quelque temps qu'il fasse, à décrire des « ronds dans l'eau » en attendant le passage de quelque navire marchand, à visiter sa cargaison pour s'assurer qu'il ne recèle pas de contrebande de guerre.

On n'y trouve pas l'occasion de s'y distin-guer ; on n'y est pas soutenu par l'espoir de nobles combats. On y est à la peine ; on n'y est guère à l'honneur.

Ce blocus s'effectuait dans des conditions qui augmentaient encore la monotonie et l'aridité habituelles. C'est sous un soleil de plomb, par une chaleur tropi-cale et énervante que cette croi-sière se tenait. Quelque pénible qu'elle fût, elle était encore préférable au séjour d'Halong où l'inaction se faisait plus cruelle-ment sentir et venait se joindre

...Sous un soleil de plomb, par une chaleur tropicale...

aux rigueurs d'une température excessive. « Ici, écrivait l'amiral, on cuit, on bout pour mieux dire, car le milieu où l'on vit est un mélange d'air et de vapeur d'eau à une température très désagréable. A bord du *Bayard,* qui est tout en tôle et où le thermomètre marque toujours 2 ou

3 degrés de plus qu'ailleurs, l'épreuve est plus rude que chez les voisins. » Aux fatigues d'un tel climat s'ajoutaient les mille ennuis d'un séjour dans un pays sans ressources, dépourvu de vivres d'aucune sorte, où la pauvre machine humaine se détraquait rapidement, où les meilleures santés chancelaient pour ne plus se relever et où les caractères eux-mêmes, subissant le contre-coup de ces malaises physiques, ne trouvaient que par des efforts de volonté la dose suffisante de patience et de résignation.

Si encore, au milieu de toutes ces misères, on eût été tenu en haleine par quelque incident de guerre, par quelque capture émouvante. Mais cela même faisait défaut. Les côtes de l'Annam en général sont peu fréquentées ; depuis que nous faisions bonne garde, les navires suspects y étaient de plus en plus rares ; on n'y rencontrait guère que de pauvres et inoffensives barques de pêche, que nos croiseurs avaient la générosité de ne point troubler dans l'exercice de leur pacifique industrie.

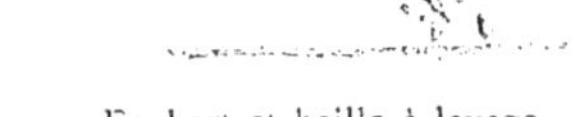

Faubert et baille à lavage.

Ainsi la certitude presque absolue de ne jamais voir surgir à l'horizon quelque hardi forceur de blocus privait même de cette attente de l'imprévu qui, d'habitude, peut suffire à rendre une croisière intéressante.

Il serait trop long de relater toutes les allées et venues des navires : c'est aux avisos *Hamelin, Kersaint, Parseval, Château-Renaud,* qu'incomba le plus grand nombre de semaines

de croisière. Les avisos-transports *Drac* et *Saône* firent
de nombreux voyages en Cochinchine pour les besoins
du corps expéditionnaire. L'*Atalante* passa à Tourane de
longs mois d'attente et d'isolement. Quant au *Lynx* et à
l'*Aspic*, ils furent employés presque toujours dans le
Delta que leur tirant d'eau leur rendait accessible. En
exécution d'un des articles du traité de Hué, sept
cents hommes de troupe tenaient garnison à Thuan-an
où la *Vipère*, la *Javeline* et le torpilleur *46* restèrent en
station pendant tout l'hiver.

Entre temps, MM. Renaud et Rollet de l'Isle,
ingénieurs hydrographes, avec le concours de différents navires, mais en particulier de la *Saône* et du
Château-Renaud, avaient fait l'hydrographie de toute
la région très inconnue qui s'étend à l'ouest de la
baie d'Halong.

La surveillance des côtes de l'Annam et du
Tonkin a donc été l'unique et pénible occupation
de la division de l'amiral Courbet depuis le bombardement des forts de Hué. Aussi, à la date du
24 avril 1884, l'amiral pouvait-il écrire : « Le rôle
de la marine est fini. Évidemment on ne se déci-
dera jamais à des opérations maritimes contre le
Céleste-Empire. Depuis le jour où les Célestiaux
ont mal digéré le traité de Hué, je n'ai eu qu'une
opinion et je l'ai répétée sur tous les tons : déclarer la guerre à la Chine, brûler ses ports,
ruiner sa marine. »

A quelques jours de là, les faits semblaient
confirmer les craintes que l'amiral éprouvait
de voir finir son rôle et celui de sa division

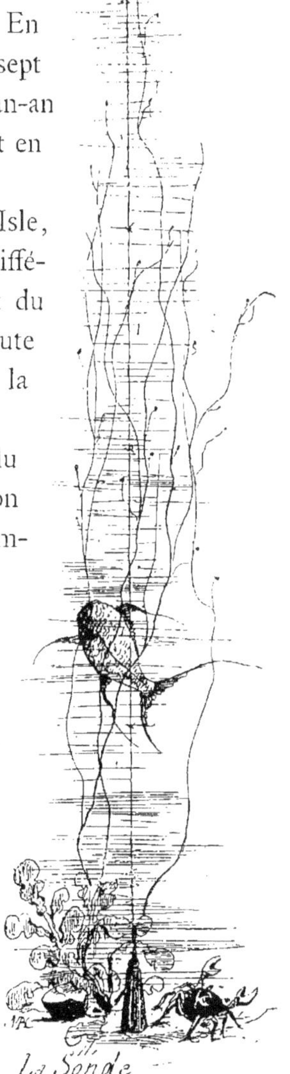

navale; le 11 mai, la convention de paix de Tien-Sin était
signée. Étrange revirement des choses d'ici-bas! Cette convention, qui semblait terminer le différend franco-chinois,
devait être le point de départ des grandes opérations maritimes! Les négociations qui précédèrent la signature de la
convention de Tien-Sin, tiennent de près au récit des mouvements de la flotte. A ce titre, elles peuvent prendre place dans
ces souvenirs. Elles nous ramèneront, du reste, à reparler de
la division de Chine qui était toujours au mouillage de Hong-
Kong.

IV

CONVENTION DE TIEN-SIN

Étant donné le peu de services que
le *Tourville* avait rendus jusqu'alors, le
ministre de la marine se décida à le
rappeler des mers de Chine et à le
remplacer par deux croiseurs plus
petits, le *Duguay-Trouin* et le *d'Estaing*.
Pour expliquer ce rappel, on alléguait
que ce superbe navire joignait à de très
sérieuses qualités des défauts graves : tant
il est vrai que la perfection n'est pas de ce
monde. Il calait beaucoup ($7^m,78$ en pleine
charge), dépensait énormément de charbon
(50 à 60 tonneaux avec la moitié des

feux), et sa machine était très difficile à mener. Mais à côté de ces inconvénients, il avait l'avantage d'une vitesse supérieure, dont il n'avait rien perdu, puisque dans sa traversée de retour, après dix mois de navigation, entre Port-Saïd et Alger, il fila 15 nœuds à la vapeur seule en ne donnant que 65 tours, alors qu'en arrivant à Brest, il put, avec 73 tours, réaliser une vitesse de 16 nœuds passés. Cette grande marche en faisait un engin de guerre qui n'était pas à dédaigner. Si l'amiral Courbet, le jour où il donnait la chasse aux croiseurs chinois près de Sheipoo, avait eu avec lui un grand croiseur filant 15 à 16 nœuds, peut-être se fût-il décidé à le lancer seul en avant contre les trois navires ennemis les plus rapides, et peut-être est-il permis de penser que, dans ces conditions, le succès eût été plus complet et plus éclatant.

On s'est plu à répéter que le tirant d'eau du *Tourville* lui défendait l'entrée de certaines rivières. Mais la *Triomphante*, le *La Galissonnière* et plus encore le *Bayard*, étaient dans le même cas. Ils avaient, eux aussi, des tirants d'eau qui ne leur permettaient pas de franchir les barres de quelques fleuves. Pourtant on maintenait dans les mers de Chine la *Triomphante*, le *La Galissonnière* et le *Bayard*, à cause de leurs cuirasses. Ne pouvait-on y maintenir le *Tourville* à cause de sa vitesse? La vitesse est le premier facteur à considérer dans la guerre moderne.

Le *Tourville* était parti de Hong-Kong depuis trois jours quand le *La Galissonnière* vint y mouiller, amenant le nouveau commandant en chef de la division de Chine, le contre-amiral Lespès (7 mars). La remise du service eut lieu sans tarder, et la *Victorieuse* put appareiller pour la France dès le 11 mars au matin.

Le premier soin de l'amiral Lespès fut de faire avec sa division une tournée générale sur les côtes de Chine. Cette division était fort bonne à montrer avec ses deux cuirassés *Triomphante* et *La Galissonnière,* ses croiseurs *Villars* et *Duguay-Trouin,* ses avisos *Volta* et *Lutin.* Elle venait récemment de s'accroître d'un troisième croiseur, le *d'Estaing,* commandé par M. le capitaine de vaisseau Coulombeaud, qui avait mouillé le 13 mars à Hong-Kong. Ordre fut donc donné à la *Triomphante* et au *Duguay-Trouin* de se rendre à Amoy afin d'y relever le *Vil-*

Un croiseur chinois.

lars, qui s'y trouvait depuis la fin de février et qui allait remonter à Shanghaï. Tous les mouvements étaient du goût des officiers, qui ne demandaient pas mieux que de voir le plus de pays possible.

Le *Lutin* retournait à Canton. Quant au *La Galissonnière* et au *Volta,* ils devaient rejoindre un peu plus tard à Amoy les navires qui venaient d'y être envoyés. L'amiral Lespès voulait auparavant mettre à profit la grande marée de la fin du mois de mars pour remonter jusqu'à Canton avec le *Volta.* Notre consul dans cette ville, M. Ristelhueber, avait insisté auprès de l'amiral pour qu'il se rendît en visite chez le vice-roi. Il n'était pas mauvais, disait-il, qu'un chef militaire français se montrât à Canton quelques jours après la prise de Bac-Ninh. Ce récent succès avait causé une énorme émotion en Chine, sans doute parce que les soldats qui défendaient la ville — et qui en avaient fui, du reste, — étaient des réguliers chinois. Mais le mot d'ordre était alors de sembler ignorer que des réguliers chinois fussent au Tonkin en face de nous, et une visite de courtoisie à un vice-roi chinois, si bizarre qu'elle pût paraître à la réflexion, n'avait rien que de normal : nous n'étions pas en guerre avec la Chine.

Le *Lutin* et le *Volta* remontèrent donc à Canton avec l'amiral, son état-major et sa musique. La musique, qui a pour vertu d'adoucir les mœurs, peut aussi aider aux bonnes relations diplomatiques. Cette visite, qui n'était, en elle-même, qu'une de ces visites de courtoisie banale comme sont appelés à en faire tous les chefs de station navale, ne vaudrait pas la peine d'être mentionnée si elle n'avait donné lieu au premier des pourparlers qui devaient aboutir à la fameuse convention de Tien-Sin.

M. Detring, commissaire des douanes impériales chinoises à Canton, était à ce moment de passage à Hong-Kong, revenant d'Europe où il avait eu l'occasion de voir le ministre des affaires étrangères, M. J. Ferry. Il l'avait entretenu de nos difficultés avec la Chine et de la possibilité d'un arrangement. Le chef du cabinet français avait fait bon accueil aux idées de M. Detring, et l'avait engagé à s'aboucher, dès son retour en Chine, avec le commandant du *Volta*, M. Fournier, dont le nom était en faveur au ministère depuis la récente mission qu'il avait remplie à Tien-Sin avec M. Tricou, auprès de Li-Hung-Chang.

M. Detring connaissait, du reste, le commandant Fournier qui avait déjà commandé en Chine; il le rencontra à Hong-Kong peu de jours avant le voyage du *Volta* à Canton : M. Detring fut de ce voyage.

On raconte qu'au moment où, sur le pont du *Volta,* M. Detring fut présenté à l'amiral Lespès, un aide de camp de celui-ci dit au commandant Fournier : « Qu'est-ce que c'est que cet Allemand? Est-ce que vous avez confiance en lui? » A quoi il fut répondu que cet Allemand était plus Autrichien qu'Allemand, qu'il était officier de la Légion d'honneur depuis l'Exposition de 1878, qu'il se trouvait être, dans l'administration des douanes, l'antagoniste du commissaire général, M. Robert Hart, et que, ce dernier nous détestant cordialement, il était naturel que M. Detring nous portât quelque sympathie.

M. Fournier aurait pu ajouter ce qu'il avait dans la pensée, c'est-à-dire que M. Detring, qui convoitait la succession future de

Perdant la face.

M. Robert Hart, n'avait rien tant à cœur que de jouer un rôle important dans les affaires chinoises et de s'attirer la confiance et la reconnaissance du gouvernement de Pékin par un service signalé, par un service tel que la haute position, objet de ses désirs, lui revînt dans l'avenir comme un droit, comme une juste récompense. Or, il était vraisemblable que, parmi les bienfaits que la Chine pouvait souhaiter, le premier de tous était la paix; et que, sans oser la demander lui-même de peur de *perdre la face,* le gouvernement chinois était pourtant disposé à bénir des deux mains et pour de longues années, l'habile fonctionnaire qui viendrait lui fournir le moyen de la signer. M. Detring s'employait donc très sincèrement à la négociation d'un arrangement. L'aide de camp de l'amiral Lespès pouvait se rassurer; la confiance du commandant Fournier n'était pas hasardée. Les rêves ambitieux de cet Allemand liaient ses intérêts aux nôtres.

Aussitôt installé dans sa résidence de Canton, M. Detring soumit les conditions de la France au vice-roi, créature de Li-Hung-Chang, tout dévoué à sa personne. Ces conditions étaient : rappel du marquis Tseng, reconnaissance du protectorat de la France sur l'Annam et le Tonkin, ouverture du Yun-nan, du Kouang-si et du Kouang-tong, convention douanière et indemnité de guerre. Mais comme le pauvre vice-roi n'avait nulle qualité pour engager son gouvernement, il se hâta d'en référer à Li-Hung-Chang. Celui-ci répondit en appelant auprès de lui M. Detring, qui se rendit aussitôt à Tien-Sin muni d'une lettre confidentielle dans laquelle le commandant Fournier précisait les conditions de l'entente qu'il croyait acceptables par la France. Les événements semblaient donc tourner au gré des différents personnages qui s'étaient rencontrés à bord du *Volta*, lors du voyage à Canton.

Ce voyage effectué, l'amiral Lespès ne resta que quelques jours à Hong-Kong; il vint mouiller à Amoy le

Visite aux forts de Kelung.

10 avril, dans la soirée. Le *Volta,* qui avait quitté Hong-Kong vingt-quatre heures après le *La Galissonnière,* le rejoignit dans la baie de Mirs pour lui remettre son courrier, et de là se dirigea vers une destination qu'on ne soupçonnait pas.

Ce fut seulement le 16 avril, quand le *Volta* vint au mouillage d'Amoy, qu'on sut que de la baie de Mirs il s'était dirigé sur Kelung, au N.-E. de Formose, port voisin de charbonnages importants d'où la marine chinoise tirait son approvisionnement de combustible, excellente relâche pendant la mousson de S.-O., mais très mauvais mouillage pendant la mousson de N.-E. Le séjour du *Volta* à Kelung avait donné lieu à l'incident suivant:

Aussitôt arrivé en rade, le commandant Fournier avait demandé à l'autorité chinoise 30 tonneaux de charbon et un pilote pour pouvoir entrer dans la baie et mouiller dans l'avant-port. Le charbon et le pilote avaient été refusés. En outre, des officiers du *Volta* qui s'étaient rendus à terre pour visiter les forts défendant la rade, avaient été accueillis avec des marques non équivoques d'animosité, et l'un des factionnaires de ces forts avait même fait le geste de les coucher en joue. En présence de ce mauvais vouloir des autorités et de cette hostilité de la population et des troupes, le commandant du *Volta* adressa au taotaï de Kelung une sorte d'ultimatum dans lequel il exigeait la livraison du charbon, la venue du pilote à son bord et les excuses du commandant du fort dont le factionnaire s'était permis de manquer de respect à un officier français. Si satisfaction ne lui était pas donnée, le commandant annonçait qu'il ouvrirait le feu le 15, à 8 heures du matin.

N'ayant pas tardé à reconnaître dans le fond de la rade, près de la ville, une position d'où il pouvait prendre à revers le seul fort dont le calibre des canons fût à craindre, le commandant du *Volta* vint y mouiller avec une assurance et une résolution remarquables, — et il attendit. A 7 heures et demie du matin, le 15 avril, le charbon était le long du navire ; le pilote ne venait pas, puisqu'on s'était passé de lui pour changer de mouillage, mais le commandant du fort se rendait à bord du *Volta*, où il apportait ses excuses pour l'incartade de son subordonné.

Cette mise en demeure suffisamment belliqueuse, émanant d'un officier récemment désigné comme l'intermédiaire d'un arrangement pacifique, semble faite pour surprendre. S'il est souvent difficile de démêler le pourquoi des contradictions des diplomates, rien n'est plus simple que de trouver, dans le cas présent, la raison d'un aussi brusque changement d'attitude. M. Fournier, en causant avec M. Detring d'un traité possible, n'avait pas manqué d'insister sur les avantages que la paix devait procurer à la Chine, et il avait surtout fait entrevoir toutes les calamités qu'entraînerait la continuation des hostilités ; il avait montré — moins pour M. Detring que pour ses interlocuteurs chinois — les turcos prêts à seconder les musulmans du Yun-nan, les troupes du Tonkin prenant Haïnan et Formose, la flotte ravageant les côtes, brûlant les ports. Mais pour donner créance à ces sombres pronostics, il fallait au moins que cette flotte qui avait jusque-là si peu fait parler d'elle, s'affirmât d'une façon évidente. L'ultimatum envoyé par le commandant du *Volta* au taotaï de Kelung n'avait donc été qu'une démonstration très opportune de la valeur des navires français et de l'énergie de ceux qui les montaient.

L'incident eut en Chine le retentissement que ses promoteurs avaient espéré.

La division navale, sauf le *d'Estaing*, partit d'Amoy à la fin d'avril pour Shanghaï. Chemin faisant, le *La Galissonnière* et le *Volta* s'arrêtèrent à Matsou d'où l'amiral se rendit avec le *Volta* à Fou-Chéou. Enfin, le 28 avril, toute la division se trouvait réunie dans le Yang-Tse, les croiseurs seuls devant la ville, les cuirassés, qui ne pouvaient franchir la barre, étaient restés à Voo-sung. L'amiral Lespès, afin d'entrer plus facilement en relations avec les diverses autorités, s'était installé au Consulat général de France et avait mis son pavillon sur le *Duguay-Trouin*.

Si, de son côté, l'amiral n'avait pas perdu de vue les conversations échangées lors du voyage à Canton, s'il avait envoyé le *Volta* à Kelung pour y faire la démonstration que l'on sait, de son côté Li-Hung-Chang n'avait pas tardé, comme on l'a vu, à faire venir auprès de lui M. Detring. Il s'était montré tout de suite disposé à bien accueillir le projet d'un arrangement et le lendemain même de son arrivée à Shanghaï, l'amiral Lespès recevait l'avis que le vice-roi du Petchi-li venait d'obtenir du gouvernement chinois le rappel du marquis Tseng comme première satisfaction donnée à la France. Ainsi tout s'annonçait bien; les choses marchaient à souhait. Elles devaient aller mieux encore.

Li-Hung-Chang, sachant que la division française remontait à Shanghaï, avait envoyé dans cette ville son parent et secrétaire, Ma-Kien-Tchang, jeune homme élevé en France, très au courant des choses d'Europe et d'une intelligence très ouverte. Le jeune Ma était donc à Shanghaï, *comme par hasard,* quand les navires français y arrivèrent. Il vint offrir ses hommages au commandant Fournier qu'il connaissait déjà et se fit présenter par lui à l'amiral Lespès. Le lendemain, à bord du *Volta*, pendant un déjeuner où étaient conviés l'amiral et le secrétaire de Li, la conversation tomba naturellement sur le différend entre la France et la Chine. Le jeune Ma parla longuement de la sympathie du vice-roi pour M. Fournier et insista particulièrement sur le regret qu'éprouvait Li-Hung-Chang de n'avoir pu, au mois d'octobre précédent, réussir à s'entendre avec MM. Tricou et Fournier, etc., etc... Bref, le 30 avril, dans l'après-midi, le *Volta* descendait le Yang-Tse et se rendait à Tche-Fou, d'où le commandant partait pour Tien-Sin dans le but avoué d'aller rendre visite à son excellent ami le vice-roi, mais en réalité pour y conférer avec lui sur les bases de la lettre qu'avait portée M. Detring.

Aussitôt arrivé, le commandant Fournier entrait en relations avec Li-Hung-Chang, et correspondait en même temps et avec Paris, et avec l'amiral,

Dans la moderne Babylone.

tenant ce dernier au courant des négociations engagées. C'est ainsi que le 8 et le 9 mai, le ministère des affaires étrangères recevait, à la fois de Tien-Sin et de Shanghaï, deux télégrammes l'informant du résultat des pourparlers. Les deux négociateurs avaient fixé les termes d'une convention préliminaire en cinq articles destinés à servir de base au traité définitif. En réponse à son télégramme du 9, l'amiral reçut le dimanche 11 mai vers quatre heures de l'après-midi, du ministre de la marine, une dépêche qui lui donnait les pleins pouvoirs pour signer à Tien-Sin, au nom de la France, la convention qui venait d'être discutée et arrêtée.

En conséquence, le 12 mai, le *La Galissonnière* partit pour Tche-Fou et y arriva le 15 au matin. Sans perdre de temps, l'amiral s'embarqua avec ses aides de camp sur un des vapeurs de commerce qui desservent Tien-Sin. Le vapeur ayant dû mouiller en dehors de la barre de Takou, des canonnières chinoises vinrent, sur l'ordre du vice-roi, chercher l'amiral Lespès, que les canons des forts saluèrent au passage.

Mais une surprise l'attendait à son arrivée au quai de Tien-Sin. Le commandant Fournier, venu au-devant de lui, lui annonçait que depuis le 11 mai à cinq heures du soir le traité était signé en bonne et due forme. Le com-mandant se hâta d'expliquer à son amiral que les pourparlers avaient abouti à une entente beaucoup plus prompte qu'on ne pensait. Dès les premières entre-vues, Li-Hung-Chang avait insisté en faveur d'une solution rapide ; il avait

De retour au pays natal.

signalé comme un danger la versatilité de l'impératrice. Puis-qu'en ce moment elle se montrait favorable à la paix, il con-seillait de profiter sans retard de ces bonnes dispositions qui pouvaient ne pas durer et se changer, tout à coup, en une invincible opposition à tout projet de traité. Devant cette éventualité, que le vice-roi ne cessait de représenter comme imminente, le commandant Fournier s'était vu contraint de demander pour lui-même les pleins pouvoirs, sans attendre l'arrivée de l'amiral. Ces pouvoirs lui avaient été accordés. C'est ainsi que la convention du 11 mai, au lieu de s'appeler convention Lespès, porta le nom de convention Fournier. Une affectueuse accolade échangée entre l'amiral et le capitaine de frégate prouva alors, mieux que de longs discours, que le chef approuvait la conduite de son subordonné.

La rapidité dont les pourparlers avaient marché était assurément faite pour étonner. La promptitude n'est pas la qualité dominante des Fils du Ciel. Pourquoi dans ce cas leur plénipotentiaire avait-il montré un empressement si inusité ? Dans quel but avait-il tenu à négocier avec le commandant Fournier à l'exclusion de tout autre ? Comment se faisait-il qu'un simple capitaine de frégate eût été admis à marcher de pair avec le premier personnage d'un Empire où tout repose sur l'étiquette, où il existe un ministère spécial des rites ?

Une affectueuse accolade

Si le rapprochement qui va être fait entre un épisode lointain déjà et la signature de la convention est inexact, cela prouvera simplement que la clairvoyance du témoin de ces événements s'est trouvée en défaut et que son appréciation, absolument personnelle, s'est laissé entraîner trop loin sur les ailes de son imagination.

Le 25 octobre 1883, dans un entretien entre M. Tricou et Li-Hung-Chang, entretien auquel assistait M. Fournier, le dialogue suivant avait été échangé : « Jusqu'ici, avait dit le vice-roi, votre intervention au Tonkin n'a causé que des dommages à notre commerce : ainsi la compagnie chinoise de navigation, *China-Merchant,* a vu mettre l'embargo sur les

magasins de Haïphong et sur des riz qui étaient sa propriété.
— Le gouvernement vous désintéressera, avait répondu
M. Tricou. » Le vice-roi dont la physionomie reflétait le vif
intérêt qu'il portait à cette Compagnie dont il était le directeur
et le plus fort actionnaire, posa une seconde fois sa question, à
quoi le ministre répondit qu'il serait facile de trouver sur ce
point une solution satisfaisante. Puis s'apercevant sans doute
qu'il s'attardait trop sur un sujet tout personnel, Li s'écria :
« C'est que, nous autres Chinois, nous aimons tant l'argent ! »

Quelques jours plus tard, quand M. Tricou quitta Tien-
Sin, le vice-roi vint le saluer. « Vous ne voulez donc me
rendre aucun service, dit-il en prenant M. Tricou par l'épaule ?
Et la *China-Merchant* dont je vous ai parlé ? Vous en occupe-
rez-vous ? En parlerez-vous à M. Harmand ? — Je passerai
tout exprès par Hanoï, dit M. Tricou. Mais à quel chiffre
estimez-vous le dommage ? » Li-Hung-Chang répondit que,
les livres de la Compagnie se trouvant à Shanghaï, il ferait
relever le chiffre et l'adresserait à M. Tricou à Hong-Kong.

Qui saura jamais si le plénipotentiaire chinois de la
convention du 11 mai ne tenait pas à retrouver, dans le
plénipotentiaire français, l'officier qui avait entendu naguère
ses confidences à M. Tricou ?...

Les jours qui suivirent le 11 mai furent employés à
discuter les questions de détail, entre autres, le 18, la fameuse
clause de l'évacuation des citadelles du Tonkin par les troupes
chinoises. Lorsque tout fut réglé, le commandant Fournier partit pour apporter en France l'instrument original du traité et
l'amiral Lespès remonta jusqu'à Pékin afin de rendre visite
au Tsong-li-Yamen et de sceller ainsi les relations d'amitié
que la convention venait de renouveler entre la France et la
Chine. En même temps, le gouvernement français, suivant

l'article 5 de la convention, désignait comme plénipotentiaire du traité définitif M. Patenôtre, qui avait quelques années auparavant géré la légation de France à Pékin et qui se trouvait alors à Hué, où il était chargé de signer avec le successeur de Tu-Duc un traité modifiant légèrement le traité de M. Harmand, du 25 août 1883.

Les conséquences de la paix se firent bientôt sentir. Le 17 juin, ordre fut donné de renvoyer en France le *Duguay-Trouin* et de faire embarquer à destination de Madagascar le bataillon de fusiliers-marins qui, depuis plusieurs mois, tenait campagne dans le delta du Tonkin. De son côté, le gouvernement chinois ne négligeait rien pour nous assurer de ses intentions toutes pacifiques; il semblait même ne pas vouloir demeurer avec nous en reste de frais d'amabilité. Dans la nuit du 23 juin, une escadre composée de neuf canonnières, deux grands croiseurs et trois avisos, mouillait à Tche-fou, auprès de la division française qui s'y trouvait réunie. Sur l'un des avisos était le vice-roi du Petchi-li, Li-Hung-Chang lui-même, qui venait saluer l'amiral Lespès. M. Detring l'accompagnait.

Dans la journée du 24, les navires français pavoisèrent, et quand le vice-roi monta à bord du *La Galissonnière*, les hommes debout sur les vergues poussèrent cinq cris de : Vive la République! Après avoir assisté à un branle-bas de combat agrémenté du tir des canons de 24, le vice-roi se rendit sur la *Triomphante,* où il était attendu avec un cérémonial tout pareil. Des torpilles Whitehead furent lancées devant lui, à son grand émerveillement; et, quand il regagna son navire, chaque bâtiment français fit une salve de dix-neuf coups de canon. Dans la nuit, l'escadre chinoise appareilla et le lendemain nos équipages reçurent un gage de la sympathie de Son Excellence :

des bœufs, des moutons, des poulets et quelques bouteilles de vin leur furent généreusement envoyés.

Cet échange de politesses semblait le présage d'une longue et durable entente. Quelques esprits inquiets trouvaient bien que notre empressement à diminuer nos effectifs au Tonkin et le nombre de nos navires dans les mers de Chine était une imprévoyance et une faute. Mais les sentiments optimistes prenaient facilement le dessus. Le vice-roi était personnellement, disait-on, très favorable à la France, et sa grande situation dans l'Empire permettait de supposer que, grâce à lui, les rapports d'amitié entre les deux pays seraient établis pour longtemps.

Aussi, dans la division, chacun s'imaginait volontiers que la campagne si sévère jusqu'alors allait devenir plus féconde en distractions et en relâches agréables. On se flattait de l'espoir d'une prochaine tournée au Japon. Ce pays enchanteur avec ses jolies *mousmés*, ses curieux bibelots, ses riantes cités, ses vertes campagnes, était entrevu de loin comme une terre promise où chacun devait trouver, selon ses goûts, repos ou plaisir. En attendant ce voyage désiré, les officiers de la *Triomphante* avaient monté un théâtre complet pour l'équipage. Deux amusantes représentations étaient données coup sur coup : *Choufleuri*, l'*Affaire de la rue de Lourcine* et d'autres vaudevilles égayaient les matelots des différents navires conviés à ces spectacles.

Au pays des *mousmés*.

C'est au milieu de ces pacifiques occupations et de ces tranquilles espérances que, tout à coup, le 28 juin, arriva une très alarmante dépêche du général Millot. Une colonne de six cents hommes qui, sur la foi de la convention de Tien-sin, allait prendre possession de Lang-Son, avait été attaquée, les 23-24 juin, aux environs de Bac-Lé par des troupes au nombre de dix mille hommes, portant l'uniforme des réguliers chinois. Nos pertes étaient considérables. L'émotion fut grande dans la division de Chine, et chacun ne put s'empêcher de faire une remarque. C'est au moment où Li-Hung-Chang était reçu par l'amiral Lespès à bord du *La Galissonnière,* que les troupes chinoises violaient la convention. Quelle duplicité se cachait donc dans le cœur de nos ennemis?

V

L'ULTIMATUM

Le sentiment qui se ma-
nifesta en France à la nouvelle du guet-apens de Bac-Lé
fut un mélange de consternation et d'indignation. M. Jules
Ferry adressa directement à Li-
Hung-Chang la dépêche suivante :

« En vue d'assurer la paix
et le bien de nos deux pays,
nous avons fait un traité
sérieux. L'encre est à peine
séchée et il est violé. Un détachement de huit cents hommes

qui allait prendre possession de Lang-Son a été attaqué par dix mille de vos soldats. Le gouvernement impérial assume une redoutable responsabilité. L'amiral Courbet remonte vers le nord avec les deux divisions de l'escadre. »

En même temps, M. Patenôtre, qui avait quitté Hué le 11 juin pour se rendre à Pékin, où il devait signer le traité définitif, s'arrêtait à Shanghaï afin de s'y concerter avec l'amiral, tandis que le gérant intérimaire de la légation de France, M. de Semallé, remettait le 27 juin, de la part du Gouvernement, une protestation au Tsong-li-Yamen.

De son côté, l'amiral Lespès avait immédiatement envoyé à Tien-Sin son aide de camp, M. Jacquemier, pour demander des explications au vice-roi. Le 30 juin, cet officier rendait compte, en ces termes, du résultat de sa mission : « Le vice-roi paraît consterné de la violation de la convention du 11 mai. Je crains que ce ne soit l'œuvre du parti opposé qui triomphe à Pékin, et que Li ne soit plus maître de la situation. Une action énergique de la division navale et la prise d'un gage me paraissent indispensables pour imposer à la Chine l'exécution de la convention de Tien-Sin. » L'opinion émise par M. Jacquemier était dès ce moment partagée par M. Patenôtre, qui révélait, en effet, que pendant le délai assigné pour l'évacuation, il y avait eu des préparatifs de guerre signalés par plusieurs de nos agents consulaires. (Dépêche du 1ᵉʳ juillet.)

En réponse à la protestation du 27 juin, le conseil de l'Empire rédigea une note soutenant que la convention du 11 mai était une convention provisoire, qui n'avait réglé ni les questions de frontière, ni la date du rappel des troupes chinoises. Le cabinet de Paris opposa, à cette assertion, la note du 18 mai du commandant Fournier, où il était dit :

UN COIN DE LA BAIE D'HALONG

« Après le délai de vingt jours, c'est-à-dire le 6 juin, évacuation de Lang-Son, Cao-Bang, Chat-Khe, etc... » Li-Hung-Chang nia d'abord l'existence de cette note, puis revenant sur ce premier dire, il nia seulement sa validité, déclarant qu'elle n'était pas revêtue de sa signature et qu'elle se trouvait, par ce fait, nulle et non avenue. Un long débat s'engagea à ce sujet, débat dont la presse retentit et qui eut pour résultat de prouver l'insigne mauvaise foi de la Chine. En admettant que pour une raison quelconque, il lui eût été impossible d'évacuer le Tonkin aux dates convenues, en admettant même qu'elle refusât de se croire liée par la note du 18 mai, son devoir était de protester. C'est son silence à cet égard, ce sont les arguties, les faux-fuyants, les mensonges dont elle enveloppa ensuite ses explications sur les journées de Bac-Lé, qui donnèrent à ces journées le caractère d'un guet-apens, et à notre action énergique celui d'une légitime défense.

Aussi, le 12 juillet, M. J. Ferry, bien convaincu que l'affaire de Bac-Lé cachait une trahison, résolut d'en finir avec les explications confuses et vagues qu'on lui opposait. Il fit parvenir au Gouvernement chinois *l'ultimatum* dont voici les termes :

« Convaincu qu'un attentat aussi contraire aux assurances de la cour de Pékin n'est imputable qu'aux manœuvres d'un parti qui cherche à troubler les bons rapports des deux pays, le Gouvernement français se voit dans l'obligation de réclamer dès à présent des garanties pour l'exécution loyale des arrangements conclus à Tien-Sin. Le ministre de France à Shanghaï est chargé de demander que les troupes chinoises évacuent le Tonkin sans délai. De plus, il a reçu l'ordre de réclamer comme réparation pour la violation du traité et comme dédommagement des frais qu'entraînera le maintien du corps expéditionnaire une indemnité de 250 millions au moins... Le Gouvernement français compte que, sur ces deux points, une réponse satisfaisante lui sera faite dans la semaine qui suivra la remise, au Tsong-li-Yamen, de la présente note. Autrement, le Gouvernement français serait dans la nécessité de s'assurer directement les garanties et les réparations qui lui sont dues. »

Cet *ultimatum* eut un résultat immédiat. Le 17 juillet, la Chine publiait, dans la *Gazette officielle,* le décret du retrait de ses troupes et, le 18, elle informait M. Patenôtre que le vice-roi de Nankin était chargé « de régler d'une manière satisfaisante les autres demandes formulées par la France dans la note du 12 juillet ». Cette périphrase, qui témoignait de la répulsion de la Chine à prononcer le mot *indemnité,* fut relevée par M. Jules Ferry. Il répondit qu'il acceptait comme dernière preuve de conciliation, la désignation du plénipotentiaire chinois ; mais, tenant à préciser les termes vagues de la dernière communication du Tsong-li-Yamen, il ajouta que les négociations avec le vice-roi de Nankin ne porteraient que sur le second point de l'ultimatum, c'est-à-dire *sur l'indemnité.* « Le règlement, disait-il, en devra être terminé le 1ᵉʳ août au plus tard. Nos forces navales, gardant leurs positions actuelles, s'abstiendront de toute action jusqu'à cette date, à moins d'y être provoquées. Les négociations commerciales prévues par l'article 5 du traité du 11 mai, ne seront entamées qu'après le règlement de l'indemnité. »

A cette note très claire, le Tsong-li-Yamen répondit par ce télégramme du 23, adressé à M. de Semallé :

« Le vice-roi de Nankin a pleins pouvoirs pour discuter et régler tout à la fois. Il est utile que les négociations soient conduites promptement, mais inutile fixer délai et envoyer navires dans les ports pour contraindre Chinois de vive force à l'exécution du traité. »

Ce n'était pas la première fois que les Chinois s'alarmaient des faits et gestes de la flotte. La nouvelle de l'envoi dans le nord de la division navale du Tonkin avait été pour eux une cause d'effroi et de protestation. La personne même de l'amiral Courbet faisait sur leur esprit tout autant d'effet que son escadre entière. Le vainqueur de Son-Tay était devenu rapidement légendaire et sous le nom du « *terrible Coupa* » il remplissait de terreur tous les Fils du Ciel.

Le Gouvernement français ne demandait pas mieux que de conduire les pourparlers avec promptitude, mais il tenait pour indispensable la fixation d'un délai et il n'entendait nullement renoncer à maintenir devant Fou-Chéou la flotte qui s'y trouvait depuis quelques jours et où sa présence pouvait avoir une grande influence sur le résultat des négociations. On devait d'autant mieux compter sur leur prochain aboutissement que, dans un but de conciliation, le ministère se montrait assez disposé à faire quelques concessions au sujet de l'indemnité. Abandonnant le chiffre

Dessinant le « terrible Coupa »...

absolu de 250 millions, il se contentait d'une somme calculée sur les bases suivantes : secours aux familles des soldats tués ou blessés et indemnité couvrant les dépenses extraordinaires imposées par le maintien des forces de terre et de mer que l'exacte exécution du traité de Tien-Sin eût permis de rappeler.

Au moment où le président du Conseil rédigeait ces instructions, un changement se produisait dans les dispositions du Gouvernement de Pékin. Les équivoques, les contradictions et les obscurités reparaissaient dans les notes remise tant à M. J. Ferry qu'à M. Patenôtre ou à M. de Semallé. Les Chinois retiraient le lendemain ce qu'ils avaient concédé la veille et augmentaient chaque jour leurs prétentions en les masquant sous une phraséologie pleine d'ambiguïtés. Le 26 juillet, M. de Semallé informait que le Tsong-li-Yamen refusait de supporter les frais de notre expédition et Li-Fong-Pao, le successeur du marquis Tseng, déclarait, contrairement à ce qui avait été dit le 23, que le vice-roi de Nankin n'avait de pleins pouvoirs que pour négocier un traité définitif sur les bases de la convention de Tien-Sin.

Le 28 juillet, M. Patenôtre, après avoir eu un entretien avec les plénipotentiaires écrivait : « J'ai vainement essayé, pendant trois heures d'une discussion stérile, de leur arracher une réponse quelconque. Vingt fois je leur ai demandé si la Chine adhérait ou non au principe de l'indemnité sans

pouvoir obtenir d'eux ni négation, ni affirmation. » Le 29,
ils apportèrent une note où ils repoussaient la demande d'indemnité. Sur cette réponse, M. Patenôtre leva la séance : alors
ils annoncèrent pour le lendemain une proposition formelle.
Le 30, M. Jules Ferry reçut le télégramme suivant de notre
ministre en Chine : « Tout en persistant à déclarer injuste
notre demande d'indemnité, les plénipotentiaires nous offrent,
par esprit de conciliation, 500,000 taëls, soit 3 millions et
demi de francs, à titre de secours pour les victimes de
Lang-Son. J'ai naturellement refusé cette offre et je me
suis borné à dire au vice-roi que j'en référerais à mon
Gouvernement. »

Tandis que la diplomatie échangeait ces pourparlers, toutes
les mesures de désarmement précédemment ordonnées avaient
été suspendues. Le *Duguay-Trouin*, en route pour France,
était arrêté à Hong-Kong. L'amiral Courbet avait quitté le
29 juin la baie d'Halong pour venir prendre dans le nord
le commandement des deux divisions navales. Quant à l'amiral Lespès, il s'était établi à Tche-Fou d'où il commandait
le golfe du Petchi-li et pouvait tenir en respect l'escadre
du Peï-Ho. Cette escadre, qui, le 23 juin, avait fait cortège
à Li-Hung-Chang, était composée de la façon suivante :
neuf canonnières dites alphabétiques à cause de leurs noms :
alpha, bêta, gamma, etc..., et portant un canon de 38 tonnes
sur l'avant ; trois croiseurs en bois de taille inégale dont le
plus grand avait un déplacement intermédiaire entre celui du
Villars et celui du *Volta* ; deux croiseurs en acier ayant l'apparence de monitors avec leur batterie s'élevant au-dessus d'une
plate-forme basse. Ces deux croiseurs, construits et lancés
en 1881 chez sir William Armstrong, ont été longuement

décrits dans l'ouvrage de M. Brassey. Leur déplacement est de 1,350 tonneaux ; ils sont mus par deux hélices actionnées par deux machines qui développent 2,400 chevaux avec une vitesse de seize nœuds aux essais. Leur artillerie comprend quatre canons de 40 livres et deux canons de 26 tonnes, sur affût à pivot central, un à l'avant, l'autre à l'arrière, battant ainsi presque tout l'horizon. Deux Nordenfeldt et quatre mitrailleuses Gatling complètent cet armement.

L'amiral Ting qui commandait cette escadre avait son pavillon sur le grand croiseur en bois. Auprès de lui demeurait le *commander* de la marine royale anglaise chargé de

Instructeur européen d'artilleurs chinois.

l'instruction et du perfectionnement de la marine chinoise. Outre ce *commander*, un autre officier anglais (*gunner*) s'occupait plus spécialement de ce qui concernait l'artillerie.

Le jour même où la trahison de Bac-Lé fut connue de l'amiral Lespès, cette flotte vint mouiller sur rade de Tche-Fou, à quelques encablures de la division française, se livrant, pour ainsi dire, à sa merci. Quel butin glorieux eût été cette réunion de douze bâtiments ! Quelle splendide capture ! Certes, le *La Galissonnière*, la *Triomphante*, le *Volta* et le *Lutin* n'avaient pas l'avantage du nombre, et les chances, à la seule nomenclature des navires et des canons, semblaient n'être pas de leur côté. Mais fallait-il compter pour rien la valeur des équipages et leur supériorité bien évidente ? Au moment où l'on cherchait un gage, pouvait-il y en avoir un meilleur entre nos mains que cette flotte tout entière ! L'amiral dut se faire ces réflexions et regretter amèrement de ne pas être seul maître de disposer d'une situation inespérée, providentielle. Mais un contre-amiral pouvait-il, sous sa seule responsabilité, engager le Gouvernement et le pays? Ne devait-il pas craindre d'entraver, par un coup d'audace et de force, des négociations sur le point d'aboutir?... L'histoire de la marine montre, dans le passé, des chefs de division navale prenant d'eux-mêmes des résolutions aussi graves ; mais une pareille liberté d'action n'est plus possible aujourd'hui. Le télégraphe a opéré une révolution dans les anciens usages. Tout ministre a pris l'habitude d'être tenu jour par jour, heure par heure, au courant de ce qui se passe au loin et dirige tout de son cabinet, que ce cabinet soit quai d'Orsay ou rue Royale. Un commandant en chef ne peut plus, même à 3,000 lieues de son pays, agir de son propre mouvement sans avoir reçu des ordres de son ministère.

Le 2 juillet, vers une heure de l'après-midi, l'escadre chinoise alluma ses feux et se livra à des manœuvres qui ressemblaient singulièrement à des préparatifs de combat, dépassant ses mâts de flèche, rabattant ses pavois, relevant ses sabords et pointant ses canons dans la direction des navires français. C'était là une des fanfaronnades dont sont coutumiers ces excellents Fils du Ciel, facétieux personnages qui, du haut de leurs navires, faisaient à nos embarcations un signe expressif accompagné des mots français « *coupé cou* ». Pourtant, en présence des événements récents dont la route de Lang-Son avait été le théâtre, il était sage de se tenir sur le qui-vive. Aussi l'amiral donna-t-il l'ordre de charger les pièces, d'avoir des servants aux hotchkiss et de redoubler de surveillance. Mais dans la nuit, vers 2 heures, six des canonnières ennemies appareillèrent en ordre parfait et se dirigèrent vers le sud, sur Wei-Ha-Wei, à trente milles de Tche-Fou, où la Chine avait créé, depuis peu, un nouvel arsenal. Le lendemain, 3 juillet, les autres canonnières demeurées à Tche-Fou ne renouvelèrent pas leurs démonstrations de la veille et, à 11 heures du soir, elles s'en allèrent également vers le sud.

Les navires français ne devaient plus jamais revoir cette escadre ! On sut plus tard qu'elle se dirigea alors sur Port-Arthur où elle évacua le matériel de Wei-Ha-Wei, puis de Port-Arthur elle se rendit au Peï-Ho, où tranquille et confiante en dedans de la barre du fleuve, elle put attendre les événements, sans danger d'être atteinte par nos obus ou coulée par nos torpilles.

« Coupé cou !... »

Pendant ce temps, le croiseur *l'Hamelin,* qui se trouvait à Hong-Kong lorsque parvint la nouvelle de l'incident de Bac-Lé, recevait l'ordre d'aller attendre le *Bayard* en dehors de l'île. Le 1er juillet, les deux bâtiments se rencontraient et l'amiral Courbet se transportait immédiatement sur *l'Hamelin,* laissant le *Bayard* faire route sur Hong-Kong où il avait à s'arrêter. Le 5 juillet, dans la nuit, *l'Hamelin* mouillait à Shanghaï et l'amiral quittait le bord dès le lendemain pour aller s'installer à terre à l'Oriental-Hôtel, avec son état-major. Il y retrouvait M. Patenôtre, déjà rendu au consulat de France.

Peu après l'arrivée de *l'Hamelin,* *l'Aspic* venait mouiller à côté du *Volta,* du *Villars* et du *d'Estaing ;* quant au *Bayard,* arrivé de Hong-Kong, il devait forcément rester à Woo-sung à cause de son tirant d'eau qui ne lui permettait pas de franchir la barre du fleuve. Dès le 6 juillet, l'amiral Courbet avait pris le commandement effectif « *des divisions réunies de la Chine et du Tonkin* ». L'amiral Lespès, qui restait confirmé dans son titre de commandant en chef de la division de Chine, recevait, aussitôt, l'ordre de quitter Tche-Fou en y laissant la *Triomphante* et le *Lutin* et de venir rejoindre à Shanghaï le vice-amiral.

Celui-ci se concerta sans retard avec M. Patenôtre qu'il trouva, du reste, aussi partisan que lui-même d'une action vigoureuse et énergique. Depuis longtemps l'amiral Courbet avait jugé qu'un coup de force sur la Chine était absolument nécessaire ; il était persuadé qu'il n'y avait moyen d'en finir que par une catégorique déclaration de guerre, et ce sentiment s'était affermi dans son esprit depuis les derniers événements. Sa première inspiration, en prenant possession de son nouveau commandement, avait été de frapper la Chine le même jour et à la même heure sur des points différents. Port-Arthur, Nangkin, Woo-Sung, Fou-Chéou, Amoy, auraient été attaqués, au moment convenu, par des fractions des forces qu'il avait sous sa main. L'*Hamelin*, par exemple, se serait rendu dans la rivière Min, soutenu par une ou deux canonnières pour s'y opposer, par la force, à tous les travaux de défense et à la circulation des navires de guerre chinois. La *Triomphante* aurait été chargée de bloquer Port-Arthur en attendant l'heure du bombardement, tandis que les autres navires devaient être répartis sur les divers points choisis. C'était l'hostilité franchement ouverte. Mais, bien entendu, dans la pensée de l'amiral, l'attaque devait avoir lieu à très bref délai, sans donner à l'ennemi le temps de se reconnaître. Il comptait, sans doute, pour réussir, sur la supériorité de ses navires et de ses équipages, mais aussi sur le désarroi des Chinois, mal préparés, rendus confiants par notre longue mansuétude et surpris par la rapidité de nos mouvements et l'imprévu de notre attaque.

En prévision de cette éventualité, il ne négligea rien pour préparer son escadre à faire dans les meilleures conditions une guerre sérieuse. Il étudia soigneusement et arrêta les moyens de ravitaillement sur la côte. Il fit choisir par le consulat un certain nombre de lettrés chinois et d'interprètes qu'il embarqua, deux par deux, sur les principaux navires. En même temps il se préoccupa de la question des pilotes. Il avait trouvé, à Shanghaï même, un pilote anglais, nommé Thomas, qui avait exercé longtemps dans la rivière Min et qui n'avait quitté ce poste que depuis quelques mois. Il l'engagea immédiatement, ainsi qu'un ancien pilote du Yang-Tse, du nom de Muller, Alsacien bien connu de tous les officiers qui ont navigué dans les mers de Chine et qui pouvait être fort utile non seulement pour la navigation du Yang-Tse, mais encore pour la côte qu'il avait longtemps parcourue et qu'il connaissait parfaitement. Ces pilotes étaient engagés à des prix très élevés, par un contrat qui les liait à nous durant une année. Dans les circonstances présentes, l'amiral jugea indispensable de pourvoir les bâtiments de fonds de prévoyance. Les commandants pouvaient, suivant les occasions, avoir besoin de débourser de fortes sommes sans trouver les moyens de remplir les formalités des traites ordinaires.

Tandis que les navires se ravitaillaient, les négociations, comme on l'a vu, marchaient toujours. L'amiral les suivait de près. Et ce ne fut pas sans regret que, pour ne pas entraver leur succès, il se vit contraint de renoncer à la réalisation du plan d'attaque d'ensemble qu'il avait arrêté tout d'abord et qui n'aurait pu avoir quelque chance de succès que s'il eût été exécuté immédiatement sans laisser à nos ennemis, par des hésitations et des lenteurs, le moyen de se préparer, de se fortifier et de riposter. Les premières instructions données aux navires furent immédiatement modifiées. Lorsque l'*Hamelin* quitta Shanghaï le 11 juillet pour se rendre à Fou-Chéou, il était entendu déjà que son rôle se réduirait à une simple observation, et que son commandant, M. Roustan, n'aurait qu'à empêcher le déchargement des navires apportant aux Chinois de la dynamite et des torpilles achetées en Allemagne. Le lendemain 12, la note pacifique s'accentuait encore : le cabinet télégraphiait « son grand espoir » de s'entendre avec la cour de Pékin et interdisait toute hostilité directe ; il maintenait seulement la faculté d'arrêter la contrebande de guerre. Ce *grand espoir* escomptait d'avance les heureux effets de l'ultimatum qui est de cette même date du 12 juillet.

La nouvelle de l'envoi de cet ultimatum fut accueillie avec une complète satisfaction par toute l'escadre. On y voyait l'indice d'une conduite résolue, très digne de la France et bien faite pour relever son prestige dans l'Extrême-Orient. On était donc fort anxieux de savoir la réponse de la Chine, aussi les journaux de Shanghaï, qui ont un service régulier d'informations télégraphiques, étaient-ils lus avec avidité.

C'est par eux qu'on avait

connu les termes de l'ultimatum, le chiffre de l'indemnité réclamée ainsi que la menace de prendre des garanties. On en avait conclu que l'escadre aurait certainement à appuyer par une démonstration l'attitude nouvelle du cabinet français, et on ne fut pas surpris de voir le 14 juillet l'amiral quitter Shanghaï.

On soupçonnait qu'il se rendait sur le lieu même où ces garanties devaient être prises, et qu'il voulait s'y trouver le 19, c'est-à-dire au jour de l'expiration du sursis qui avait été assigné à la Chine pour satisfaire à nos demandes. Du 11 au 17 juillet il expédiait vers ce lieu, toujours inconnu, les navires mouillés à Shanghaï, à l'exception du *d'Estaing*, retenu par M. Patenôtre pour calmer les alarmes des résidents français qui craignaient un soulèvement de la population chinoise. Mais vers quel port se dirigeait-on ? Où allait-on ? C'était à bord le sujet de toutes les conversations.

L'arsenal de Fou-Chéou, créé récemment à grands frais par le gouvernement chinois sous la direction de deux Français, MM. Giquel et d'Aiguebelle, était le point tout naturellement désigné aux coups de l'escadre, d'autant mieux que le fleuve qui y mène est accessible à de grands navires. On répétait que l'amiral avait reçu l'ordre de détruire cet arsenal de fond en comble. Mais le mystère dont le commandant en chef entourait, avec tant de raison, tous ses projets, ne donnait à ce bruit que la valeur d'un racontar. Pourtant il s'affirmait avec une persistance singulière. Les gens bien informés -- il y en a partout — prétendaient même que deux transports chargés de troupes étaient au mouillage de Matsou. Ils se trompaient. En arrivant à Matsou les navires n'aperçurent pas le moindre transport. Mais quand on mouilla sous l'île, quand on vit l'amiral s'aboucher avec les pilotes du Min, on eut la certitude que décidément Fou-Chéou était l'objectif choisi.

L'occupation de la rivière Min par l'escadre française débuta par un triste événement qui aurait pu se changer en désastre sans l'énergie et la valeur de quelques-uns. Le 14 juillet, à une heure de l'après-midi, l'*Hamelin,* ayant à bord le pilote Thomas, donna dans la passe de Kimpaï. A 2 h. 20 m., au moment où il dépassait l'île Plate, il s'échoua avec une vitesse de douze nœuds sur un banc de formation nouvelle. Les voiles brassées à culer, la machine mise en arrière à toute vitesse ne réussirent pas à déséchouer le navire. Comme il n'y avait plus que trois quarts d'heure de flot, il fallut se résigner à attendre la marée suivante pour essayer le renflouement. Les sondages faits au moment de l'accident avaient donné sous la passerelle à bâbord 3^m,90, à tribord 4^m,80, à l'avant 5^m,10, à l'arrière 6^m,50. Le bâtiment était donc monté sur le dos d'âne du banc où il reposait par son milieu.

A 4 heures, le jusant s'établit, et quand vers 10 heures du soir la mer fut basse, le banc découvrit complètement.

La souille profonde que le navire avait faite dans la vase le laissait

L'*Hamelin* échoué dans la rivière Min.

presque droit et rendait le béquillage inutile; mais, sous le poids de l'avant et de l'arrière, le malheureux bâtiment qui ne portait sur le banc que par la maîtresse partie, se cassait en deux. L'effort de rupture était tel que le pont supérieur, venant buter contre le dessus des chaudières, éclatait sur l'avant du grand mât dans presque toute sa largeur en arrachant ou faussant son chevillage. La membrure, entraînée dans ce mouvement, craquait de toutes parts et de tous côtés. C'était dans le silence de la nuit, d'incessantes détonations qui semblaient annoncer la ruine du bâtiment.

A 11 heures, le jusant était fini, la mer commençant à remonter filtrait par toutes les fissures béantes de la coque et se précipitait dans la cale, de l'avant à l'arrière, avec violence. L'équipage, mis aux pompes, était insuffisant pour retarder l'envahissement complet; il fallut mettre la machine à toute vitesse pour que ses pompes pussent produire un résultat. Encore, cinq fourneaux sur huit étaient-ils éteints par l'eau qui, dans la machine, atteignait plus d'un mètre. Un instant, on put croire qu'on allait être obligé de renoncer à déséchouer le navire. Rien n'eût servi, en effet, de le tirer du banc pour le voir couler un instant après au milieu de la rivière : sur le banc, du moins, la vie des hommes était en sûreté. On attendait donc, quand soudain l'eau baissa dans la cale. L'avant et l'arrière, relevés par la mer, avaient, en se redressant, fermé sans doute les crevasses par où l'eau s'introduisait à l'intérieur du navire, et les pompes produisaient enfin quelque effet.

Entre temps, toutes les dispositions usitées en pareil cas avaient été prises. Dans la soirée, la canonnière anglaise

Merlin, commandée par le lieutenant Brenton, était venue mouiller sur l'arrière de l'*Hamelin* pour lui offrir son aide avec un empressement, une cordialité qu'on ne saurait passer sous silence. Enfin, vers 4 heures du matin, avant même qu'une amarre envoyée du *Merlin* eût été utilisée, la machine étant lancée à toute vitesse, le navire se déséchouait, puis faisait route pour le mouillage de la Pagode, dont il était distant de moins d'un mille. Mais les voies d'eau restaient toujours béantes, et pour actionner les pompes, la machine devait tourner sans cesse, même une fois le bâtiment mouillé.

Pour comble de malheur, dans la nuit de ce même jour, une canonnière chinoise, dite alphabétique, par une manœuvre inexplicable — ou trop explicable, — arrivait sur rade, passait par bâbord de l'*Hamelin*, faisait le tour sur son avant, et revenait l'aborder en cassant son bout-dehors de foc. Pour se dégager, l'*Hamelin* était obligé de virer sur sa chaîne : le cabestan dévirait et blessait plusieurs hommes.

Malgré tout, les travaux de réparation avaient été commencés de suite. Le lendemain 16, ils étaient en pleine activité, quoique gênés par certains mouvements hostiles des navires chinois, qui obligeaient une partie de l'équipage à rester en branle-bas de combat. Dans la soirée, le *Volta*, portant le pavillon de l'amiral Courbet, rejoignait l'*Hamelin* et lui apportait en même temps que la sécurité, le secours de ses ouvriers et de son personnel. Tandis qu'à l'intérieur on s'attaquait à boucher les trous par où l'eau s'engouffrait, deux bonnettes goudronnées étaient coulées sur les flancs

du navire, puis, pour obvier à la cassure, des chaînes de
cintrage verticales et des chaînes de ceinture étaient raidies
en plusieurs sens. C'étaient là les premiers remèdes qu'il
convenait d'appliquer à la grave blessure du bâtiment. Aussi
habilement ordonnées que rapidement exécutées, ces réparations sommaires permirent à l'*Hamelin,* trois jours après le
déséchouage, de quitter seul le mouillage de la
Pagode et de gagner Matsou, sans même
être convoyé. Près de cette île il ne trouvait
plus le violent courant de la rivière Min, qui
empêchait les plongeurs d'opérer, et il était
à l'abri d'une attaque de l'ennemi. En outre,
le *Bayard* et le *La Galissonnière,* mouillés au
même endroit, lui prêtaient leurs ouvriers et
leurs scaphandres. Le 28 juillet, grâce à
l'activité de tous et à son énergie personnelle,
le commandant Roustan se jugeait en état
d'atteindre Hong-Kong, où il devait passer au
bassin. La *Saône* l'escorta dans ce voyage, pendant
lequel une grosse mer les obligea à relâcher près de
Swatow. Le 1ᵉʳ août, ils arrivèrent victorieusement à destination, sans que le malheureux navire si cruellement endommagé eût donné de graves inquiétudes. Après vingt jours
passés au bassin à Hong-Kong, l'*Hamelin* put gagner Saïgon,
où une réparation complète le mit en état de servir et de
bien servir.

Ceux qui liront ce simple récit ne manqueront pas d'être
émus à la pensée de la détresse où cet infortuné navire
est resté pendant de longues heures. Mais les marins seront
frappés surtout de l'habileté et de l'entente des choses de
la mer qu'il a fallu à un capitaine pour sauver, en si peu

de temps et par ses propres moyens, un navire brisé, cassé littéralement, faisant eau de toutes parts. La description de tous les travaux entrepris mériterait mieux que la mention rapide qui vient d'en être faite : une relation minutieuse devrait en être écrite. Il se dégagerait un utile enseignement du récit de ce surprenant tour de force ; on y trouverait le consolant spectacle d'un vaillant équipage conservant, à force d'énergie, un navire à sa patrie. Il est des victoires plus retentissantes, il n'en est pas qui soient plus à l'honneur de ceux qui les ont gagnées.

L'amiral, avec son grand cœur, avait pris une part très vive aux vicissitudes du commandant Roustan, qu'il honorait de son affection. Le souci qu'il avait à un haut degré de

Lecture de l'ordre du jour de l'amiral.

l'honneur de la marine était fait pour l'associer à toutes les péripéties d'un sauvetage si difficile. En apprenant, à son arrivée à Matsou, l'accident que les pilotes venus au-devant de lui représentaient comme irrémédiable, il partait pour secourir l'*Hamelin* sans vouloir même attendre le *Duguay-Trouin*, sur lequel il comptait mettre son pavillon et qui était retenu par une courte réparation de machine. Il passait immédiatement sur le *Volta*, qui dut, à cette circonstance, l'honneur de garder jusqu'après Fou-Chéou son glorieux pavillon. Pendant qu'il se rendait de Matsou à la Pagode, l'amiral ne se préoccupait que de l'*Hamelin*, et nullement des dangers auxquels l'exposait sa fière entrée dans la rivière Min.

Les jours suivants, même au milieu des graves préoccupations qui l'assiégeaient, il ne cessait de penser au sort de ce navire, prodiguant à tous encouragements et conseils, et il est juste de reporter sur sa ténacité et sur sa haute initiative une partie du succès final. C'est le propre des hommes supérieurs de communiquer aux autres un peu de la généreuse ardeur qui les anime.

Quand il connut les détails du renflouement, il fit afficher, au pied du grand mât de tous ses bâtiments, l'ordre du jour suivant :

L'*Hamelin*, échoué gravement par un pilote dans la rivière Min, a subi des avaries qui semblaient le mettre hors d'état de reprendre la mer. Grâce aux mesures énergiques et intelligentes prises immédiatement par M. le commandant Roustan, grâce au concours dévoué des officiers et de l'équipage, non seulement l'*Hamelin* a été remis à flot, mais les dispositions prises pour le consolider ont permis de le conduire au mouillage de Matsou, puis à celui de Hong-Kong. Ce succès est dû aux éminentes qualités de l'homme de mer déployées par M. Roustan, ainsi qu'à l'énergie et à la persévérance avec laquelle les officiers et l'équipage de l'*Hamelin* l'ont secondé. Le vice-amiral commandant en chef se fait un devoir et un plaisir de témoigner son entière satisfaction au commandant, aux officiers et à l'équipage de l'*Hamelin*.

Signé : A. Courbet.

Cependant la concentration de la flotte se faisait devant l'arsenal de Fou-Chéou. Le lendemain de l'arrivée de l'amiral et du *Volta*, c'est-à-dire le 17 juillet, l'*Aspic* mouillait à Pagoda ; puis, après lui, le *Duguay-Trouin*, le *Lynx*, le

Château-Renaud. Tels étaient les navires qui se trouvaient dans la rivière Min le 19, jour de l'échéance de l'ultimatum, et qui auraient eu à ouvrir le feu et *à prendre des garanties* si l'expiration de cet ultimatum n'avait pas été prorogée au 1ᵉʳ août.

Le 23 juillet arrivait la *Vipère,* ayant à son bord l'amiral Lespès, qui venait mettre son pavillon sur le *Duguay-Trouin;* puis, quelques jours après, les deux torpilleurs *45* et *46* faisaient également leur entrée dans la rivière. Le 30, l'*Aspic* allait chercher la compagnie de débarquement du *La Galissonnière,* resté au mouillage de Matsou avec le *Bayard,* et la conduisait à bord du *Duguay-Trouin,* où elle devait renforcer l'effectif des troupes susceptibles d'être mises à terre si les circonstances le voulaient.

Jamais aucun de ces navires ne fut inquiété dans le passage devant les forts de Kimpaï ou de Mingan : tous faisaient cependant leur entrée avec l'équipage aux postes de combat, précaution qui ne paraissait pas superflue devant l'imposant déploiement des forces chinoises.

En effet, les camps retranchés, les casernes, les forts, étaient couverts de pavillons de formes et de nuances variées, rangés en ligne de bataille ; en arrière se tenaient des files de soldats vêtus des couleurs les plus éclatantes, ayant l'arme au pied, dans une attitude expectante, qui témoignait de leurs sentiments — ou du moins de leur persuasion que nous devions un jour ou l'autre prendre l'initiative des hostilités. Les soldats étaient massés de préférence devant l'entrée des enceintes fortifiées qui entouraient les casernes, les poudrières, les dépôts d'armes ou de munitions, et dont les portes étaient couvertes d'inscriptions en lettres d'or surmontées de dragons fantastiques peints en rouge ou en bleu. Et partout, sur les hauteurs, sur les flancs des collines, sur les berges du fleuve, on apercevait des canons de toutes les tailles et de tous les âges, sans compter les volées luisantes des canons Krupp ou Armstrong qui sortaient de toutes les embrasures des récentes batteries blindées.

Les portes étaient couvertes de drapeaux et d'inscriptions...

Si les défenseurs des forts ne témoignaient leurs velléités belliqueuses que par leur nombre et leur animation, tout autre était l'attitude des canonnières chinoises mouillées à la Pagode. L'impudente agression dont avait été victime l'*Hamelin* désemparé, la nuit même de son déséchouage, indiquait une animosité par trop vive. Elle se manifesta de nouveau le lendemain et d'une façon aussi directe. Trois petites canonnières alphabétiques et le croiseur le *Yang-ou* vinrent mouiller autour du navire français en l'enserrant dans un cercle si étroit, que le commandant Roustan envoya demander au croiseur ce que signifiaient ces dispositions. On répondit que ces dispositions avaient un but impossible à dévoiler, et que, du reste, elles provenaient d'ordres formels du commissaire impérial. Ce personnage, questionné immédiatement par le consul de France, assura que les craintes du commandant de l'*Hamelin* n'avaient rien de fondé et que le voisinage des bâtiments chinois était au contraire une preuve de sollicitude pour le navire français en cas d'accident.

Mais M. Roustan n'était pas homme à se contenter de pareilles réponses, ni à subir plus longtemps une si inqualifiable vexation. Bien que son équipage fût exténué de fatigue, et que la rupture du cabestan eût mis seize hommes hors de service, il résolut de profiter de la nuit pour enlever les canonnières à l'arme blanche, pendant que l'*Hamelin* se jetterait sur le *Yang-ou* et tenterait de s'en emparer. En cas de succès, l'*Hamelin* aurait été abandonné à son triste sort : le *Yang-ou* le valant comme force, sa capture eût amplement compensé la perte de notre croiseur et les petites canonnières eussent encore ajouté au butin. Ce plan ne fut pas mis à exécution. Le 16, en effet, dès que le *Volta* fut là, portant haut le pavillon du commandant en chef, la belle audace des Célestiaux

Jonque armée en guerre.

se dissipa soudainement. La vue de ce pavillon leur inspirait d'autant plus de respect et de terreur, que l'amiral n'avait pas tardé à faire savoir au commandant des forces navales chinoises qu'il ne supporterait pas un instant la moindre incartade de ses navires, et qu'il le rendrait lui-même responsable de tout manquement aux règles internationales qui régissent les rapports entre marines étrangères.

Les capitaines chinois se tinrent pour avertis. Mais dès lors, ce fut un incessant mouvement, un chassé-croisé perpétuel de canonnières, d'avisos et de croiseurs. Ces allées et venues étaient, à la longue, absolument irritantes : on approchait alors du 31 juillet, terme assigné pour l'expiration de l'ultimatum : une fièvre d'impatience dévorait tous les cœurs.

Sur ces entrefaites, toute idée d'action dans le Petchili avait été écartée. L'amiral avait, en conséquence, rappelé de Tche-Fou le *Lutin* et la *Triomphante*. Il avait fait venir le premier à Fou-Chéou et envoyé la seconde à Woo-Sung, où il avait l'intention d'agir en même temps qu'à Fou-Chéou. Quand la *Triomphante* arriva sur ce point, le 26 juillet, elle trouva la rivière encombrée de croiseurs et de jonques au dragon impérial qui, ayant repris confiance depuis le jour de la sortie des navires de l'amiral Courbet, s'étaient empressés de se rallier, en escadre, sous les murs du fort. La présence de ces navires à 2,000 mètres de la *Triomphante* faisait renaître à bord de ce cuirassé les émotions ressenties quelques jours avant à Tche-Fou devant l'escadre du Peï-Ho. N'était-ce pas une proie bien tentante, un gage merveilleux qui s'offrait encore ?

En dehors des jonques, les navires ennemis étaient au nombre de onze, plus une batterie flottante, sorte de grand ponton en bois, avec un assez gros canon à pivot central, battant tout l'horizon. Les trois plus grands croiseurs étaient le *Nang-Tsau*, le *Nang-Soué*, le *Tin-Tschou*. Les deux premiers étaient venus d'Allemagne au mois de mai et avaient l'apparence de nos croiseurs, type *Villars*. Leur armement consistait en quatre gros canons de 17 $^c/_m$ environ dans des demi-tourelles. Entre le grand mât et le mât d'artimon, des torpilleurs-vedettes pouvaient être hissés au moyen d'un mât de charge. On leur attribuait une vitesse de plus de 15 nœuds, vitesse qu'ils réalisèrent d'ailleurs lorsque l'amiral Courbet leur donna la chasse à Sheï-Poo. Le troisième croiseur était l'œuvre de l'arsenal de Fou-Chéou; ses formes et ses dimensions le rapprochaient de notre type *Éclaireur*. Il avait en abord quatre pièces de 16 ᶜ/ₘ environ, plus deux petites par le travers de la cheminée et une pièce de 16 également sous la dunette. On lui supposait aussi une très belle vitesse. Les autres navires étaient trois avisos, quatre canonnières du genre alphabétique et une un peu plus petite. Tous ces navires avaient une allure assez guerrière. Les Chinois faisaient pas mal d'exercices. Sur les jonques, en particulier, ils se livraient à des branle-bas de combat presque incessants.

Ce déploiement de forces navales, le mouvement inusité qui se manifestait dans le fort de Woo-Sung et aux alentours n'étaient pas de nature à affirmer les intentions pacifiques des Chinois. Aussi, dès son arrivée, le commandant de la *Triomphante* insistait-il auprès de M. Patenôtre pour rappeler le *d'Estaing* du mouillage de Shanghaï et le faire venir à la Bouée-Rouge où il pouvait plus facilement se garder. Le paquebot des messageries *le Natal* et le trois-mâts *Auguste* étaient déjà venus rejoindre la *Triomphante* à ce mouillage.

Le commandant Baux, plus ancien de grade que son collègue du *d'Estaing*, correspondait presque chaque jour avec le ministre de France qui le tenait au courant des négociations en cours. Il avait été prévenu que l'ultimatum expirait le 1ᵉʳ août et cette date était attendue avec impatience à bord des navires français. Si la rupture entre la Chine et la France avait lieu, M. Patenôtre devait en informer sans retard le commandant Baux, chargé par l'amiral Courbet de procéder comme il l'entendrait à la destruction des croiseurs chinois.

Voici les instructions que l'amiral lui avait données :

Pagoda, 26 juillet 1884.

Monsieur le Commandant,

Dans le cas où les négociations en cours aboutiraient à une rupture, vous auriez à attaquer les bâtiments de guerre chinois présents sur rade par tous les moyens à votre disposition : canons, torpilles, embarcations. Vous auriez également à ouvrir le feu contre le fort de Woo-Sung, peut-être même devriez-vous commencer par là si vous êtes seul, mais j'espère pouvoir vous donner le concours du *Parseval*. Vous ne perdriez pas de vue que beaucoup de points des environs de Woo-Sung ne sont pas battus par les feux du fort. Vous inviterez les bâtiments de commerce français à se réfugier dans ces zones.... Je crois superflu d'ajouter que vous ouvririez le feu sans hésitation et à outrance si vous étiez l'objet de quelque tentative hostile soit de la part des forts, soit de la part des bâtiments de guerre chinois. C'est là une règle de conduite générale dictée par les sentiments de l'honneur et du devoir dont l'application ne saurait être en aucune circonstance, et *à fortiori* dans les circonstances que nous traversons, sujette au moindre tempérament. Je termine ces instructions en remettant avec la plus entière confiance à votre habileté et à votre patriotisme le soin de soutenir dignement l'honneur du pavillon français.

Recevez, etc.

Signé : COURBET.

Le plan que le commandant de la *Triomphante* avait arrêté et dont il avait fait part à ses officiers et au commandant Coulombeaud ne manquait pas d'audace. Le 1ᵉʳ août au jour, mettant le *Natal* et l'*Auguste* en lieu sûr, il voulait appareiller, suivi du *d'Estaing,* et descendre le Yang-Tse, pendant un mille environ, comme pour aller à la mer. Venant alors brusquement de 180° sur un bord, il entrait à toute vitesse dans la rivière de Woo-Sung, de façon à rester le moins longtemps possible dans le champ de tir du fort. Il coulait de son éperon les navires chinois surpris au mouillage sans défiance, puis, devant le village même de Woo-Sung, il laissait tomber l'ancre et de là il bombardait aisément le fort qu'il prenait à revers et dont il n'était plus distant que de 1,000 ou 1,200 mètres.

Nul doute que ce plan ne réussît, étant donné qu'il fût exécuté sans hésitation : les Chinois du fort et des navires

Le thé pendant le service de nuit.

eussent été certainement décontenancés par la soudaineté de l'attaque et leur riposte n'eût pas été assez prompte pour être dangereuse.

Dans l'éventualité d'un engagement prochain, les dispositions de combat étaient prises strictement, les feux toujours allumés, les cloisons étanches fermées, les canons chargés et les servants jour et nuit à leurs pièces : la perspective d'une lutte était envisagée par tous avec une entière sérénité, les équipages se montraient pleins d'ardeur, leur chef très résolu.

Mais cette seconde escadre devait, elle aussi, nous échapper. Le 31 juillet, au lieu d'un ordre d'attaque, le commandant de la *Triomphante* reçut la défense de rien entreprendre à Woo-Sung, tant sur les navires que sur les fortifications. Une action de vive force sur ce point pouvait avoir son contre-coup à Shanghaï, et le Gouvernement français croyait devoir ménager le premier centre commercial de l'Extrême-Orient où les neutres avaient d'immenses intérêts. L'assurance fut officiellement donnée que Shanghaï serait respectée.

Pourtant ces navires étaient là, nous narguant de leurs canons et leurs matelots répétant à nos canots leur éternel « *coupé cou !* » Pourtant les fortifications s'accroissaient chaque jour en face de nous, toujours plus menaçantes, au point qu'en une seule journée un parapet en terre, long de 1,000 mètres, haut de 3, s'élevait sur la rive du fleuve !

Le voisinage de l'ennemi n'était pas, au reste, la seule cause des froissements que notre amour-propre avait à subir. Les nations européennes, toutes représentées à Shanghaï par des agents consulaires et par de nombreux résidents, assistaient curieuses, et rarement sympathiques, aux négociations que M. Patenôtre poursuivait avec le vice-roi de Nankin. Témoins de notre longanimité, les étrangers ne nous épargnaient ni les allusions dans leurs conversations, ni les épigrammes dans leurs journaux. Nous étions venus dans le nord de la Chine en forces considérables, nous avions paradé devant nos adversaires avec des navires bien armés, nous avions posé un *ultimatum* — ce qui de tout temps avait voulu dire qu'après ce dernier argument écrit, la parole était au canon — et voilà que cet *ultimatum* qui expirait le 19 avait été prorogé peu à peu jusqu'au 31. On pensait, et on avait le droit de penser, que nous ne nous sentions pas les reins assez solides pour accepter les conséquences d'une situation que nous avions seuls créée. Et ces appréciations, prenant naissance dans une ville aussi cosmopolite que Shanghaï, où chaque nationalité surveille et critique avec jalousie et passion les agissements des autres nationalités, étaient bien faites pour nous humilier.

Mais il est nécessaire d'ajouter que ces mêmes étrangers, qui savaient si bien railler nos atermoiements et nos hésitations, auraient été les premiers à faire entendre des gémissements et des imprécations si, n'écoutant que notre droit strict, nous eussions fait un coup de force sur l'escadre et le fort de Woo-Sung. Leurs intérêts auraient eu certainement à souffrir de cette attaque et leurs rancunes nationales n'étaient pas assez vives pour leur faire perdre le souci de leurs intérêts particuliers.

Le cabinet français avait une connaissance exacte des dispositions des neutres à notre égard : aussi croyait-il devoir renoncer à une action militaire, qui aurait pu déchaîner contre nous des animosités préjudiciables à nos opérations. Il ne faut pas oublier, en effet, que n'ayant dans les mers de l'Extrême-Orient que le seul port de Saïgon, nous étions tributaires sous bien des rapports de nos rivaux les Anglais. Or ceux-ci n'avaient pas encore publié l'*Enlistment Act :* leurs ports nous étaient ouverts, leurs négociants pouvaient nous livrer vivres et charbon. Il était donc sage au Gouvernement français de ne pas s'aliéner une nation si puissante dans les mers de Chine et dont les bonnes dispositions pouvaient nous être si utiles. Nous n'étions pas en situation de piétiner

sur les intérêts des neutres, de faire fi de leurs protestations,
et nous avions tout bénéfice à nous ménager leur indifférence,
à défaut de leur sympathie. Il faut être bien sûr de soi pour
essayer de se passer des autres.

De là, la raison des réserves que le ministère s'imposa; de
là, le soin qu'il mit à n'en venir aux solutions extrêmes
qu'après avoir épuisé tous les moyens de conciliation et
d'arrangement. Ceux qui, dans l'escadre, se sentaient animés
d'une généreuse et patriotique ardeur envisageaient avec tristesse ce parti pris de temporisation. Mais devenus plus calmes,
à mesure que le temps les éloigne de ce passé plein de fièvre,
quand ils chercheront à analyser posément les événements
d'alors, ils en arriveront sans peine à justifier, dans leur
esprit, l'attitude expectante qui fut si longtemps gardée par
le Gouvernement français.

LVI

LES PREMIÈRES HOSTILITÉS

(Août 1884)

Le 31 juillet se passa sans apporter aucune réponse de la Chine. Les plénipotentiaires firent alors prier M. Patenôtre de leur accorder encore un répit de quarante-huit heures, en ajoutant que l'on touchait à la conclusion désirée. Le 2 août, M. Patenôtre leur écrivait : « Les nouveaux délais résultant de la prolongation de l'*ultimatum* du 12 juillet étant expirés sans qu'aucune proposition acceptable nous ait été faite, le Gouvernement de la République reprend sa liberté d'action. » Sa lettre se terminait par un dernier appel à la sagesse de la Chine... qui ne devait pas être entendu.

Dans ces conditions, il ne restait plus à la France d'autres ressources que de donner suite à l'avertissement contenu dans son *ultimatum* et de s'assurer la possession d'une garantie quelconque contre l'obstination du Gouvernement chinois à lui refuser une indemnité.

Mais contrairement à ce que chacun pensait, il ne fut pas pour le moment question de Fou-Chéou. Le ministre donna l'ordre à l'amiral Lespès d'aller à Formose, d'y détruire les batteries de Kelung et d'y occuper les charbonnages. *La politique des gages* était inaugurée.

Pourquoi Formose ? Le président du conseil en donnait la raison en disant qu' « entre tous les gages, celui de Formose était le meilleur, le mieux choisi, le plus facile et le moins coûteux à garder. » Ce gage si supérieur avait été, on s'en souvient, l'objet d'une démonstration faite au mois d'avril par le *Volta*. Depuis lors, chaque fois qu'il y avait eu dans l'air quelque indice de guerre, le mot de Kelung était toujours revenu dans les conversations, on pouvait s'attendre d'avance à une action sur ce point. L'amiral Lespès l'avait même conseillée. Dans un rapport daté de la fin de mai, après avoir rendu compte de sa visite au Tsong-li-Yamen, il avait ajouté : « Si contre mes prévisions, les choses ne se passaient pas au Tonkin comme elles ont été arrêtées (entre le commandant Fournier et Li-Hung-Chang), je crois qu'il serait bon de saisir immédiatement un gage, et, après vous avoir consulté par le télégraphe, je n'hésiterais pas à occuper les mines de Kelung et le nord de Formose. »

Quelle est donc l'importance de ces mines et du commerce de Formose ? Le mouvement commercial des deux ports Kelung et Tamsui a été, en 1879, de 294 navires jaugeant 88,000 tonnes et de 1,937 jonques. La valeur des échanges avec l'étranger s'est élevée, en 1880, à 26,868,000 fr. Les droits de douane des deux ports réunis ont été, en 1881, de 2,225,000 fr. ; en 1882, de 2,139,000 fr. ; en 1883, de 2,053,000 fr. La vente du charbon à Kelung, en 1880, a été de 24,850 tonnes et la production complète de 55,000 tonnes, ce qui fait, au prix de 20 fr. la tonne, 1,100,000 fr. On devait donc évaluer à un peu plus de 3 millions le total des ressources annuelles que l'occupation du nord de Formose pouvait nous offrir.

L'amiral Lespès se trouvait, le 2 août, dans la rivière Min, à bord du *Duguay-Trouin,* quand, vers minuit, un canot à vapeur vint le prendre et le conduisit à bord du *Volta.* Il en revint une heure plus tard et, à 6 heures, il transporta son pavillon sur le *Lutin* qui descendit immédiatement la rivière. Bien qu'on eût acquis déjà l'habitude des événements imprévus et des surprises, on ne fut pas sans commenter, sur tous les navires, le départ si précipité du contre-amiral. On eut tout de suite le pressentiment que l'affaire de Kelung, dont on parlait à mots couverts, entrait dans la période d'exécution.

A Matsou, l'amiral Lespès fit compléter par le *Bayard* le charbon du *Lutin,* et embarquer sur le *La Galissonnière* la compagnie de débarquement du *Bayard.* Prenant le *Lutin* à la remorque, le *La Galissonnière* appareilla le 3 au soir pour Kelung où il mouilla le lendemain à 11 heures du matin. Le *Villars* était sur rade depuis deux semaines environ. Un seul incident avait marqué son séjour. Un navire allemand, le *Wille,* s'étant présenté pour débarquer dix-neuf canons de

17 $^c/_m$ et des torpilles, le commandant Vivielle avait intimé au capitaine la défense expresse de mettre à terre armes ou munitions. Le vapeur allemand s'était exécuté sur un ordre écrit du commandant du *Villars,* tout en protestant contre cette façon d'agir, alléguant que nous n'étions pas en guerre et que le blocus n'était pas déclaré officiellement. Rien ne l'empêcha, du reste, d'aller porter tranquillement son chargement à Tamsui, où canons et torpilles furent utilisés à nos dépens.

Après le bombardement.

Un rapide examen des lieux et de la position des ouvrages de défense indiqua à l'amiral le point qu'il devait choisir pour mouiller son bâtiment. Des trois forts défendant Kelung, un seul était à craindre pour un cuirassé. C'était une batterie rasante de cinq pièces de 17^{c}3, abritée derrière une épaisse muraille blindée de plaques d'acier de 20 centimètres et battant en plein le goulet assez étroit qui fermait la baie. Le tirant d'eau du *La Galissonnière* lui interdisait de se tenir en dehors du secteur battu. Il ne lui était possible de prendre le fort à revers qu'en venant se placer au large de la baie, à une grande distance, trop loin par conséquent pour que son tir eût une action bien effective. Force lui était donc de mouiller dans le champ de tir de la batterie. Or, d'après la puissance de pénétration des canons de 17$^c/_m$, une distance de 1,000 mètres environ suffisait à un bâtiment, comme le *La Galissonnière,* blindé de plaques de 15 centimètres, pour que sa cuirasse eût des chances de protection efficace.

Avec une résolution très hardie et une bravoure toute française, l'amiral Lespès vint fièrement se placer à 900 mètres du fort, juste par son travers. Il fit immédiatement embosser son bâtiment de façon à présenter le côté de tribord à l'ennemi. Le *Villars* avait pu, grâce à son tirant d'eau, se défiler des coups du grand fort ; il n'était exposé qu'à ceux d'un fortin situé par son travers de tribord à 120 mètres de distance et

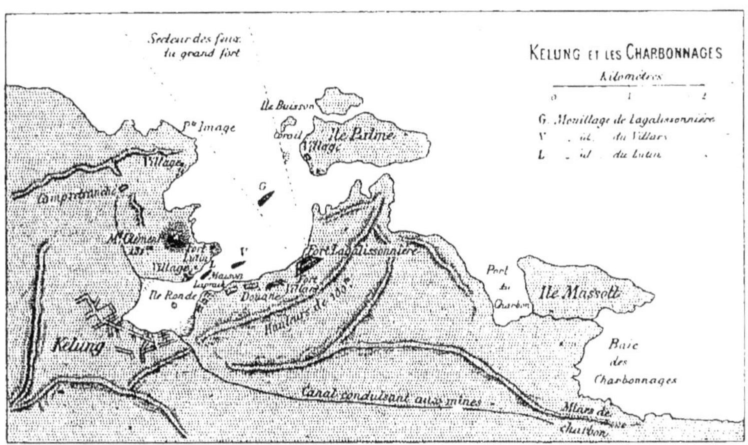

Kelung et les charbonnages.

armé de trois canons lisses de 18. Mais de la position qu'il occupait, il pouvait aisément bombarder le fort blindé et, par des obus bien envoyés, atteindre l'enceinte de ce fort, y jeter le désordre et faire des ravages parmi ses défenseurs. Le *Lutin* avait pénétré encore plus avant dans le fond de la baie, derrière le *Villars ;* il était à l'abri de tous les coups et menaçait en flanc les batteries des deux côtés.

Quand ces dispositions furent prises, un aide de camp alla porter à terre, au général chinois, la sommation d'avoir à livrer ses défenses. Cette sommation étant restée sans réponse,

le 5 août, à 7 heures et demie du matin, le branle-bas de
combat fut ordonné et à 8 heures précises s'ouvrit un feu
violent auquel les Chinois répondirent immédiatement avec
vivacité et précision. Le *La Galissonnière* reçut quelques projectiles dans la mâture et trois obus dans la muraille du réduit. Deux d'entre eux s'arrêtèrent dans le matelas en bois et
éclatèrent en arrière ; le troisième perça la cuirasse au-dessous
d'un sabord et faussa la cheville ouvrière du canon en restant
lui-même engagé dans le trou qu'il avait fait. Le *Villars* reçut
plusieurs coups de mitraille.

Le feu de l'ennemi se ralentissant peu à peu, l'amiral
fit ralentir également le feu de ses navires, afin de rendre le
tir plus sûr. Dès lors, les obus de 24 produisirent des effets
foudroyants, tous les coups portaient avec une précision mathématique. La muraille du fort n'était atteinte par les projectiles que sur les embrasures, et celles-ci étaient démolies avec
une régularité surprenante. Ce bombardement fut un incontestable succès de tir. Les circonstances y prêtaient sans doute,
mais il est juste de reconnaître aux excellents canonniers de la
frégate amirale la part de mérite qui leur revient.

A 8 h. 45 m., un incendie se déclara dans la partie nord
du fort et communiqua le feu au village voisin. A 9 heures,
la poudrière sauta et les derniers soldats restés dans le fort
s'enfuirent au loin dans la montagne. Tout était terminé du
côté des autres défenses ; les obus du *Villars* et du *Lutin* avaient
eu facilement raison des mauvaises maçonneries de leurs
batteries et des artilleurs qui servaient leurs pièces. L'opération
du bombardement avait donc été achevée en une heure ; il ne
restait plus qu'à occuper les ouvrages déjà abandonnés par
l'ennemi.

Alors le *Lutin*, pour appuyer le débarquement, reçoit

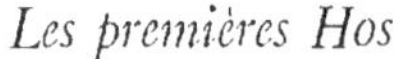

l'ordre d'appareiller. Il vient s'embosser en arrière du *La Galissonnière* et canonne un camp retranché qui fait des feux de mousqueterie sur nos navires. La compagnie du *Villars* (80 hommes commandés par le lieutenant de vaisseau Dartige du Fournet) embarque dans les canots, se dirige sur le fortin de la côte sud, y arrive sans encombre et y arbore le pavillon français. Elle poursuit sa marche en avant et déploie un nouveau pavillon sur le mur du grand fort ; puis elle bat en retraite, une deuxième poudrière venant de sauter.

« Bientôt, dit le rapport officiel, les hauteurs dont la rive est dominée commencent à se couvrir de troupes nombreuses et la nécessité d'occuper ces crêtes s'impose. » A 10 heures, la compagnie du *Bayard,* sous le commandement supérieur de M. le capitaine de frégate Martin est envoyée à terre dans les embarcations du *La Galissonnière.* Elle accoste la plage, rejoint la compagnie du *Villars* et gagne la hauteur.

Explosion d'une poudrière.

A 11 heures, elle est aux prises avec les troupes chinoises qui reculent. Elle s'installe sur un sommet et y campe, après avoir planté en terre une longue hampe portant un grand pavillon tricolore. A 2 heures de l'après-midi, des escouades de torpilleurs vont dans les forts et détruisent avec du fulmicoton le matériel ennemi. La soirée se passe sans incident.

La nuit est mauvaise, il tombe des torrents d'eau qui empêchent les hommes de se reposer ; aussi, dès le matin du 6 août, le premier soin de l'amiral est d'envoyer aux troupes de débarquement le nécessaire pour pouvoir parfaire leur installation, c'est-à-dire des voiles, des tentes, de tauds, des pelles..., etc. Les matelots, malgré une nuit passée sans sommeil, sous une pluie battante, sont immédiatement employés à achever leur campement improvisé, et en particulier à élever un mur d'abri. Vers 2 heures, la compagnie du *Villars*, conduite par M. Jacquemier, se porte sur la ville pour y occuper le yamen, c'est-à-dire la demeure du taotaï. Mais, pour y arriver, elle passe sur une route que domine le camp retranché du sud, elle essuie le feu de ce camp, perd un homme et, devant le nombre, est obligée de battre en retraite.

Le mouvement fait par les Chinois pour arrêter les

hommes du *Villars* est aperçu par la compagnie du *Bayard,* toujours campée sur la hauteur. La sentinelle donne l'alarme et le commandant Martin fait tirer à 1,000 mètres environ sur une longue file de Chinois qui suivent un étroit sentier. Les Chinois ripostent aussitôt. Alors, non seulement du sentier où on les a découverts, mais encore de toutes les directions partent des coups de fusil qui décèlent la présence d'un vaste cordon de tirailleurs. L'ennemi est en train d'effectuer un mouvement enveloppant pour cerner le camp des Français. Si la tentative de la compagnie du *Villars* n'a pas réussi, elle a, du moins, permis au commandant Martin de surprendre les Chinois dans leur manœuvre et de devancer leur attaque.

La compagnie du *Bayard* saute sur ses armes et, pendant une heure, avec beaucoup d'ordre et de calme, fait des feux de salve bien exécutés.

Mais l'ennemi grossit toujours, il n'est plus qu'à quelques centaines de mètres et son cercle se rétrécit peu à peu. Il paraît évident que, pris de tous côtés par deux mille ou trois mille hommes, nos deux cents marins ne peuvent tenir plus long-temps et il est à tout prix indispensable, nécessaire, de ne pas laisser couper la communication avec la plage.

La retraite s'impose d'elle-même. Elle est opérée si promptement qu'elle ne peut être exécutée, par le gros de la compagnie, avec le bon ordre désirable. L'enseigne Barbier, qui commande le poste avancé, fait avec sa section une belle résistance. Le commandant Martin, resté le dernier sur le front du camp, rallie quelques hommes et se porte sans retard au secours de cette intrépide avant-garde qu'il encourage de sa présence et de son exemple. Ils sont autour de lui une quaran-taine qui ne cèdent que pied à pied le terrain. S'ils reculent, c'est en tenant l'ennemi en respect, c'est en faisant un feu nourri et bien réglé. Leur sang-froid et leur vigoureuse défense, surtout l'héroïque bravoure du commandant, permettent aux blessés de gagner en sécurité les embarcations qui attendent au rivage. Mais une partie du matériel est abandonnée. La hampe du pavillon ne peut pas être déracinée; alors un second-maître du *Bayard*, nommé Jullaude, se pend à l'étamine qui se déchire. A cinq heures du soir, les compagnies rembarquent à leurs bords.

L'odyssée de ce brave Jullaude mérite d'être contée avec quelques détails. Après avoir déchiré le pavillon tricolore, il courut vers les compagnies qui se repliaient déjà et dans sa course tomba dans un ravin. De la cachette où il se tint blotti, il vit distinctement les troupes chinoises passer au-dessus de lui et mettre le camp au pillage. Quand la nuit fut venue, les Chinois

Le second-maître Jullaude cache le pavillon franç

ayant évacué nos anciennes positions, il remonta du côté du camp pour chercher à s'orienter, but un peu de café resté dans un bidon et descendit la colline. A 3 heures du matin, il arriva à la plage, héla le *Villars* mouillé à 400 mètres : une embarcation le ramena à bord.

Nos pertes étaient de deux tués et onze blessés.

La mission dont on avait chargé l'amiral Lespès consistait d'abord à détruire les fortifications, ce qui avait été fait avec une habileté parfaite et un plein succès, ensuite à occuper les charbonnages, ce qui n'avait pas réussi. Comment s'étonner de cet insuccès? Ces fameux charbonnages, situés à six kilomètres de la rade, sont séparés de celle-ci par une région montagneuse et escarpée. Et c'est avec deux cents matelots des compagnies de débarquement que cette occupation devait être faite! C'est avec deux cents hommes qu'il fallait prendre d'abord et conserver ensuite une pareille étendue de terrain! Mais en admettant qu'il n'y eût dans tout le nord de Formose que les deux cents soldats chinois qu'y supposait le Gouvernement français, nos deux cents marins n'eussent pas été suffisants pour garder la route qui menait de la rade aux mines de charbon. Or, ce n'étaient pas deux cents Chinois qui se trouvaient là, mais bien plusieurs milliers de fantassins réguliers.

L'opération ordonnée à l'amiral Lespès était donc fatalement condamnée à un échec. Il ne pouvait dépendre ni de son audace, ni de son énergie de mener à bien une pareille entreprise. Il avait été partisan, il est vrai, de l'occupation de Kelung, mais c'était trois mois plus tôt, à un moment où la défense de Formose n'existait pas et où il disposait du reste, non pas de deux navires, mais de toute sa division.

Le *Lutin* était parti le soir du 5 août pour Shanghaï, afin d'y annoncer à M. Patenôtre le bombardement qui avait eu lieu le matin même. Le lendemain, le *Villars* allait à Matsou rendre compte à l'amiral Courbet du résultat de l'affaire. Le *La Galissonnière* restait seul à Kelung, où le *Lutin* venait le retrouver à son retour de Shanghaï. Dès le 7, les Chinois se mirent à fortifier sans relâche toutes les crêtes, notamment celles voisines de la route de Tamsui.

Tandis que ces événements se déroulaient au nord de Formose, l'amiral Courbet était toujours dans la rivière Min. Aucun ordre ne lui était parvenu à la date du 31 juillet, jour de l'expiration de l'*ultimatum*. Il avait été simplement chargé d'envoyer l'amiral Lespés à Kelung, tandis que lui et ses navires montaient la faction devant l'arsenal et devant la flotte. Le temps qui passait ainsi dans l'inaction pour nos marins, était singulièrement mis à profit par nos ennemis. Depuis le 1ᵉʳ août, les mouvements de leurs canonnières et de leurs croiseurs se multipliaient chaque jour : ce n'étaient que mouillages et changements de mouillages. A bord de leurs navires, on ne chômait guère. Les équipages avaient été renforcés considérablement par de nouvelles recrues. Des exercices fréquents avaient lieu et les manœuvres s'exécutaient au signal du commandant supérieur, embarqué sur le *Yang-ou*. L'attitude des capitaines et des officiers était fort correcte : aucune marque d'hostilité ne s'était renouvelée depuis celles qui avaient été dirigées contre l'*Hamelin*. Tout se bornait, de la part des matelots, à des plaisanteries plus ou moins ridicules et pas toujours du meilleur goût. La lumière électrique qu'on faisait chaque soir avait le don de les agacer et ils profitaient du passage des rayons de la gerbe pour exhiber sans façon à nos regards ce que les plus élémentaires lois de la pudeur font, en tout pays, un devoir de dissimuler.

A terre, les forts accroissaient chaque jour leurs défenses ; de grands travaux de terrassement y étaient effectués et des canons rangés en batterie derrière des sacs à sable, aussi bien sur la rive que sur les hauteurs, menaçaient la rade.

Devant ces préparatifs, il fallait que les navires français demeurassent sans cesse sur le qui-vive. Les pièces et les fusils restaient nuit et jour chargés, les passages prêts à fonctionner ; et dans la machine, les feux étaient tenus de manière à avoir de la pression, soit en vingt minutes, soit en trois quarts d'heure. Jamais les hamacs n'étaient distribués aux hommes. L'ordre général était de coucher aux postes de combat ; les servants s'étendaient auprès des circulaires des canons, tandis que gradés, aspirants ou officiers, faisaient bonne veille autour d'eux. La vie du matelot devenait, dans ces circonstances, assez pénible, mais de toutes les privations qu'on lui imposait, la plus sensible était l'impossibilité de laver son linge comme il l'aurait voulu et comme on sait qu'il en a l'habitude. Le savon était rare et les cartahus de linge n'étaient jamais hissés. Les officiers eux-mêmes participaient à des distributions de savon comme les équipages, et faisaient faire leur lessive à bord.

Pourtant, et c'est là un trait fort curieux du caractère chinois, jusqu'au jour du combat de la Pagode un blanchisseur ne cessa de venir nous offrir ses services. Ce n'était pas, du reste, le seul indigène qui mettait son industrie à la disposition de nos navires. En même temps que lui, un marchand apportait de la glace, et d'autres bateliers chinois faisaient les commissions

Les officiers faisaient faire leur lessive à bord.

dont les chargeaient les officiers ou les hommes, avec l'empressement le plus entier, sinon le plus désintéressé. Plusieurs commandants avaient comme domestiques des Célestiaux qui allaient librement du bord à terre, sans que jamais leurs compatriotes eussent l'idée de leur faire un mauvais parti pour les services qu'ils rendaient à quelques-uns d'entre nous.

On a le droit d'être surpris de cette façon originale dont le peuple chinois pratique les usages de la guerre. Il est vrai

que nous n'étions pas en guerre et que l'état actuel, désigné
sous le nom bizarre d'*état de rétorsion*, pouvait permettre
certaines concessions mutuelles. Mais pendant la guerre de
1860, la même remarque avait été faite ; les idées de solidarité
qui, chez les nations civilisées, unissent le citoyen et le soldat
dans un même sentiment contre l'ennemi, font totalement
défaut en Chine. Pour le marchand de glace de Fou-Chéou,
pour le blanchisseur et pour les domestiques, la lutte prochaine
devait se passer entre les marins français et les soldats des
mandarins ; quant à eux, commerçants ou artisans, ils
n'avaient rien à y voir et ils n'y voyaient, en effet,
aucune raison d'animosité. Un des interprètes em-
barqués à bord fit un jour une réponse qui indique
bien l'absence de toute communion d'idées
entre les deux éléments civil et militaire.
Questionné sur l'accueil que ses compatriotes lui réservaient à son retour parmi eux
après la guerre : « Quoi, s'écria-t-il, quelle
raison de m'en vouloir ? Mon seul métier est
d'interpréter le français et le chinois. Je ne fais à

Un interprète.

votre bord que gagner ma vie, qui peut m'en empêcher ? »
Il faut ajouter, du reste, que dans le sud du Céleste-Empire,
à l'inverse de ce qui se passe dans le nord où domine la race
mandchoue très guerrière, le métier des armes est fort dé-
considéré, le soldat est mal vu et les derniers de tous les
mandarins sont les mandarins militaires.

Ceux-ci n'étaient pas tendres à notre endroit. Ils étaient
loin d'avoir les aménités des industriels ou des marchands. Ils
mettaient notamment toutes sortes d'entraves à la livraison
des bœufs par le fournisseur. Le commandant en chef chinois
n'en autorisait la vente qu'après des pourparlers interminables

lui expliquant que nous n'étions pas en guerre. Par suite de ce mauvais vouloir des généraux chinois, les vivres frais étaient rares, la nourriture peu variée : la chaleur étant excessive, l'appétit diminuait chaque jour, les santés s'affaiblissaient et il fallait aux officiers et aux équipages bien de l'ardeur et de la volonté pour supporter allégrement, comme ils le faisaient, une existence aussi rude.

Le service de garde, très strict en tout temps, redoubla de sévérité quand l'amiral put craindre qu'à la nouvelle du bombardement de Kelung, les Chinois n'usassent de représailles sur nous. Les rondes des embarcations pendant la nuit devinrent plus fréquentes ; des canots armés en guerre stationnèrent à la coupée du *Volta* ou du *Duguay-Trouin*. Les Chinois avaient pris très vite l'habitude d'imiter absolument toutes nos manœuvres ; ils tenaient donc, eux aussi, des canots à leurs coupées et se donnaient en outre le luxe de pointer sans cesse leurs canons sur nos bâtiments et de les suivre pendant les évitages. Chaque fois que nos torpilleurs s'exerçaient et manœuvraient dans la rivière, ils ne manquaient pas de faire circuler, à leur tour, leurs canots porte-torpilles. Leur manie d'imitation s'étendait même aux installations des navires. Ayant vu un jour à l'*Aspic* des tôles de protection sur la passerelle, ils firent immédiatement confectionner pour les passerelles, les barres et les canots-torpilleurs, des abris semblables.

L'appréhension des torpilles était naturellement à l'ordre du jour. On avait mené grand bruit autour des achats d'engins sous-marins de toutes sortes que les Chinois avaient faits à diverses nations européennes. On redoutait surtout de les voir imaginer contre nous un système quelconque de torpilles automatiques qu'ils auraient laissé dériver au courant et qui seraient venues éclater au contact des carènes. Pour parer à ce danger, l'amiral avait prescrit de disposer, chaque fois qu'on serait au jusant, un appareil de protection sur l'avant des navires. Lors du changement d'évitage au flot, on relevait l'appareil pour le remettre en place à l'évitage suivant.

L'amiral avait facilement prévu l'insuffisance des canots à vapeur pour le service d'une rivière aussi rapide que le Min ; il avait pourtant fait rallier autour de lui les canots de l'*Hamelin*, du *Bayard*, du *La Galissonnière*, de façon à en avoir le plus grand nombre possible autour de lui. En outre, dès les premiers jours, il avait acheté à une maison de commerce anglaise une

Appareil de protection sur l'avant des navires.

chaloupe à vapeur nommée le *Nantaï*. Cette chaloupe, de bonne dimension et de bonne marche, devait rendre les plus utiles services : elle remorquait aisément trois ou quatre canots ; on la munit d'un appareil de lumière électrique et d'un hotchkiss.

La question des pilotes avait été aussi l'objet des préoccupations de l'amiral. Pour se les attirer, il avait décidé que ceux d'entre eux qui remonteraient ou descendraient les navires français recevraient des droits de pilotage doubles du tarif ordinaire. Il reconnut plus tard la nécessité d'avoir des pilotes permanents, et il en engagea quatre, de nationalités européennes, aux conditions suivantes : ils recevaient par jour

15 dollars, mais ils s'obligeaient à rester un an liés à notre service, et devaient, pendant ce temps, piloter tous les navires français qu'on leur désignerait. Ces 15 dollars quotidiens faisaient au bout de l'année 25,000 fr., somme qui représentait leurs bénéfices moyens annuels. En outre, dans le cas d'une *déclaration officielle* de guerre (ces mots étaient soulignés dans le contrat), une somme de 100,000 fr. devait leur être versée. Ces chiffres sont assurément élevés, mais il faut songer que la position de ces pilotes était perdue par le fait même de leur engagement à notre service : il était juste de les indemniser de ce que cette position représentait pour eux, non seulement dans le présent, mais aussi dans l'avenir. D'ailleurs, ici comme partout, il fallait subir la loi de l'offre et de la demande, et puisque l'amiral avait pour ses opérations un absolu besoin de leur concours, force lui était de subir leurs exigences. Les risques qu'ils pouvaient courir étaient réels après tout; l'un d'eux, le pilote Thomas, celui-là même qui échoua l'*Hamelin*, fut tué à la Pagode sur la passerelle

Le pilote Thomas.

du *Volta*, le 23 août.

On devine aisément que les journées d'attente anxieuse ne manquèrent pas pendant ce long séjour en face de l'ennemi. C'était à chaque instant des alertes faisant croire que l'heure tant désirée de la lutte allait enfin sonner. Tout était motif à émotion : une lettre portée à un commandant par un canot du *Volta*, un signal de l'amiral appelant chez lui tous les capitaines, une visite du consul, ou même les racontars des gens bien informés qui colportaient les nouvelles d'un navire à l'autre ! Le 12 août, en particulier, on put croire que les canons, muets jusque-là, allaient peut-être parler. Il y avait

quelque chose dans l'air. A 11 heures et demie, les prévisions
semblèrent se réaliser. On donna l'ordre de prendre toutes les
dispositions de combat, on rappela aux passages, on installa le
service des blessés... Les Chinois tenaient leurs pièces braquées
sur nous, nous dirigions les nôtres
sur eux... et la journée se passa sans
qu'il advînt rien de nouveau. Les jours
suivants, rien encore, si ce n'est la plus
étrange conséquence de cet état de
représailles qui n'était pas la guerre.
Dix jours après le bombardement de
Kelung, la Chine célébrait la fête de son
impératrice. Ainsi que le veulent les
usages maritimes, un officier du
Yang-ou se rendit la veille à bord
du *Volta* pour demander que les
bâtiments français voulussent bien
pavoiser en l'honneur de la souveraine.
Le 16 août, le petit pavois fut hissé,
avec le pavillon chinois, au grand
mât de nos navires, et le lendemain
un officier, selon la coutume, vint
remercier de cette marque de courtoisie. Cela se passait six jours
avant le combat de la Pagode !
Quelle singulière chose que cet
état intermédiaire fait de politesses et
de bombardement ! Durerait-il longtemps encore ? C'est ce
qu'on ne pouvait savoir alors et ce que chacun se demandait
avec anxiété, car les négociations se continuaient toujours.

C'est le 8 août que M. Patenôtre avait remis aux trois

Au signal de l'amiral...

plénipotentiaires résidant à Shanghaï une note destinée à leur faire connaître à la fois et l'attaque de Kelung et le but du Gouvernement français qui voulait s'assurer « la possession d'un gage servant de garantie contre le refus d'une indemnité ». Il n'ajoutait pas que le cabinet français avait eu le secret espoir de voir la Chine prendre peur devant notre résolution belliqueuse. Le 12 août, en réponse à la note du 8, le Tsung-Li-Yamen exprimait « son étonnement de la saisie du port de Kelung, déclarant que rien ne l'avait préparé à une nouvelle de ce genre ».

Ainsi, les coups de canon tirés à Kelung n'avaient pas amené la Chine à composition, et les espérances d'intimidation qu'on avait pu fonder sur ce bombardement étaient évanouies. D'autre part, la prise d'un gage ne s'était pas réalisée, puisque les deux cents marins mis à terre le 5 août avaient dû, dès le lendemain, regagner leurs navires, poursuivis par un ennemi dix fois plus nombreux. La question n'avait donc pas fait un pas, il fallait recommencer de nouveau l'expérience. Mais le Gouvernement semblait avoir quelque peine à s'y décider : il croyait encore à la possibilité d'un arrangement. Une dépêche de M. Patenôtre, du 14 août, mentionne en effet que peu de jours avant cette date, il poursuivait toujours ses pourparlers et qu'il avait même fait de nouvelles concessions à la Chine touchant l'indemnité. « Le maintien provisoire du *statu quo* dans la rivière Min vous a prouvé, écrivait-il aux négociateurs chinois, que si la France est résolue à poursuivre avec toute l'énergie nécessaire la réparation qui lui est due, elle veut fournir jusqu'au bout la preuve indubitable de sa patience et de sa modération. L'arsenal et les forts de Fou-Chéou sont, depuis bientôt un mois, sous les coups de nos bâtiments de guerre. Il nous eût été facile de les détruire dès l'expiration de l'*ultimatum*. Malgré les inconvénients de toute sorte qui résultent pour nous de ces délais incessants, le Gouvernement a cru devoir, jusqu'ici, suspendre toute action militaire contre Fou-Chéou, dans l'espoir que le Gouvernement impérial, éclairé enfin sur la situation, lui épargnerait la nécessité d'en venir à une mesure de rigueur qu'il préférerait éviter. Nous sommes allés plus loin dans la conciliation... Le Gouvernement a consenti à réduire de plus des deux tiers l'indemnité primitivement réclamée à la Chine et à en étendre le paiement à dix années. » (80 millions.)

Ces concessions ne devaient pas être accueillies par la Chine : elles ne servaient qu'à enhardir nos ennemis, à les rendre plus exigeants et à prolonger indéfiniment dans la rivière Min le séjour de l'escadre. Celle-ci devait s'armer de patience et de résignation pour supporter pendant si longtemps une situation d'où il ne résultait qu'une déconvenue pour son amour-propre et une humiliation pour le pays. Que dire, en effet, d'une semblable épreuve ? Comment donner une idée de ce qu'était pour le chef, pour les officiers, pour les simples matelots cette faction montée devant un ennemi plein d'arrogance et qu'il fallait néanmoins traiter avec les égards apparents dus à une nation amie. Pendant que les diplomates échangeaient leurs notes, leurs dépêches et leurs rapports, des navires étaient venus à Fou-Chéou pour y faire œuvre de guerre. Et quand, sous leurs yeux, cet ennemi se faisait menaçant, ils n'avaient pas le droit de le remarquer ; quand il redoublait d'audace, ils n'avaient pas le droit de s'en émouvoir. Leur dignité, leur patriotisme en souffraient : qu'importe ! L'heure n'était pas encore venue de châtier les traîtres ou les fanfarons : la parole était aux négociateurs, le tour du canon ne devait venir que plus tard. Et jusque-là, il fallait tout supporter, tout endurer en se répétant que les défenses qui s'élevaient centupleraient la peine et le danger au jour de la lutte.

A l'austérité d'une pénible campagne qui, depuis un an, n'avait jamais vu poindre la moindre éclaircie — non pas de plaisir — mais de distraction, s'ajoutait encore cette irritante expectative. Elle ne laissait à l'esprit ni trêve, ni repos ; les conversations de carrés ne roulaient que sur un même et constant sujet, l'alternative de paix ou de guerre avec la Chine. A ce régime, les plus calmes étaient devenus nerveux, les plus réservés avaient fini par s'exaspérer et une fiévreuse impatience surexcitait cette escadre préoccupée, avant tout, de l'honneur de son pavillon.

A la longue, du reste, l'honneur n'était plus seul en cause : la sécurité elle-même était compromise. Chaque jour les avantages des Chinois allaient se multipliant. En un mois, ils avaient progressé du simple au double. Le port était visité sans cesse par de nombreux vapeurs étrangers que l'amiral ne pouvait contrôler, n'ayant pas l'autorisation d'agir, et qui apportaient journellement aux Chinois de quoi parfaire leurs défenses — ou plutôt leurs moyens d'attaque. Car nous étions maintenant réduits à craindre une attaque. La situation avait singulièrement changé depuis la fin

de juillet. A cette époque, l'amiral, par une audacieuse offensive, était sûr du succès. En surprenant à l'improviste, avec ses six bâtiments et ses deux torpilleurs, la flotte chinoise, celle-ci aurait été facilement coulée par le fond, sans que les ouvrages à terre qui tombaient en ruines eussent été en état d'envoyer un seul obus pour la défendre : l'escadre française aurait ainsi réglé en quelques minutes, sans danger pour elle, le sort des canonnières chinoises.

Mais à mesure que le temps marchait, notre évidente supériorité du premier jour allait s'affaiblissant devant la constante progression des avantages de l'ennemi et un engagement avec lui devenait de plus en plus périlleux.

Le 15 août, en effet, les Chinois comptaient dans la rivière dix ou douze bateaux porte-torpilles, défectueux peut-être, mais très capables, avec un peu de chance, de nous endommager sérieusement ; à côté de ces canots, neuf bâtiments de guerre, dix jonques armées chacune de huit ou neuf canons, et une série de jonques mandarines, de brûlots en nombre exagéré. Depuis le jour de notre entrée, nous avions vu s'établir et s'armer sur le monticule de la Pagode une batterie au ras de l'eau, et un peu au-dessus, derrière des épaulements de terre, trois pièces de 8 $^{c}/_{m}$ Krupp de campagne ; auprès de l'arsenal, deux pièces bouche, protégées par des sacs à sable ; puis, dominant toute la rade, sur la haute colline au nord de l'arsenal, deux batteries nouvelles armées de pièces Krupp. Pour compléter ses moyens d'action, le général en chef Chang-peï-Loun avait rassemblé dans des camps retranchés plusieurs milliers de fantassins bien armés. Tandis qu'au mouillage même de la Pagode l'ennemi avait opéré cette accumulation de batteries, de casemates, de fortifications, il n'était resté inactif ni à Mingan ni à Kimpaï. Ces deux passes étaient hérissées de canons de tous les calibres et les camps qui y avaient été établis regorgeaient de troupes. Ces soldats, massés sur les hauteurs qui surplombent et enserrent étroitement le lit de la rivière, nous menaçaient d'un réel danger. Le jour où l'escadre devrait sortir de cette perfide souricière, ils pourraient faire subir des pertes considérables à ses bâtiments en criblant de balles les ponts et les passerelles.

Les appoints qui, depuis le 1ᵉʳ août, avaient grossi les forces de l'amiral étaient sérieux, mais pas en proportion de ceux acquis par nos adversaires. La *Saône* était entrée le 5 août, le *Villars* le 15 et le *d'Estaing* le 16 ; mais le *Château-Renaud* avait dû être envoyé avec la *Saône* en grand'garde à l'entrée de la rivière, entre Mingan et Kimpaï. Les navires à Pagoda étaient donc le *Volta,* le *Lynx,* l'*Aspic,* la *Vipère,* le *Duguay-Trouin,* le *Villars* et le *d'Estaing,* plus les deux torpilleurs. Le 16 août, l'amiral télégraphiait à M. Patenôtre de lui envoyer la *Triomphante* et le *Drac* qui n'avaient plus rien à faire à Shanghaï, désormais épargnée à nos coups : « Ces deux bâtiments, la *Triomphante* surtout, pourront m'être très utiles, mais les dangers de surprises ici n'en seront pas moins grands. Je ne saurais trop répéter combien les retards nous ont été préjudiciables. » Pourtant une question se posait. La *Triomphante,* qui calait plus de sept mètres, pouvait-elle entrer dans le Min ? Certains pilotes ne le pensaient pas, l'un d'eux disait la chose possible. L'amiral écrivit donc au commandant Baux qu'il lui laissait le soin d'apprécier lui-même s'il devait essayer d'arriver à Pagoda. En tout cas, l'amiral recommandait de tout tenter pour que la *Triomphante* pût franchir au moins la barre extérieure, afin d'aider la sortie de la rivière avec sa puissante artillerie.

Sur ces entrefaites, le 15 août, à la Chambre, et le 16 au

Sénat, le ministère soutenait une demande de crédits pour la continuation des hostilités. « Nous vous demandons, disait-il, l'autorisation de continuer ce que nous avons commencé à Kelung. » Les crédits étaient votés et, par un ordre du jour, la Chambre se déclarait « confiante dans la fermeté du Gouvernement à faire respecter le traité de Tien-Sin ».

Fort de ce vote, le ministère envoyait à l'amiral Courbet l'ordre d'attaquer la flotte chinoise et de détruire l'arsenal et les forts de la rivière Min. L'ordre parvint le 22 août vers cinq heures du soir. La nouvelle s'en répandit bientôt dans toute l'escadre, apportant aux esprits un immense soulagement et mettant dans les cœurs une patriotique allégresse.

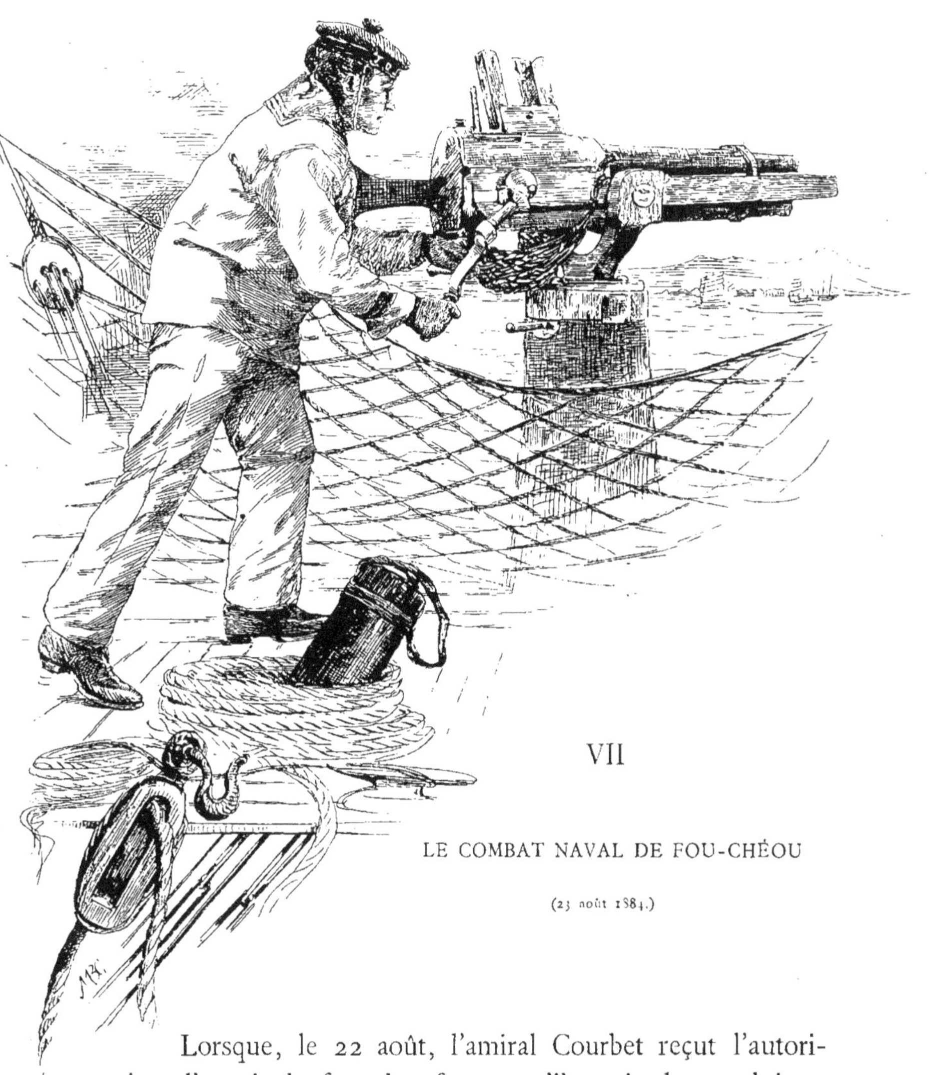

VII

LE COMBAT NAVAL DE FOU-CHÉOU

(23 août 1884.)

Lorsque, le 22 août, l'amiral Courbet reçut l'autorisation d'ouvrir le feu, les forces qu'il avait devant lui se décomposaient ainsi :

Onze navires de guerre : *Yang-ou, Yang-pao, Tschen-Hang, Fou-Sheng, Kien-Sheng, Yu-Sing, Fou-poo, Fou-Sing, Tsi-ngan, Feï-yuen, Tchen-oueï.* Ces onze navires (4 croiseurs, 2 transports-avisos, 2 avisos, 2 canonnières dites alphabétiques, 1 canonnière en bois) étaient armés ensemble de 47 bouches à feu, savoir : 2 canons de 25 $^c/_m$ pouvant lancer des obus ou des boulets de 185 kilogrammes ; 1 canon de 19 $^c/_m$ avec projectile de 82 kilogrammes ; 19 canons de 16 $^c/_m$ Withworth ; 16 canons de 40 livres ; 6 canons de 12 $^c/_m$; enfin sur la petite canonnière 3 espingoles. Tous ces bâtiments étaient en bois, sans aucun blindage, élégants de formes, mais faibles d'échantillon. Leurs coques étaient plus ou moins protégées contre la submersion à l'aide de quelques cloisons étanches. Le *Yang-ou*, le plus grand de tous, avait un déplacement de 1,600 tonneaux ; les deux avisos-transports déplaçaient 1,450 ; trois autres croiseurs 1,258 ; les deux alphabétiques, ainsi que la petite canonnière *Yu-Sing*, 250; enfin les deux avisos, 550. Les équipages très nombreux (officiellement 1,220 hommes) ne possédaient ni canons-revolvers ni mitrailleuses, mais ils avaient entre les mains des fusils de modèles très récents et perfectionnés.

A ces onze navires s'ajoutaient : neuf jonques de guerre armées chacune de sept à huit canons lisses anciens et montées par 60 à 70 hommes d'équipage ; deux autres jonques très grandes chargées d'au moins 120 à 150 soldats ; sept canots à vapeur et trois ou quatre embarcations à rames, les uns et les autres munis à l'avant d'un espar porte-torpilles ; enfin un grand nombre de brûlots chargés de matières explosibles. Toutes ces forces maritimes étaient appuyées par la nombreuse infanterie du général Chang-peï-Loun et par sept batteries de création récente : deux sur le monticule de la Pagode, dont une de trois Krupp de 8 $^c/_m$; deux sur la haute colline qui dominait la pagode et l'arsenal, dont une de trois Krupp également ; trois de deux pièces chacune aux abords de l'arsenal.

L'escadre française comprenait le *Volta*, l'*Aspic*, le *Lynx*, la *Vipère*, le *Duguay-Trouin*, le *Villars*, le *d'Estaing* et les deux torpilleurs. Au total, 58 canons dont 5 de 19, 47 de 14, 6 de 10. Croiseurs et canonnières avaient tous des canons-revolvers. Le *Nantaï* et quatre canots à vapeur munis de hotchkiss formaient une escadrille à part, qui était chargée de prendre des navires à l'abordage et de jouer le rôle de contre-torpilleurs. La *Saône* et le *Château-Renaud* étaient toujours en amont de la passe Kimpaï : ils devaient s'opposer à ce que les Chinois obstruassent cette passe, soit en y coulant une trentaine de jonques chargées de pierres, soit en y mouillant des torpilles. Tous les bâtiments français avaient une toilette de combat uniforme : le grand mât de hune et le mât de perroquet de fougue calés,

les vergues amenées. Seul, le phare de l'avant était en place sans mât ni vergue de perroquet. Les hunes, entourées de panneaux en tôle, étaient armées de canons-revolvers.

L'amiral Courbet avait mouillé ses navires sur une ligne brisée contournant la presqu'île triangulaire de la Pagode. Cette presqu'île dessine au milieu de la rivière Min un angle, presque géométrique, dont le sommet est au sud et dont les deux côtés sont orientés l'un vers le nord-ouest, l'autre vers le nord-est.

Sur le côté de l'angle qui se dirige vers le nord-ouest et où se trouve bâti le célèbre arsenal de Fou-Chéou, il y avait le

Volta en tête, puis l'*Aspic,* la *Vipère,* le *Lynx* et, un peu en arrière du *Volta,* les deux torpilleurs. Autour de ces quatre navires, les Chinois avaient rangé leurs jonques de guerre et leurs jonques chargées de soldats, puis un peu plus loin en amont, les bâtiments *Yang-ou, Fou-Sing, Fou-Poo, Yang-pao, Tschen-Hang, Fou-Sheng, Kien-Sheng* et *Yu-Sing.* Quant aux canots porte-torpilles, ils se trouvaient dans un arroyo dont l'embouchure était voisine du bâtiment de la douane, sur la rive opposée à la Pagode.

En aval de la Pagode, du côté du nord-est, étaient les trois croiseurs *Duguay-Trouin, Villars, d'Estaing,* et respectivement par leur travers, près de la douane, les avisos *Tchen-oueï, Feï-yuen* et *Tsi-ngan.*

La largeur de la rivière Min en cet endroit est de moins de 1,000 mètres. Les deux escadres ennemies étaient donc à des distances de quelques centaines de mètres. En outre, la hauteur du fond interdisait aux trois grands croiseurs français, qui calaient 5 à 6 mètres, de venir, sauf à la haute mer, dans le voisinage du *Volta.*

En aval et en dehors des lignes occupées par les adversaires, se trouvaient la corvette américaine *Entreprise* avec l'amiral John Lee Davis, les corvettes anglaises *Champion* et *Sapphire,* ainsi que le *Vigilant* ayant le pavillon du vice-amiral Dowell, trois voiliers et trois steamers.

Le vendredi 22 août, à 8 heures du soir, l'amiral appelle tous les capitaines à bord du *Volta* et leur communique le plan de combat qu'il a résolu et qui se résume en ceci : Pendant l'évitage au jusant de l'après-midi du 23 août (un peu avant 2 heures) les navires appareilleront et se tiendront à leurs distances respectives actuelles de mouillage, sous toute petite vitesse à la vapeur. L'amiral hissera le pavillon n° 1 en tête de mât. A ce signal, les deux torpilleurs iront attaquer deux des bâtiments chinois mouillés en amont de l'amiral. Quand le pavillon 1 s'amènera, le feu commencera sur toute la ligne. Le *Volta*, tout en soutenant l'attaque des torpilleurs au moyen de son artillerie et de sa mousqueterie de bâbord, ouvrira son feu par tribord sur les jonques de guerre dont il est le principal point de mire. En même temps, les canonnières *Lynx*, *Aspic* et *Vipère*, laissant l'amiral à tribord, se porteront rapidement à hauteur de l'arsenal et livreront combat aux trois canonnières et aux trois avisos qui s'y trouvent. Le *Duguay-Trouin*, le *Villars* et le *d'Estaing* devront couler les trois avisos chinois qui sont par leur travers avec leur artillerie d'un bord, battre les jonques en enfilade avec leur artillerie de l'autre bord. Le *d'Estaing* entrera ensuite dans l'arroyo près de la douane pour donner la chasse aux torpilleurs, après quoi il ralliera le *Volta*.

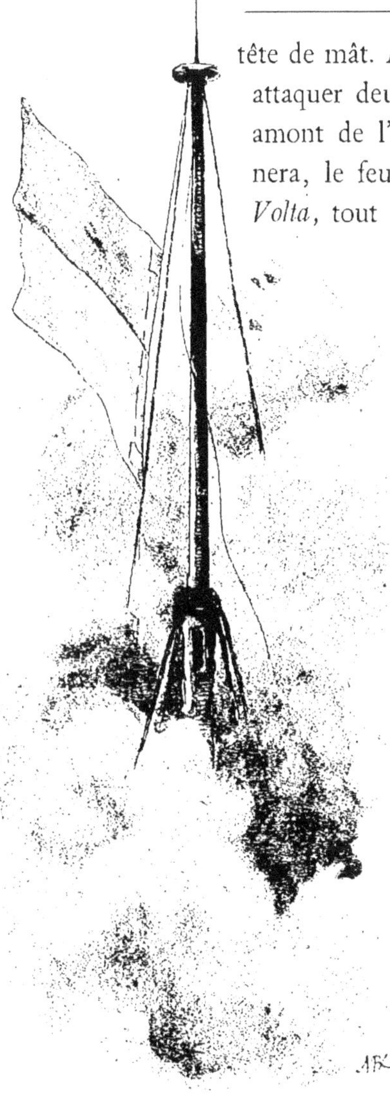

Quand le pavillon 1 s'amènera, le feu commencera...

En se décidant à engager l'action à l'évitage au jusant, l'amiral prenait sur l'ennemi un avantage tactique tout à fait décisif. Dans cette position, le *Volta*, les trois canonnières et les deux torpilleurs étaient *sous le courant* par rapport à l'escadre chinoise et la menaçaient de leurs étraves. Les Chinois, au contraire, leur présentaient l'arrière, point faible de tout navire, et ne pouvaient venir sur eux qu'après avoir fait une demi-évolution complète, c'est-à-dire après avoir présenté leur travers à nos coups. Leurs trois avisos mouillés en aval près de la douane avaient, il est vrai, sur les navires français situés en amont, les avantages qui viennent d'être dits, mais les trois grands croiseurs *Duguay-Trouin*, *Villars* et *d'Estaing* les tenaient sous leur puissante artillerie : ils étaient de taille à les maintenir en respect et à leur barrer la route.

L'habile résolution prise par l'amiral de n'attaquer qu'au jusant avait un seul danger : c'était d'éloigner le moment de l'ouverture du feu et de donner ainsi aux Chinois la faculté de prendre l'offensive pendant l'évitage au flot qui devait durer toute la matinée du 23. Il y avait à craindre, en effet, que, par suite de l'avis qui devait être fait officiellement aux consuls étrangers, nos ennemis ne fussent renseignés sur nos intentions et amenés à prendre l'avance sur nous. S'ils attaquaient pendant le flot, les rôles seraient alors intervertis et tous les avantages dont l'amiral escomptait les bénéfices passeraient en leurs mains et seraient tournés contre nous. Mais il y avait lieu d'espérer que les Chinois, qui n'avaient pas encore osé prendre l'initiative des hostilités,

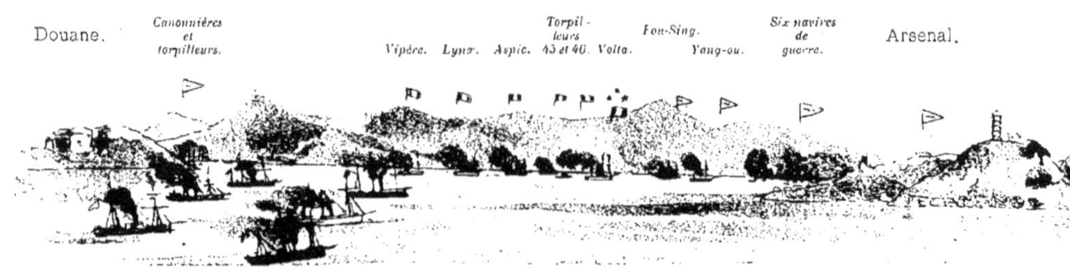

nc seraient pas plus hardis cette fois. L'amiral pouvait compter sur la crainte qu'il leur inspirait. C'était, en tout cas, une chance à courir. La guerre est faite de chance autant que d'audace.

Le vice-consul de France à Fou-Chéou, M. de Bezaure, ayant été mandé par l'amiral, reçut communication des décisions du Gouvernement. Il remonta en toute hâte à sa

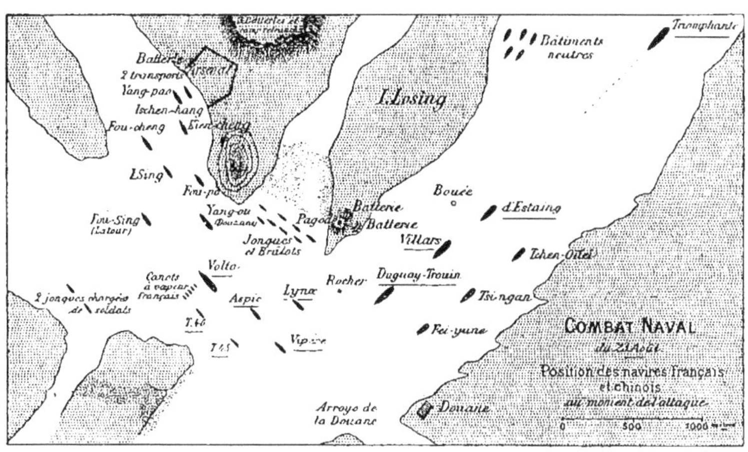

Position des navires français et chinois.

résidence pour amener son pavillon et pour avertir le vice-roi et les consuls. En même temps, l'amiral informa les navires étrangers, qui déjà, du reste, étaient mouillés en dehors des limites où l'action devait, vraisemblablement, s'engager.

La soirée du 22 fut calme, les jonques allaient et venaient comme d'habitude. Pourtant, plusieurs symptômes indiquaient que les Chinois supposaient la bataille imminente : les marchands venus dans la journée avaient insisté pour qu'on réglât leurs factures, et le domestique chinois du commandant

du *Volta* avait quitté furtivement le bord pour n'y plus revenir. Bientôt tout fut enveloppé dans l'obscurité. On n'entendit plus sur la rivière que le clapotis de l'aviron des sampans qui de temps en temps glissaient sur l'eau. Vers 9 heures, le *Duguay-Trouin* illumina la scène en projetant son feu électrique pour surveiller la rade et ses alentours.

L'aurore du samedi 23 présage un jour d'une pureté sans égale. Le soleil apparaît dans toute sa splendeur derrière les collines de l'est. Paisible et majestueuse, la rivière Min roule ses eaux rapides et rien ne fait prévoir la lutte terrible qui, quelques heures plus tard, ensanglantera ses flots. Au matin, M. de Bezaure revient, il informe que son pavillon est amené, que l'avis des intentions de l'amiral sera donné à 8 heures du matin aux consuls et à 10 heures au vice-roi. La journée débute par une triste cérémonie : le *d'Estaing* envoie un de ses canots enterrer sur la rive un baleinier qui s'est noyé la veille.

A 9 heures et demie, le flot s'établit, il ne dure que quatre heures, comme dans bien des rivières ; de 9 heures et demie à 1 heure et demie, c'est une alerte de tous les instants. Les Chinois font des préparatifs ostensibles d'appareillage et de combat. Pourvu qu'ils n'aient pas la hardiesse de nous attaquer dans cette situation ! L'amiral ne quitte pas le pont du *Volta* pour observer leurs mouvements. Debout, au

pied du mât d'artimon, il surveille avec anxiété tout ce qui se passe. Il est calme, comme à son ordinaire, toujours recherché dans sa mise, vêtu d'un veston d'uniforme en flanelle de Chine, guêtres blanches à ses chaussures, la tête coiffée d'un petit chapeau de paille blanc dont le ruban noir porte, en lettres dorées, le nom du *Bayard*.

A 9 h. 45 m., les bâtiments sont prêts à marcher. A 11 heures, les équipages dînent : la bordée de quart mange sur le pont. Le temps s'est un peu couvert, il fait calme plat, la chaleur est accablante. A 1 heure et demie, on met aux postes de combat sans sonneries de clairon. Les Chinois se tiennent à leurs pièces. On vire les chaînes aux cabestans, tandis que les navires évitent, de façon à avoir l'ancre haute lorsque l'évitage au jusant sera complètement achevé. A 1 h. 45 m., l'escadre est appareillée, prête au combat.

Les Chinois, qui ont imité nos mouvements, sont prêts également. Le cœur bat, les regards ne se détachent plus des navires ennemis. Pas un bruit ne s'entend : un silence solennel fait d'émotion, d'impatience et d'espoir.

Minute suprême et grandiose que rien ne peut faire oublier !

Tout à coup, un canot-torpille chinois se dirige du côté du *Volta* d'un air plus résolu que de coutume. L'amiral croit à une attaque. Sans perdre un instant, il fait hisser le pavillon 1 en tête de mât. Les deux torpilleurs se lancent en avant. L'amiral, pour leur laisser le temps de faire éclater leur torpille, ne veut donner le signal du combat d'artillerie qu'une fois leur attaque accomplie. Mais soudain un coup de hotchkiss part de la hune du *Lynx*. Une riposte de l'ennemi est à craindre. Pour la prévenir, l'amiral, un peu plus tôt qu'il ne l'aurait voulu, amène ce pavillon 1, signal de l'ouverture du feu.

Un long roulement de canon résonne tout aussitôt et deux explosions élèvent dans les airs deux lourds et épais nuages de fumée blanchâtre.

Le sort en est jeté, la bataille est engagée.

Le plan, réglé la veille, est exécuté avec un ensemble parfait.

Le torpilleur Douzans, n° *46*, doit attaquer le *Yang-ou* dont il est distant de cinq cents mètres environ. Sa torpille est chargée de treize kilogrammes de fulmi-coton. Au signal convenu, il appareille, pousse sa hampe et vient faire éclater au choc sa torpille contre la partie centrale bâbord du *Yang-ou*, et cela nettement, résolûment, sans aucune hésitation, comme dans un simple exercice ! Mortellement atteint, le croiseur peut cependant faire usage de sa machine. Grâce à elle, il gagne la berge où il s'échoue.

Le torpilleur marche en arrière pour se dégager. A peine a-t-il fait quelques tours que sa chaudière est crevée par un éclat d'obus. Le fragment recueilli à bord a la section hexagonale caractéristique de l'obus Withworth : c'est bien un projectile chinois.

Le *46*, désemparé, dérive en aval jusqu'à la hauteur des bâtiments neutres, dans le voisinage desquels il vient

mouiller : un seul homme a été tué par une balle. A ce torpilleur et à son énergique capitaine, M. Douzans, reviennent les honneurs de la journée. Un brillant succès couronne leur superbe attaque.

Le torpilleur Latour, n° *45*,

audacieux lui aussi, est moins heureux. Il a pour mission de couler le *Fou-Sing*. En courant sur l'ennemi, il rencontre le canot-torpille qui, depuis quelques instants, parade devant le *Volta*. Il veut l'éviter, ce qui l'oblige à choquer le *Fou-Sing* en un point qui n'était pas exactement son objectif. Aussi l'explosion n'amène pas un effet destructeur immédiat, et le torpilleur reste engagé par sa hampette et sa fourche dans le massif arrière de l'aviso. Vainement il marche en arrière à toute vitesse : il demeure collé aux flancs de l'ennemi. Alors l'équipage chinois, revenu de sa stupeur, l'inonde de petits projectiles et même d'obus lancés à la main. Une balle de revolver atteint à l'œil M. Latour et un biscaïen fracasse le bras d'un de ses hommes.

Après plusieurs minutes critiques, le *Fou-Sing* réussit à faire route en avant et le torpilleur, dont la machine continue à tourner à toute vitesse, se trouve brusquement dégagé et part violemment en arrière. De là il va s'amarrer en dehors de l'action, dans le voisinage de la corvette américaine *Entreprise*.

A ce moment, M. de Lapeyrère, second du *Volta,* chargé par l'amiral de diriger la flottille des embarcations destinées à l'abordage, s'aperçoit que l'attaque du *45* n'a pas pleinement réussi. Il se décide à torpiller de nouveau l'aviso chinois ; quittant le *Nantaï* où il se trouve, il embarque dans le canot à vapeur *(White)* du *Volta,* armé en porte-torpille. Il poursuit dans cette petite embarcation le *Fou-Sing* et réussit fort heureusement à l'atteindre en faisant exploser sa torpille dans le voisinage de l'hélice. Celle-ci est sans doute brisée, car le navire stoppe instantanément. Désemparé, tombant en dérive, abîmé par les obus que les canonnières lui ont lancés déjà, le *Fou-Sing* est accosté bientôt par la flottille qui s'en empare à l'abordage. A la tête de nos matelots, l'aspirant Layrle escalade les bastingages, saute sur la drisse du pavillon, amène l'étendard jaune de la Chine et fait flotter à sa place les couleurs françaises.

Soudain, dans le lointain, de fortes détonations retentissent en aval de la Pagode. Ce sont les canons de 24 de la *Triomphante* qui grondent. Le commandant Baux, laissé

L'aspirant Layrle saute sur la drisse du pavillon...

libre, comme on l'a vu, d'entrer dans la rivière s'il croit la chose possible, a trouvé un pilote pour le conduire jusqu'à la Pagode. Pendant vingt-quatre heures, il a déjaugé son navire en envoyant une partie de son matériel sur la *Nive* et à 10 heures il a quitté Matsou, ayant mis l'équipage aux postes de combat, les pièces prêtes à faire feu, mais les forts de Kimpaï et de Mingan l'ont laissé passer. Et le voilà qui vient se mêler à la lutte. Quand, à 1 h. 50, on prévient l'amiral qu'un grand

DESTRUCTION DU « FOU-SING »

navire français arrive, il s'écrie : « C'est Lespès ou la *Triom-phante!* » C'était la *Triomphante*, et la venue de ce cuirassé avec ses six canons de 24 était faite pour diminuer les vives préoccupations que la descente de la rivière devait susciter au commandant en chef.

Pendant ce temps, le *Volta* a envoyé au *Yang-ou*, après

Un boulet traverse la passerelle du *Volta*...

l'explosion, quelques obus qui hâtent sa perte. Puis, intrépide et brave, insouciant du danger, l'amiral fait avancer son navire au plus fort de l'action, du côté des jonques où les Chinois, habitués au maniement de leurs mauvais canons, font une résistance vigoureuse. Sous une pluie de mitraille, ils tirent et rechargent sans cesse. Grâce à la faible distance, tous les coups portent. Un de leurs boulets ronds traverse la passerelle du *Volta*, tue le pilote Thomas et deux timoniers à la roue du gouvernail. Le commandant Gigon et l'enseigne Mottez échappent miraculeusement à ce boulet qui les frôle. Les balles et les obus sifflent de toutes parts. Mais l'amiral conserve un calme admirable qui soutient les uns et les autres. L'équipage du *Volta* se montre digne de lui.

Les trois canonnières *Aspic*, *Lynx* et *Vipère*, en passant devant les jonques, leur ont lâché deux ou trois bordées ; puis elles ont été canonner les navires en amont, auxquels elles font de graves avaries. Enfin, les trois grands croiseurs ont ouvert un feu des plus vifs sur les batteries de la Pagode et sur les avisos mouillés dans leur voisinage.

Il fait un calme absolu ; en quelques secondes, une épaisse fumée couvre le champ de bataille, on distingue mal amis ou ennemis ; et peu à peu la canonnade se ralentit.

A 2 h. 25, après *trente minutes* de combat, elle cesse presque complètement de part et d'autre. Bientôt la fumée se dissipe. Ce n'est pas sans anxiété que, de tous côtés, on cherche, on regarde, on interroge... Les navires français sont intacts. Ils portent à peine, çà et là, quelques glorieuses traces d'obus ou de boulets : le grand pavillon tricolore qui flotte à chacun de leurs mâts est bien réellement victorieux. La flotte chinoise est écrasée. Les neuf jonques coulent et brûlent en même temps. Leurs équipages sont à l'eau, pêle-mêle, dans un fouillis de mâts, de cordages, où la mitraille a fait d'affreux ravages. Les brûlots flambent et sautent. Les deux jonques chargées de soldats sont coulées ou en feu. Les flammes dévorent le *Yang-ou*. Quant aux deux transports amarrés le long des quais de l'arsenal, ils ont été abandonnés par leurs équipages : les obus des canonnières ont fait brûler l'un d'eux et sauter l'autre. Seuls, les deux petits navires *Fou-Poo* et *Yu-Sing*, grâce à leur faible tirant d'eau, ont pu quitter le combat et remonter la rivière ; mais ils portent aux flancs de graves blessures et s'échouent sur les bancs dans leur fuite rapide. Les deux canonnières, dites alphabétiques, *Fou-Sheng* et *Kien-Sheng* ont résisté plus longtemps. Dès le commencement de l'action, elles ont évolué pour présenter l'étrave à l'escadre française, leur unique canon de 25 $^c/_m$ étant sur l'avant. Mais criblées d'obus par nos navires de tête, elles ont été désemparées, et leur appareil moteur paralysé. Maintenant elles dérivent au milieu de la rivière, entraînées par le courant, meurtries, défoncées, percées à jour. Leur pont est jonché de cadavres. Quant aux trois avisos mouillés près de la Douane, bien loin de se lancer en avant comme on pouvait le craindre, pour venir à la rescousse des bâtiments en amont, on les a vus essayer de fuir en aval ; ils ont, dans ce but, filé leurs chaînes par le bout et marché en arrière, mais pas assez promptement pour éviter d'être foudroyés sur place. Nos obus ont jeté le feu à bord, enflammant les gargousses mises en grenier sur le pont ; les chaudières ont été crevées par nos projectiles, les machines se sont arrêtées : le courant entraîne ces lamentables débris.

Leurs équipages cherchent à se sauver. C'est en vain. Des obus impitoyables sèment la mort parmi eux. Quelques-uns de ces matelots donnent de beaux exemples de courage et d'héroïsme. Sur l'un des croiseurs, aux trois quarts incendié et prêt à s'abîmer dans la rivière, le pavillon chinois est tout à coup rehissé et un servant envoie à nos navires un dernier coup de canon.

Le fleuve est couvert de morceaux de bois, d'espars,

de tronçons de mâts, de débris de jonques, et accrochés à ces épaves de pauvres diables de Célestiaux cherchant à se sauver. Leur tête émerge de l'eau et n'apparaît que comme un petit point noir. Nos matelots qui, depuis le début, ont été admirables d'entrain et de discipline, sont maintenant surexcités par le combat. On a toutes les peines du monde à les empêcher de décharger leurs fusils sur ces petits points noirs qui défilent au gré du courant.

Le fleuve est couvert de morceaux de bois, de tronçons de mâts,
de débris de jonques...

A 2 heures 32, la canonnade recommence un peu plus lente. Les batteries de terre ont rouvert le feu depuis que la fumée s'est dégagée. La batterie de campagne de la Pagode est servie avec acharnement. Celle qui est située sur la hauteur tire avec non moins de ténacité. Elles seront dures à démonter. Pendant qu'on leur répond, les deux alphabétiques construites en acier et à cloisons cellulaires flottent toujours, malgré les nombreuses blessures dont elles sont atteintes. Elles arrivent à la hauteur des derniers navires de l'escadre française et les énormes projectiles de la *Triomphante* et du *Duguay-Trouin* les achèvent. L'une d'elles coule d'une façon singulière. Après avoir reçu un dernier obus de 24, elle plonge immédiatement de l'arrière avec une telle violence, qu'elle se plante, pour ainsi dire, dans les vases de la rivière, la quille presque verticale. Elle oscille pendant quelques secondes, puis s'engloutit en tombant sur le côté de bâbord.

Le *Fou-Sing*, avec son pavillon français, dérive toujours en aval de la Pagode, entouré de tous nos canots. Une épaisse fumée s'échappe de ses panneaux. Sur son pont, sur sa passerelle, partout des morts ou des mourants. Les chaudières crevées par nos boulets ont couvert les Chinois de vapeur et d'horribles brûlures ajoutent encore aux plaies et aux mutilations faites par nos armes. L'incendie gagne toujours. Impuissant à le maîtriser, M. de Lapeyrère a le regret d'abandonner sa prise. Il donne l'ordre de l'évacuer en emmenant prisonniers les rares survivants de l'équipage, et quelques minutes après l'aviso coule.

Il n'est pas tout à fait 3 heures, et il n'y a plus de bâtiments chinois autour de l'escadre française. Il ne reste d'autres traces de ces vingt-deux navires ou jonques, que des carènes en flamme échouées sur la plage ou des mâtures qui pointent hors de l'eau.

A 4 heures, l'amiral signale de ne plus tirer que pour se défendre. Les batteries de terre, voyant notre feu se ralentir, reprennent confiance. Celle de la Pagode n'envoie que quelques obus. Elle craint la riposte de nos navires, qui ne sont qu'à quatre cents mètres d'elle. Mais tout autre est le tir des pièces qui dominent l'arsenal et qui se trouvent moins à portée de nos coups. Des trois canons Krupp, un feu des plus nourris est dirigé sans discontinuité sur le *Volta*. Les obus pleuvent autour de lui. Il est manifeste que les Chinois font à l'amiral l'honneur de viser obstinément son navire. L'amiral se pique au jeu et il veut réduire au silence la batterie chinoise. Toujours au pied du mât d'artimon, d'où il a mené tout le combat, il surveille le pointage, encourage les canonniers, les félicite de leurs coups heureux et les anime de sa grande et juvénile ardeur. Il faut plus d'une heure pour faire taire le feu de ces trois canons. Il en coûte au *Volta* plusieurs tués et de nombreux blessés, parmi lesquels le lieutenant de vaisseau Ravel, aide de camp de l'amiral.

A 4 h. 55, ordre est donné de prendre un mouillage pour la nuit, en dehors de la portée des forts. Peu après, les embarcations sont armées en guerre. Sous le commandement de M. le lieutenant de vaisseau Peyronnet, elles ont mission de poursuivre et de détruire les canots-torpille chinois qui, dès le début du combat, se sont réfugiés dans l'arroyo de la Douane. Trois canots sont trouvés échoués et abandonnés par leurs équipages. Il n'y a donc qu'à crever leurs chaudières et leurs coques à coups de hotchkiss, pour les mettre hors d'état de servir.

La nuit arrive et un nouveau danger nous menace. Les Chinois font dériver sur nous une série de brûlots de toutes les tailles et de toutes les dimensions. Dans l'obscurité, c'est un spectacle émouvant et grandiose que celui de ces jonques en feu, glissant lentement au fil de l'eau. Tous nos navires passent leur temps à changer de mouillage pour ne pas se trouver sur la route d'un de ces énormes brasiers flottants. « La nuit du 23 au 24, dit l'amiral, fut un qui-vive continuel. La plupart des bâtiments durent appareiller trois et quatre fois. Vers 9 heures, à la fin du jusant, le *Tschen-Hang*, mis en feu par nos obus, était poussé vers notre mouillage par deux grandes jonques que montaient une trentaine de matelots ; quelques coups de canon du *d'Estaing*, mouillé en vedette, coulèrent les jonques et leurs équipages ; mais le transport continua à dériver au courant et menaça successivement plusieurs bâtiments. » D'autres moins grands lui succédant, il fallut les couler à coups d'obus pour s'en débarrasser.

Le soir du 23, l'amiral faisait parvenir aux navires l'ordre du jour suivant :

Il y a aujourd'hui deux mois, nos soldats étaient victimes à Lang-Son d'une infâme trahison. Cet attentat est déjà vengé par la bravoure de vos camarades de Kelung et par la vôtre. Mais la France demande une réparation plus éclatante encore. Avec de vaillants marins comme vous, elle peut tout obtenir.

Signé : COURBET.

En même temps, il adressait au Gouvernement une dépêche commençant par ces quatre mots : « Bonne journée de début ! » Cette journée avait vu se consommer pour les Chinois la perte de vingt-deux navires ou jonques, et la mort de cinq commandants, de trente-neuf officiers et de deux mille soldats ou marins, tandis que nos pertes étaient seulement de six tués, vingt-sept blessés, sans une seule avarie grave à nos bâtiments. C'est là ce que le commandant en chef appelait simplement une *bonne* journée. La modestie sied bien aux héros !

Le lendemain 24, les compagnies de débarquement se préparent, dès le branle-bas, à aller à terre. Elles doivent protéger les torpilleurs qui vont faire sauter l'arsenal et tenter de le mettre en ruines. Mais, au dernier moment, l'amiral se ravise. C'est là un des traits les plus remarquables de sa grande et incontestable supériorité. Il sait peser les avantages et les sacrifices de toute opération, il ne tente que ce qu'il reconnaît indispensable et possible. Les marins qu'il peut débarquer ne sont pas plus de six cents : les Chinois ont des milliers de fantassins et peut-être, comme le bruit en a couru, ont-ils miné l'arsenal? L'entreprise serait trop hasardeuse. Il y renonce et se contentera de bombarder les établissements chinois. Malheureusement les sondages les plus minutieux lui ont donné la fâcheuse certitude que ni le *Duguay-Trouin* avec ses canons de 19, ni la *Triomphante* avec ses canons de 24, ne pourront, en aucun moment de la marée, venir coopérer à ce bombardement. Le tirant d'eau du *Villars* et du *d'Estaing* ne permettra même à ces croiseurs de coopérer à la destruction de l'arsenal qu'à mer haute. Seuls les petits navires seront en mesure de s'approcher suffisamment, et ils n'ont pour armement que du 14 ou du 10. Malgré cela, le 24, vers 11 heures, ceux-ci appareillent et remontent le fleuve. A 11 heures et demie, ils ouvrent le feu. « Nos obus de 28 kilogrammes ont démoli tout ce qui n'était pas au-dessus de leurs forces, dit l'amiral; le tir, dirigé sur les ateliers ou sur un croiseur en achèvement, y a produit de graves dégâts, mais point autant que je l'aurais désiré. Avec du $14\,^{c}/_{m}$, on ne pouvait obtenir davantage... La fonderie, l'ajustage, l'atelier de dessin ont des avaries considérables, la coque du croiseur est criblée de trous. »

Pendant ce temps, les embarcations armées en guerre continuent la destruction des jonques et des sampans. Les unes, commandées par M. Peyronnet, vont dans l'arroyo de la Douane; les autres, dirigées par M. de Lapeyrère, fouillent les coins de la rivière près de l'arsenal. Elles purgent le mouillage de tous les brûlots qui pourraient renouveler les dangers et les craintes de la dernière nuit. A 4 heures, les canots sont de retour et le *Volta*, suivi des canonnières, revient à son mouillage du matin.

La nuit est calme. La lumière électrique ne cesse d'éclairer le fleuve et ses bords. Pourtant, à 4 heures du matin, deux embarcations porte-torpilles ennemies reparaissent et menacent la *Vipère,* mouillée en tête de ligne. La première, aperçue de bonne heure, est fusillée par la canonnière. Elle change de route et gouverne sur le *Duguay-Trouin.* Mais le feu électrique l'éclaire et les hotchkiss la coulent en un clin d'œil. Quant à la deuxième, elle est également découverte et suivie par la gerbe de lumière électrique. Son équipage n'attend pas pour l'abandonner qu'elle ait subi le même sort que la première.

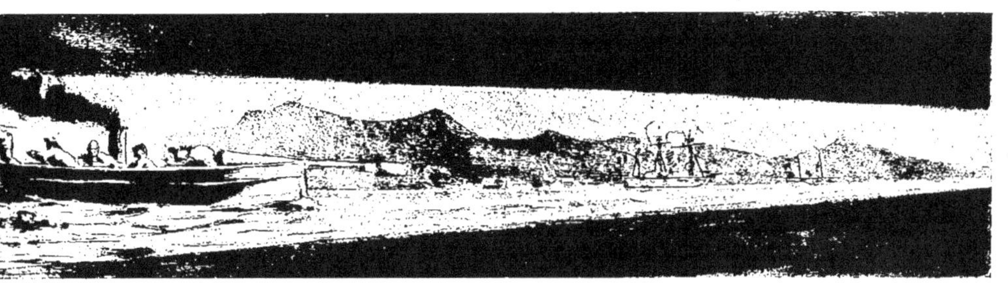

L'embarcation est découverte par la gerbe de lumière électrique...

Le lundi 25, au matin, les compagnies du *Duguay-Trouin* et de la *Triomphante,* conduites par MM. Joulia et Dehorter, sous la direction de M. le commandant Sang^e, vont enlever la batterie de trois canons Krupp de la Pagode. Les navires tiraillent à coups d'obus et de hotchkiss sur les environs du monticule. Cela suffit pour assurer la sécurité aux deux compagnies qui reviennent à bord vers 10 heures avec les trois pièces, sans avoir été inquiétées par l'ennemi.

« Il n'y a plus rien à faire à Pagode, rien du moins que nos moyens nous permettent de tenter. » Il s'agit désormais de descendre la rivière et d'en sortir, malgré des forts élevés sur les deux rives, malgré des obstacles tels que barrages et lignes de torpilles. Le brillant combat du 23 n'a été qu'un prélude. Il n'a pas suffi de couler une flotte ennemie pour se dire victorieux. Il faut maintenant affronter, durant un parcours de douze milles, soit pendant vingt kilomètres, le feu des batteries de terre et détruire un à un des ouvrages aussi sérieux que multipliés. La belle ardeur des équipages ne doit pas se ralentir encore : elle va être soumise à de nouvelles épreuves.

A 11 heures, l'amiral appelle les capitaines en conférence. Il leur annonce que l'escadre doit appareiller de suite, et que lui-même, quittant le *Volta*, va mettre son pavillon sur le *Duguay-Trouin*. Ses canons de gros calibre réservent à ce grand croiseur un rôle actif dans la tâche qui reste à accomplir : le commandant en chef veut être au premier poste.

VIII

LA DESCENTE DE LA RIVIÈRE MIN

(25 - 29 août)

Le 25 août, à midi, l'amiral quitta le *Volta*, après avoir félicité l'équipage de sa brillante conduite et l'avoir assuré que dans sa mémoire le nom du *Volta* serait à jamais associé au souvenir de la belle journée du 23. Il alla prendre congé de l'amiral anglais, ainsi que du commodore allemand arrivé la veille, puis il embarqua sur le *Duguay-Trouin* qui occupait dans la ligne de file le deuxième rang derrière la *Triomphante* ouvrant la marche. Après le *Duguay-Trouin* venait le *Villars*, puis le *d'Estaing*, le *Volta*, le *Lynx*, la *Vipère* et l'*Aspic*. La *Triomphante* et le *d'Estaing* remorquaient chacun un torpilleur. M. Douzans, dont le torpilleur était désemparé, avait remplacé sur le *45* M. Latour, grièvement blessé.

Le premier ouvrage que l'escadre devait rencontrer était une batterie casematée et blindée, située sur la rive gauche à la hauteur de l'île Couding, abritant un canon de 21 $^c/_m$ qui tirait en aval. A 2 heures, l'escadre mouilla. La *Triomphante* et le *Duguay-Trouin* se trouvaient à mille mètres dans le sud-est de l'île, en un point d'où ils pouvaient prendre la batterie à revers. De 5 heures à 5 heures 40 minutes, leurs canons de 24 et de 19 la culbutèrent et chassèrent ses défenseurs. Les canons de l'île Couding, qui auraient pu nous battre, se turent, quelques obus de 14 les ayant réduits au silence. Alors l'amiral envoya une escouade de torpilleurs, protégés par la compagnie du *Villars*, pour faire sauter la batterie au fulmi-coton. Le *Lynx* escorta les embarcations qui accomplirent cette opération sans que rien vînt l'entraver, et qui purent ensuite rejoindre sans peine leur navire. La nuit se passa au mouillage. La surveillance extérieure fut très sévère comme bien on pense. Ordre était de tirer sur toute jonque ou sampan qui s'approcherait. L'escadre ne fut pas inquiétée. Les collines qui la dominaient ne cachaient aucun fantassin ; et c'était miracle qu'il en fût ainsi. Seul, le courant par sa violence et ses remous causa quelque inquiétude : une des chaînes de la *Triomphante* se cassa dans un brusque rappel.

Mais dès le matin commence un lugubre spectacle qui doit durer pendant toute la descente de la rivière. Les noyés du combat du 23 remontent à la surface de l'eau. Le courant les entraîne ; le contre-courant les rapporte. Ils passent, jour et nuit, par centaines tout le long des navires français ; et la vue de ces cadavres mutilés, horribles, provoque une tristesse pénible dont l'esprit a peine à s'affranchir.

Le 26, à 11 heures du matin, on appareille. Le *Duguay-Trouin* prend la tête suivi de la *Triomphante*. C'est à ces deux navires que revient la tâche de démolir les batteries ou casemates qui, de Mingan à Kimpaï, bordent le fleuve. Seuls, leurs projectiles de gros calibres sont capables de produire quelque effet sur les solides défenses accumulées de toutes parts. Les canons de 14 $^c/_m$ sont impuissants contre des ouvrages sérieux et ils forment l'unique armement des autres navires. Ceux-ci

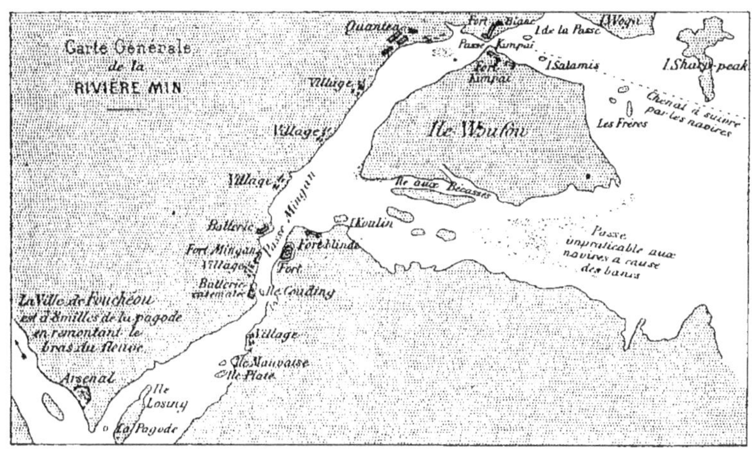

Carte générale de la rivière Min.

auront pour rôle de protéger les escouades de torpilleurs et les compagnies de débarquement quand elles iront à terre, ou de tirer sur l'infanterie chinoise qu'on pourrait craindre à tout moment de voir apparaître sur les hauteurs voisines.

Presque toutes les défenses, du moins les plus modernes et par suite les plus fortes, enfilent la rivière en aval. Elles ont été faites naturellement en vue de s'opposer à l'entrée d'une escadre dans la rivière. Puisque, tout au contraire, l'amiral descend cette rivière, il lui sera possible de trouver des positions d'où il prendra les batteries à revers et d'où l'effet destructif sera complet, sans que ses navires aient à craindre les projectiles ennemis. Nous n'aurons ainsi à redouter que les batteries barbettes qui battent la rivière en flanc, et les pièces qui dans les jours précédents ont été disposées pour tirer en amont en prévision de notre prochaine sortie. Celles-ci sont rares ; quant aux batteries barbettes, elles ne comptent que des canons chinois d'ancien modèle et peu compromettants.

C'est en cherchant et en trouvant avec une rare sûreté de coup d'œil les points de revers des forts que l'amiral est arrivé à franchir triomphalement les passes de Mingan et de Kimpaï. Les brillantes ressources de son esprit fécond apparaissent désormais sous une face nouvelle. Chef audacieux et intrépide au combat naval du 23, il se montre maintenant tacticien réfléchi et méthodique. Une extrême clairvoyance servie par une merveilleuse entente des choses de la guerre maritime lui permet de frapper à coup sûr et avec une précision mathématique. Dirigeant lui-même les mouvements de ses deux grands navires, il leur indique et le poste qu'il faut occuper et le point qu'il faut battre. Au moment qu'il juge convenable il fait stopper, mouiller, si cela est nécessaire, et ouvrir le feu sur l'ouvrage qui apparaît ou sur l'embrasure qui se montre. Celle-ci détruite, éboulée ou obstruée, il s'avance jusqu'à ce qu'il découvre l'embrasure suivante, et ainsi il poursuit sa route, démolissant chaque défense d'embrasure en embrasure. La *Triomphante* alterne avec le *Duguay-Trouin*. Quand l'un a criblé de ses obus tel point d'une batterie, l'autre le dépasse et s'acharne à diriger ses coups plus en avant. Cette tactique a l'inconvénient d'être longue, mais elle est sûre. L'ennemi qui, derrière ses casemates, épie le moment où nous tomberons dans son champ de tir pour nous lâcher sa bordée, est décontenancé par les coups qui le frappent sans discontinuer et auxquels il ne peut répondre. Se rendant compte de son impuissance vis-à-vis de nous, pris de stupeur devant l'écrasement de ses abris, il abandonne ses pièces bien avant que le démantèlement de sa batterie soit consommé. Notre distance du rivage ne variant qu'entre 200 et 600 mètres, les effets de notre artillerie sont foudroyants, et quelques boulets suffisent à mettre hors d'état des fortifications maçonnées ou même blindées. Ce résultat atteint avec les deux navires de tête, toute l'escadre appareille et poursuit sa marche : croiseurs, canonnières peuvent désormais passer devant le front des batteries sans avoir rien à en redouter. Les canons de la *Triomphante* et du *Duguay-Trouin* ont fait table rase de tous les obstacles naguère si menaçants.

La passe de Mingan comprenait sur la rive droite, à proximité du village du même nom, vingt et une pièces de petits calibres réparties dans cinq batteries, et un peu au nord du village, onze pièces anciennes, plus, sept embrasures creusées dans le roc pour abriter de petits canons. Sur la rive gauche, en partant de l'île Kowlui en allant vers le sud, on trouvait successivement : une batterie blindée de trois canons Armstrong de 18 $^c/_m$, un canon Armstrong de 21 $^c/_m$ en barbette, quatre pièces chinoises de vieille date, puis dans une petite crique du fleuve, une ligne ininterrompue de retranchements qui enclavait quatre pièces lisses, trois canons Krupp, une batterie couverte de trois canons de 18 $^c/_m$, une grosse pièce de 21 $^c/_m$ dans une casemate circulaire, une seconde batterie couverte de trois canons de 18 $^c/_m$, et çà et là quelques vieilles pièces démodées.

C'est à midi que le *Duguay-Trouin* et la *Triomphante* ouvrent le feu sur les premières défenses de Mingan ; c'est à 3 heures que leur feu cesse, après le bombardement

successif des batteries. Tout n'est pas fini pourtant. Il est
probable que, sous les casemates épaisses qui les protègent,
bien des pièces sont intactes : il ne faut pas que l'ennemi
puisse les réarmer après notre passage. Il ne faut pas non plus
perdre une occasion de lui faire le plus de mal possible ; il est
donc nécessaire d'aller à terre pour briser ces canons. Dès
trois heures, une escouade de torpilleurs, soutenue par une
compagnie de
débarquement

La passe Mingan et la passe Kimpaï.

sous les ordres de M. le commandant Le Pontois, va faire
jouer le fulmi-coton. « L'opération est à peine terminée
qu'une fusillade nourrie part des hauteurs voisines. Nos
embarcations ripostent aussitôt ; le *Villars* et le *d'Estaing*
les appuient avec quelques obus de 14 centimètres et quelques coups de hotchkiss qui suffisent pour dissiper les tirailleurs ennemis. En même temps, le *Volta* et les trois
canonnières, mouillés près des forts de l'île Couding,
soutiennent une autre escouade de torpilleurs, et une

autre compagnie de débarquement qui brûle les logements de ce fort. Elles ne sont pas plus inquiétées que celle de la veille. » Le 27 au matin, les compagnies du *Villars* et du *d'Estaing* sont débarquées sur la rive gauche où elles pourchassent les quelques Chinois qui s'y trouvent, tandis que les torpilleurs du *Duguay-Trouin* et de la *Triomphante* démolissent tout l'important matériel de la rive droite. A 9 heures et demie, fusiliers et torpilleurs sont à leurs bords, et à 1 heure tous les navires appareillent, avec le courant de flot pour se rapprocher de la passe de Kimpaï.

A peine y arrivent-ils vers 3 heures, qu'une batterie de vieux canons, située sur la rive gauche, ouvre le feu. On riposte sans tarder et la *Triomphante* fait taire facilement les trois canons pointés sur elle. L'amiral signale à son escadre un mouillage près du *Château-Renaud* et de la *Saône* qu'on vient de rejoindre. Son intention n'est pas de forcer la passe immédiatement, l'heure avancée ne lui permettant pas de finir l'opération avant la nuit. En outre les renseignements les plus sérieux affirment que la passe est obstruée. Il convient de s'assurer de l'état des choses avant de rien entreprendre.

A 4 heures et demie, un canot à vapeur avec le lieutenant de vaisseau Campion, du *Duguay-Trouin,* va explorer les abords de la passe où se voient quelques bouées suspectes ; puis le *Duguay-Trouin* s'avance pour effectuer une reconnaissance complète que l'amiral veut diriger en personne. Le canot est reçu par les boulets de quelques pièces chinoises. Le *Duguay-Trouin* est atteint, mais sans grands dommages. Il riposte et le feu de l'ennemi cesse. Le barrage de jonques, projeté par les Chinois, n'a pas été mis en place, grâce à la vigilance du *Château-Renaud* et de la *Saône,* mais les jonques chargées de pierres sont alignées sur la rive prêtes à être coulées. Dans la crainte qu'elles soient utilisées par l'ennemi pendant la nuit prochaine, il importe de les détruire sans retard. Le *Château-Renaud* sera chargé de cette mission. Ses canots et ses torpilleurs, conduits par le lieutenant de vaisseau Duboc, iront à terre pour brûler ou torpiller ces jonques. Ils seront protégés par les canonnières *Vipère* et *Aspic,* qui les escorteront et feront des feux de mousqueterie ou d'artillerie sur les camps retranchés des hauteurs où l'animation est grande et où les Chinois ont une attitude belliqueuse.

Tous ces mouvements s'exécutent avec ensemble, les jonques brûlent et se consument; quelques instants encore et le danger du barrage n'existera plus. Mais bientôt les camps retranchés se couvrent de drapeaux et d'étendards plus nombreux que jamais. Des feux de salve en partent, les balles pleuvent autour des canonnières. En vain répondent-elles avec leurs canons ou avec leurs hotchkiss. En vain les autres navires qui voient ce qui se passe, lancent-ils, eux aussi, leurs obus sur les camps. Le feu des Chinois ne se ralentit pas. Il ne cesse que lorsque les canonnières abandonnent la place après le rembarquement des torpilleurs dans leurs canots et l'achèvement de leur opération. Nous avions eu là, en quelques instants, beaucoup de blessés ou de tués, parmi ceux-ci le lieutenant de vaisseau Bouet-Willaumez, second de la *Vipère,* frappé d'une balle sur le pont de son navire.

La passe étant ainsi libre du côté d'amont, il était loisible au commandant en chef de s'y engager. Il résolut de la franchir le lendemain 28. La nuit fut employée aux préparatifs de l'attaque. La fusillade dirigée sur les canonnières était de mauvais augure : elle laissait supposer que l'infanterie chinoise nous attendait au passage. La disposition naturelle du terrain la favorisait à merveille, et son feu pouvait nous causer de grandes pertes. En prévision, tous les hamacs avaient été suspendus aux filières des tentes et abritaient convenablement les ponts si découverts de nos navires. Ce n'est pas toutefois sans une certaine appréhension que la journée du lendemain était attendue. L'ennemi avait concentré tous ses efforts sur cette dernière passe, entonnoir étroit qui n'a pas plus de 400 mètres de large, flanqué de hautes collines boisées et défendu par une quantité d'ouvrages dont deux étaient particulièrement sérieux.

Sur la rive droite se dressaient une batterie demi-circulaire avec cinq canons d'assez gros calibre, et un peu au-dessous d'elle, le fort Kimpaï, superbe et récente batterie blindée, contenant deux piè-ces de 18 $^c/_m$ qui tiraient en dehors. Entre ces deux batteries, sur le bord même de la rivière, il y avait quatre ou cinq ca-nons pointés sur la passe et, çà et là, der-rière de gros sacs remplis de sable, trois vieilles pièces chinoises.

Un vaste camp entouré de murs crénelés partait du sommet de la colline et venait jusqu'au fort Kimpaï. En arrière de cette première colline, sur une hauteur du deuxième plan, un second camp retranché servait d'abri à de nombreux fantassins.

Sur la rive gauche se trouvait le fort Blanc, qui se composait d'une batterie couverte en maçonnerie, armée de quatre pièces de 18 $^c/_m$ et d'une pièce de 21 $^c/_m$ en barbette, battant la rivière en aval et par le travers. A côté de ce fort étaient cinq pièces sur affûts marins. Une muraille crénelée contournait ces deux batteries et enclavait un monticule planté d'arbres au milieu desquels étaient quatre canons tirant en amont. Le long de cette même rive, on apercevait au-dessus du fort Blanc, sur une petite élévation, bordant un mur en terre rouge, trois pièces enfilant la rivière en aval, puis, en dehors, une batterie de trois vieilles pièces au bord de l'eau, et un peu plus loin deux canons de 10 ou de 12 sur une hauteur. Entre le fort Blanc et cette dernière batterie, deux camps retranchés avec des logements, des poudrières et quelques vieilles pièces couronnaient les hauteurs.

Le 28, dès 4 heures du matin, le *Duguay-Trouin* et la *Triomphante* appareillent et se rapprochent de la passe. Bientôt ils mouillent et au petit jour ouvrent le feu sur les pièces qui ont déjà tiré la veille. Celles-ci répondent avec une certaine vigueur, mais cela ne dure pas. La rivière est si étroite que les deux navires ne peuvent s'y tenir ensemble sans se gêner l'un l'autre, et sans paralyser mutuellement la moitié de leurs moyens d'action. La *Triomphante* change de mouillage et se laisse culer pour démasquer ainsi les ouvrages intérieurs de la passe.

Tandis que ce mouvement s'effectue, la mousqueterie fait des feux de salve sur la plaine de gauche où se montrent de nombreux Chinois. Les hotchkiss sont pointés dans la même direction et les petits calibres canonnent les baraques et les maisons des camps retranchés.

La *Triomphante* est maintenant mouillée un peu en dehors du *Duguay-Trouin*. Elle tire en même temps que celui-ci sur le fort Kimpaï, à obus ordinaires, puis à obus de rupture. La partie supérieure de la casemate s'éboule et met à découvert un blindage d'un nouveau genre : des canons sont plantés verticalement, noyés dans le ciment et les pierres, formant avec eux un tout compact d'une

Des canons noyés dans le ciment...

surprenante solidité. Nos projectiles sont impuissants contre un pareil rempart de fonte, mais les dégâts qu'ils causent dans la maçonnerie elle-même nous suffisent. Ses débris obstruent complètement les embrasures et les volées disparaissent sous des monceaux de décombres. Suivant le principe adopté par l'amiral, la démolition se poursuit embrasure par embrasure. Pour les découvrir successivement les unes après les autres, il faut filer peu à peu et par intervalles quelques mètres de la chaîne de l'ancre.

En s'enfonçant de la sorte dans la passe, la *Triomphante* ne tarde pas à voir la première embrasure du fort Blanc. Elle s'attaque à elle, laissant au *Duguay-Trouin* le soin de terminer la destruction du fort Kimpaï. Cette première embrasure obstruée, elle s'attaque à la seconde, puis à la troisième, et ainsi de suite jusqu'au canon barbette de $21^{c}/_{m}$ dont elle fait sauter la volée en morceaux. Pendant ce temps, le 14 tire soit sur les camps retranchés, soit sur un vieux bateau échoué qu'on suppose être un poste à torpilles, soit sur les batteries barbettes dont toutes les pièces sont démontées ou démolies l'une après l'autre. Un obus venant de la *Triomphante* produit dans l'un des camps l'explosion du magasin à cartouches. Cet heureux résultat complète le désarroi des soldats ennemis qui fuient dans toutes les directions.

A 8 heures et demie, le fort Kimpaï et le fort Blanc sont, sinon détruits, du moins hors d'état de nous nuire pendant que les navires défileront devant eux. Néanmoins l'amiral tient à compléter cette œuvre en brisant les pièces au fulmi-coton. Les torpilleurs vont dans ce but au fort Kimpaï et opèrent sans être inquiétés. Mais leur descente à terre met en éveil l'infanterie chinoise. Elle reprend assurance et se montre de nouveau sur les hauteurs. Ce retour offensif empêche l'amiral de donner suite à son intention de détruire également les pièces du fort Blanc.

La rive gauche, où se trouvait ce fort, était, en effet, couverte de maisons et d'arbres qui couvraient soit des monticules, soit des replis de terrain; les camps regorgeaient de monde. « De plus les points de débarquement y étaient garnis de torpilles électriques dont nous distinguions les fils ; la *Triomphante* en avait fait éclater trois à coups de hotchkiss. Nos compagnies de débarquement auraient certainement éprouvé de ce côté des pertes considérables. Le résultat à obtenir ne compensant pas les sacrifices probables, je me résigne à aller plus loin. »

Le souci d'éviter de trop grands sacrifices était la constante préoccupation de l'amiral. Un de ses officiers, qui est en même temps un remarquable écrivain, a dans des termes émus montré à quel point ce vrai et grand chef était un homme de cœur.

« Les existences de matelots et de soldats, qui vraiment, depuis deux années, semblaient ne plus assez coûter à la France lointaine, il les jugeait très précieuses ; il se montrait très avare de ce sang français. Ses batailles étaient combinées, travaillées d'avance avec une si rare précision que le résultat, souvent foudroyant, s'obtenait toujours en perdant très peu des nôtres ; et ensuite après l'action qu'il avait durement menée avec son absolutisme sans réplique, il redevenait un autre homme très doux, s'en allant faire la tournée des ambulances avec un bon sourire triste, il voulait voir tous les blessés, même les plus humbles, leur serrer la main, — et eux mouraient plus contents, plus réconfortés par sa visite. »

A 9 heures, l'amiral juge que la matinée a été suffisamment remplie. Il fait dîner les équipages ; il ne poursuivra sa route qu'après un repos bien gagné.

A 11 heures et demie, le *Duguay-Trouin* et la *Triomphante* appareillent et viennent mouiller un peu au delà de leurs positions du matin. Ils achèvent de détruire tout ce qui n'est pas complètement en ruines sur les deux rives, puis appareillent encore pour s'attaquer aux batteries de l'entrée de la passe.

La batterie de trois vieilles pièces du bord de l'eau est abandonnée. Après quelques coups de canon, l'amiral envoie à terre les torpilleurs du *Duguay-Trouin* avec le lieutenant de vaisseau Campion, une section de la compagnie de débarquement avec le lieutenant de vaisseau Joulia, et le commandant Sango pour diriger l'opération. Celle-ci est inquiétée par plusieurs boulets tirés d'une batterie voisine, et au même instant par la venue d'une troupe nombreuse qui descend de la hauteur. Des coups de fusil sont échangés. « Nous éprouvons quelques pertes. M. Sango est blessé, les deux officiers et huit hommes ne peuvent rallier, et trouvent un abri derrière la muraille du bateau à torpilles échoué à la rive. Nos obus déblaient promptement la place. L'*Aspic* et le *Lynx* sont envoyés dans l'est, de façon à enfiler la hauteur et le vallon par où les Chinois sont descendus. Sous cette protection, une embarcation armée en guerre dégage sans coup férir les retardataires de l'expédition. »

Il voulait voir tous les blessés,
même les plus humbles...

Mais un obstacle autrement grave nous attendait. D'après les renseignements des pilotes, une file de radeaux avait été disposée en travers de la passe, et ces radeaux soutenaient des torpilles électriques. Il fallait à tout prix savoir à quoi s'en tenir et, le cas échéant, se débarrasser d'un pareil danger. Durant la nuit du 28 au 29, des embarcations conduites par MM. Campion et Merlin draguèrent le chenal et constatèrent la présence de bouées qui supportaient simplement des chaînes disposées pour former un barrage : rien ne décelait la présence de torpilles.

Quelques coups de canon tirés dans la matinée du 29

suffirent à tenir en respect les soldats des camps retranchés ou les artilleurs des dernières batteries. L'éloignement de celles-ci ne permit pas d'y envoyer du monde pour briser les pièces. Seule, la batterie où la veille les torpilleurs du *Duguay-Trouin* avaient inutilement débarqué fut l'objet d'une nouvelle tentative qui, cette fois, eut un plein succès. Pendant qu'on détruisait les dernières défenses, la *Vipère* était allée à Sharp-peak pour y enterrer les morts des deux dernières journées.

A midi, les forts, les casemates, les batteries sont dans un tel état de bouleversement et d'effondrement que, pour l'instant, il n'y a plus rien à en craindre. Kimpaï a subi le sort de Mingan. Il n'y reste qu'un amas de décombres, qu'un amoncellement de ruines. Maintenant la flotte française n'a plus d'obstacles devant elle : en dehors de la passe un court chenal, puis la pleine mer. De cette souricière dans laquelle l'amiral était enfermé depuis quarante jours, il peut enfin sortir librement. Rien ne l'arrête plus.

C'est alors qu'il donne à toute son escadre l'ordre d'appareiller. Lentement, les uns derrière les autres, les navires s'avancent, glissant sur les eaux, tandis qu'à leur poupe flotte vainqueur le pavillon tricolore. Jamais plus imposant spectacle que le défilé de ces bâtiments dans cette passe étroite ! Un soleil éclatant illumine la scène. Sur les deux rives gisent épars des canons en morceaux, des affûts brisés et près d'eux des maçonneries démolies, des plaques de blindage descellées. Pas une âme au milieu de ces ruines. Rien que la dévastation et la destruction.

Le majestueux silence qui règne sur le fleuve est interrompu seulement, de loin en loin, par le bruit du canon. Quelques obus envoyés des vaisseaux cherchent à déloger des hauteurs les derniers défenseurs du Min.

La sortie de la rivière s'effectue facilement pour les navires de faible tirant d'eau qui peuvent gagner tout de suite le mouillage de Matsou. Quant aux gros navires, ils doivent attendre la marée du lendemain pour franchir la barre.

Pendant ce temps, le *La Galissonnière,* mouillé en dessous de Sharp-peak, venait au-devant de l'escadre. Au moment de croiser le *Duguay-Trouin,* l'amiral Lespès fit monter l'équipage dans les haubans et trois cris de : *Vive l'Amiral !* saluèrent le vainqueur de la rivière Min. Puis le *La Galissonnière* mouilla près de la *Triomphante :* « Retenu à Kelung par un coup de vent violent, il n'avait pu entrer à temps dans la rivière. Le 25, il vint prendre le mouillage de Woga d'où il espérait battre les ouvrages de Kimpaï; mais réduit, grâce à l'étroitesse du chenal et à la violence du courant, à n'employer que le canon de tourelle tribord, pendant que plusieurs des batteries de la passe le menaçaient, il jugea

Trois cris de *Vive l'Amiral* saluèrent le vainqueur de la rivière Min

nécessaire, après quelques coups de canon, de prendre une position moins défavorable. Le *La Galissonnière* changeait de mouillage quand un obus l'atteignit à tribord devant, tua un homme et en blessa plusieurs autres. »

Le 30, le *Duguay-Trouin,* la *Triomphante* et le *La Galis-*

sonnière arrivaient à Matsou dans la fin de l'après-midi. L'amiral communiquait alors l'ordre du jour suivant :

Officiers, sous-officiers et marins,

Vous venez d'accomplir un fait d'armes dont la marine a le droit d'être fière. Bâtiments de guerre chinois, jonques de guerre, canots porte-torpilles, brûlots, tout ce qui semblait nous menacer au mouillage de la Pagode a disparu ; vous avez bombardé l'arsenal ; vous avez détruit toutes les batteries de la rivière Min. Votre bravoure et votre énergie n'ont rencontré nulle part d'obstacles insurmontables. La France entière admire vos exploits, sa reconnaissance et sa confiance vous sont acquises. Comptez avec elle sur de nouveaux succès.

COURBET.

Ces éloges que l'amiral adressait à ses équipages étaient mérités : rien ne peut donner une idée de l'entrain qu'ils avaient montré et de l'activité qu'ils avaient déployée pendant les dernières journées. « Ce qui frappe, ainsi qu'on l'a fait remarquer, c'est l'énormité du travail accompli par les dix-huit cents marins de notre escadre, la somme de périlleuses fatigues supportées par cette poignée d'hommes dans un aussi court espace de temps... La lutte soutenue réunissait tous les genres d'opérations que peut entreprendre une réunion de bâtiments de guerre : combat naval à coups de canon, de torpilles et de fusil, abordage d'un navire par des embarca-tions, défense contre des brûlots et des canots-torpilleurs, bombardement d'un arsenal, lutte contre des batteries et des troupes d'infanterie, débarquements, engagements à terre, destruction de barrages et dragage d'une passe, rien n'y manque. » Ces opérations diverses donnaient lieu naturel-lement à d'incessants mouvéments. La *Triomphante,* pour ne citer qu'elle, a fait, pendant ces sept journées, vingt-six appa-reillages ou changements de mouillages ; et pendant cette semaine entière tous les navires ont été constamment en branle-bas de combat, avec leurs chaudières sous pression. Le jour, il fallait à tout moment, par une chaleur extrême, armer des canots, envoyer à terre torpilleurs ou fusiliers, hisser des canots, virer au cabestan. La nuit, l'activité restait la même : quatre ou cinq heures de sommeil étaient un repos extraordinaire. Les hommes prenaient leurs repas quand et comme ils pouvaient. Malgré les rigueurs d'un pareil régime, jamais l'ardeur n'avait paru se ralentir. On était véritablement *emballé*. Le mot n'est peut-être pas rigoureusement académique : il dit mieux que tout autre l'état d'esprit où l'on se trouvait.

Mais il est juste de faire remonter au valeureux chef de l'escadre le grand honneur et le principal mérite de ces journées désormais célèbres. M. Jules Ferry lui adressa ce télégramme : « Le pays qui saluait en vous le vainqueur de Sontay vous doit un nouveau fait d'armes. Le Gouvernement de la République est heureux d'adresser à vos admirables équipages et à leur glorieux chef l'expression de la reconnaissance nationale. »

C'est bien, en effet, un sentiment de reconnaissance que le pays devait à celui qui venait de donner au drapeau de la France un peu de gloire nouvelle. C'est aussi un sentiment d'admiration qu'il éprouvait pour l'amiral qui, enfermé dans une rivière au fond d'un chenal étroit, entouré de navires et de forts ennemis, avait su, en quelques jours, anéantir la flotte, franchir les obstacles, détruire les batteries et ramener en mer libre son escadre intacte et victorieuse !

Cette admiration, les étrangers eux-mêmes la témoignèrent. L'amiral anglais Dowell n'hésita pas à la proclamer bien haut, après le succès final : entré le 15 août dans le Min et ayant pu se rendre compte des défenses chinoises, il avait pensé que l'amiral Courbet, placé dans la plus critique des situations, courait à un désastre. Les officiers américains de la frégate *Entreprise* ne furent pas moins prodigues de louanges. Tous s'inclinaient devant la haute valeur de ce chef qui avait exactement reconnu, « d'un œil infaillible, jusqu'où il pouvait tenter la fortune et pousser l'audace. »

timonier télégraphiait à bras ses instructions.

Du pont du *Duguay-Trouin*, comme du pont du *Volta*, l'amiral avait suivi toutes les péripéties des quatre dernières journées, transmettant les ordres les plus clairs, les plus nets, les plus précis, questionnant chacun sur les résultats obtenus, poursuivant sa tâche avec autant de méthode et de science que d'énergie et d'intrépidité. S'il entreprenait quelque opération, c'est qu'elle pouvait réussir : et comme il la conduisait lui-même, elle réussissait en effet. Combat, bombardement ou fusillade, il dirigeait tout. Quelle que fût l'heure ou l'occasion, on voyait à l'arrière du navire portant son pavillon sa silhouette se dessiner, et auprès d'elle le timonier télégraphiant à bras ses instructions et ses ordres. Sans doute il était secondé par des capitaines manœuvrant d'une façon hors ligne des navires comme la *Triomphante,* dans une rivière rapide, étroite et dangereuse ; sans doute il trouvait autour de lui l'enthousiasme le plus ardent. Mais ses habiles et prévoyantes dispositions avaient fait tout le succès : grâce à elles, la victoire n'était pas trop chèrement achetée.

Son éclatante victoire était faite pour flatter son amour-propre : il ne songea qu'au regain d'honneur dont la France lui était redevable. Dans ce grand cœur, le patriotisme le plus élevé dominait tout sentiment personnel. Pourtant au cours de ces mémorables journées, un regret l'avait saisi. Le commandant du *Duguay-Trouin*, M. de Pagnac, avait un fils, aspirant, embarqué sur son navire. Et l'amiral parlant un jour des émotions récentes de la rivière Min, avoua qu'il avait envié plus d'une fois le sort de ce père : « Si j'avais eu, comme lui, un fils, combattant à mes côtés, rien n'aurait manqué à ma joie. »

On aurait pu lui répondre que depuis Fou-chéou rien ne manquait à sa gloire.

IX

APRÈS FOU-CHÉOU. OCCUPATION DE KELUNG

Le 29 août, le jour même où l'amiral Courbet franchissait la passe de Kimpaï, les deux divisions de la Chine et du Tonkin placées sous ses ordres étaient réunies, par un décret, sous le nom d'*Escadre de l'Extrême-Orient*. Le lendemain, 30 août, tous les navires sortis de la rivière Min se rencontraient à Matsou, où ils retrouvaient la *Nive* et le *Drac*. Le *Volta* fut aussitôt envoyé à quelques milles du mouillage de l'île pour protéger les bouées qui indiquaient le chenal d'entrée dans la rivière et pour se mettre en communication avec l'*Aspic,* mouillé près de Sharp-peak, à portée du bateau-télégraphe. La compagnie danoise *North-Eastern Telegraph* avait, en effet, abandonné son établissement sur l'île, terre chinoise, où elle pouvait craindre une agression de nos ennemis qui n'ignoraient pas l'importance, pour nous, d'une ligne télégraphique. Elle avait fait aboutir ses fils à une jonque sur laquelle flottait son pavillon de nation et d'où, par conséquent, elle était assurée de pouvoir faire passer ses dépêches. La mesure qu'avait prise l'amiral d'avoir un navire dans le voisinage du télégraphe fut de courte durée. Elle cessa dès qu'il eut quelque raison de supposer improbable une tentative des Chinois sur la jonque ; toutefois les petits navires de l'escadre ne cessèrent pas d'aller chaque jour à tour de rôle remettre et prendre les télégrammes. Comme il fallait, dans le parcours de Matsou à Sharp-peak, passer en vue des batteries du fort Blanc, le navire porteur des dépêches était assuré d'essuyer le feu de ces batteries remises en état depuis notre sortie. Heureusement, la distance était grande et le tir des Chinois défectueux.

Le 31 août, la *Saône* partait pour Saïgon où elle allait chercher, entre autre matériel, des munitions pour remplacer celles qui avaient été consommées par les différents navires pendant les combats de la rivière Min. Le même jour, le *La Galissonnière* allait à Hong-Kong pour y réparer les avaries que lui avaient faites les projectiles de Kelung et de Kimpaï ; il remorquait le torpilleur *46* dont la chaudière avait été crevée par un obus du *Yang-ou* et dont le commandement venait d'être donné à M. le lieutenant de vaisseau Campion.

Le 1ᵉʳ septembre, l'amiral Courbet amena son pavillon du *Duguay-Trouin* et l'arbora sur la *Triomphante,* qui devait le conduire à Kelung. Depuis l'affaire du 5 août, l'amiral avait conservé sans cesse des navires sur cette rade. Le *La Galissonnière* y était resté jusqu'au 22 du même mois, le *Bayard* l'avait relevé ; et c'était la *Triomphante* qui devait aller prendre sa place. Bien que nous n'eussions pu nous maintenir à terre, déserter tout à fait ce port aurait été un signe d'hésitation ou d'impuissance qu'il fallait éviter, puisque le Gouvernement persistait à voir dans l'occupation du Nord de Formose le gage nécessaire. « La destruction par l'amiral Courbet de la flotte chinoise et de l'arsenal de Fou-Chéou pourrait déjà passer pour une satisfaction suffisante. Mais nous voulons quelque chose de plus que le châtiment. Nous avons demandé une indemnité, c'est pour l'obtenir que nous avons prié la Chambre de nous autoriser à nous saisir d'un gage, non pas dans la pensée d'amener une capitulation immédiate, mais dans la conviction que nous

A la tribune.

ne pouvions manquer d'aboutir avec de la patience, avec l'aide du temps. » Cette déclaration d'un ministre à la commission des crédits du Tonkin était catégorique ; elle indiquait d'une façon très nette le dessein que poursuivait le Gouvernement et dont la réalisation ne devait jamais s'accomplir, malgré la patience, malgré l'aide du temps !

La *Triomphante,* en arrivant devant Kelung le 2 septembre, y trouva le *Bayard* et le *Lutin.* Ces deux navires ignoraient encore le résultat des affaires de Fou-Chéou et, malgré une confiance bien justifiée dans la vaillance et le talent du commandant en chef, ils étaient pourtant anxieux. Leurs appréhensions se dissipèrent quand ils reconnurent au loin la *Triomphante* portant, à son mât de misaine, le pavillon désormais illustré de l'amiral. Le *Bayard* fit monter l'équipage dans les haubans, des hourras d'enthousiasme retentirent, tandis que la musique, groupée sur la dunette, jouait la *Marseillaise.* Avant de quitter la *Triomphante,* l'amiral en réunit l'équipage et, dans une de ces allocutions dont il avait le secret, il fit passer dans l'âme des braves matelots un peu de la flamme ardente qui dévorait la sienne. Puis il regagna son *Bayard* qu'il ne tarda pas à quitter pour faire, en baleinière, le tour de la baie afin de se rendre compte par lui-même, comme il n'y manquait jamais, des lieux, des défenses, des ouvrages et de tout ce qui pouvait l'intéresser. La ville était calme. Les fortifications si habilement démolies le 5 août par l'amiral Lespès n'avaient pas été relevées et, pour perpétuer le souvenir de la canonnade qui les avait mises hors d'état, la voix publique avait déjà dénommé les trois forts, fort *La Galissonnière,* fort *Villars,* fort *Lutin.* Leurs abords immédiats, ainsi que ceux de la plage, étaient presque déserts et totalement abandonnés par les troupes dont la présence ne se décelait que sur les hauteurs, par une ligne continue de retranchements en terre fraîchement remuée. Les Chinois travaillaient sans relâche à ces travaux de terre pour lesquels ils sont passés maîtres; ils en faisaient de tous les côtés et avec une surprenante rapidité. Afin d'empêcher l'achèvement de ces parapets, le *Bayard* avait dû envoyer un certain nombre d'obus de 14, ce qui lui avait valu des ripostes à coups de canons de montagne. Cet échange de projectiles, inoffensif de part et d'autre, avait été le seul incident des jours précédents.

L'amiral fit dresser immédiatement par les ingénieurs hydrographes une carte de la rade, puis après avoir inspecté, avec le *Lutin,* la côte voisine des charbonnages, il retourna à

Matsou sur le *Bayard*. Il y trouva, le 4, les navires qu'il y avait
laissés, et, en plus, le *Parseval* qui venait d'arriver de Shanghaï,
où pendant tout le mois d'août M. Patenôtre l'avait retenu.
« De toute façon, avait écrit le ministre de France, il me
semble nécessaire de conserver ici un bâtiment, ne fût-ce
que pour rassurer nos nationaux qui pourraient craindre,
en cas d'alerte de se trouver sans aucune protection. » Le
Parseval était, en conséquence, resté devant la Concession

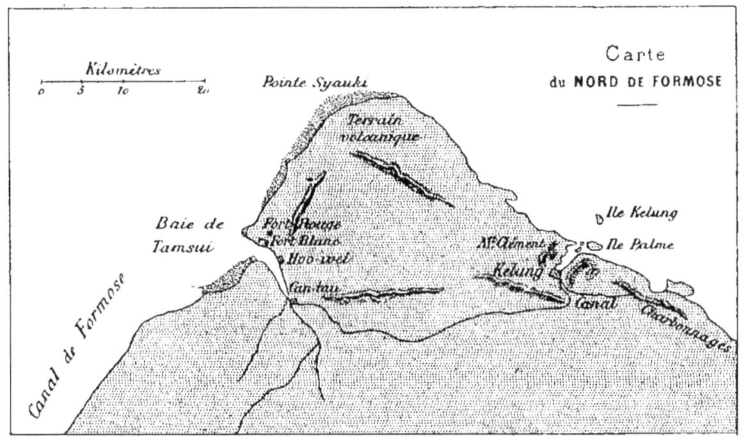

Le Nord de Formose.

française. Mais, une fois le feu ouvert à Fou-Chéou, il devenait certainement imprudent de laisser seul ce petit aviso
dans une rivière où il pouvait être attaqué ou torpillé avec
une extrême facilité par nos ennemis, en représailles de nos
hostilités. M. Patenôtre se décida donc à le laisser partir,
d'autant mieux que le Taotaï l'avait averti qu'il ne répondait
plus de la sécurité des Concessions si la présence de l'aviso
devant Shanghaï se prolongeait davantage. Les esprits étaient
très montés parmi la population chinoise : les journaux
fulminaient contre le *Parseval*, offrant de fortes primes à

l'individu assez hardi pour torpiller ce bâtiment ; et le commandant du fort de Woo-sung annonçait qu'il le coulerait au passage s'il tentait de sortir.

Quand le départ du _Parseval_ fut décidé, le commandant fit demander un pilote. Moyennant 5,000 taëls (soit 35,000 fr.), un des pilotes assermentés consentit à conduire le navire français jusqu'à la haute mer. Mais la réflexion aidant, le pilote refusa vers 8 heures du soir les propositions acceptées pendant la journée. Apprenant ce refus, le Taotaï offrit d'envoyer une canonnière chargée de précéder le _Parseval_ et de lui montrer le chemin. Cette offre fut accueillie ; mais au moment de se mettre en route, le capitaine de la canonnière ne consentit jamais à passer le premier. Le commandant Thounens, encore une fois privé de guide, prit en conséquence le parti de

Tentation !

descendre seul la rivière malgré l'obscurité d'une nuit exceptionnellement noire. Masquant ses feux de route et marchant à toute vapeur, il franchit heureusement les barres et défila devant le fort de Woo-sung sans être inquiété, à la grande consternation des Célestiaux qui considéraient déjà notre aviso comme une capture prochaine et facile. Un échouage sans importance fut le seul incident de cette sortie qui, par sa hardiesse et son audace, impressionna vivement les officiers des marines étrangères. De Shanghaï, le _Parseval_ gagna Matsou, où il trouva l'escadre en train d'effectuer son ravitaillement général.

Un navire anglais, le *Sir Garnet Wolseley*, était venu de Shanghaï avec 1,500 tonneaux de charbon qu'il avait distribués aux différents navires, non sans longueur de temps, la mer n'ayant pas toujours permis d'accoster le vapeur bord à bord, et l'embarquement du charbon ayant dû se faire par les canots. Le *Garnet Wolseley* avait aussi apporté quelques provisions pour les tables : on s'était jeté sur elles avec avidité pour se dédommager des mauvais petits taureaux et des œufs de canards de Matsou. Mais les navires étaient si nombreux que la part de chacun fut fort restreinte.

Après des journées aussi bien employées que celles de la fin d'août, l'inaction était pénible à supporter, et, ainsi qu'on le disait alors, les entr'actes semblaient de trop longue durée. Cette inaction était, en effet, très imprévue. Chacun s'était imaginé volontiers, après les combats de la rivière Min, que l'ère des opérations militaires venait de s'inaugurer et qu'un prochain coup allait être de nouveau porté à la Chine. On attendait tous les jours un ordre de départ. Mais où irait-on? que ferait-on? C'est ce que personne ne savait. On ignorait encore de quelle façon le Gouvernement chinois répondrait à l'attaque de Fou-Chéou. Le bruit courait qu'il avait déclaré la guerre, mais si cette nouvelle eût été vraie, l'amiral en eût fait part officiellement aux navires. Il était donc probable que les représailles exercées par nous n'avaient pas modifié la situation. On avait appris seulement que les soldats chinois venaient de piller et d'incendier le quartier des étrangers à Pagoda, que leurs violences s'étaient exercées sur les demeures des pilotes de la rivière Min engagés à notre service, mais que dans les autres villes aucun Européen, voire même aucun Français, n'avait été inquiété par les indigènes. On disait aussi que les flottes chinoises étaient en route pour venir nous attaquer, mais nous étions trop habitués aux fanfaronnades des Célestiaux pour nous alarmer de cette rumeur.

Le seul indice des velléités belliqueuses de la Chine avait donné lieu à une méprise dont la canonnière anglaise *Zéphyr* fut la victime. Le 7 septembre, ce bâtiment entrait dans la rivière Min, ses couleurs flottant à son arrière, lorsque deux canons du fort Blanc firent feu sur lui. Un projectile l'atteignit et blessa deux hommes, dont l'officier en second, le lieutenant Hubbard, qui succomba bientôt à ses blessures. Il fut prouvé facilement que cette canonnière avait été prise pour un navire français et la Chine s'excusa de ce fâcheux événement près du Gouvernement britannique. Un artilleur chinois trop zélé et trop ignorant des nuances des pavillons étrangers en était seul responsable.

La réserve extrême de l'amiral Courbet contribuait à laisser l'escadre toujours ignorante de ses destinées futures. Évidemment, dans les circonstances rappelées ici, l'amiral ne pouvait prévoir ce qu'on lui imposerait de Paris, mais d'une façon générale, le silence sur ses résolutions était un principe arrêté. Ne prenant conseil que de lui-même, il ne se livrait à aucune inutile confidence. S'il était un peu plus communicatif avec les officiers de son entourage immédiat, ceux-ci restaient d'une discrétion absolue, et jamais aucun projet formé par lui ne transpirait. On vivait donc sans savoir ce que l'avenir réservait. Le champ était ouvert aux suppositions et aux hypothèses. L'absence complète de courriers, de correspondances, de journaux, de communications quelconques permettait de faire toutes les combinaisons possibles. Les uns prétendaient qu'aussitôt le ravitaillement achevé, l'escadre entière se retirerait au Tonkin. Pour ceux-ci, les affaires de la rivière Min devaient garder le caractère d'une vengeance directe du guet-apens de Bac-lé et, cette vengeance assouvie, il n'y avait qu'à se retirer et à attendre l'effet de nos représailles sur l'esprit de la cour de Pékin. Les autres tenaient pour le bombardement d'Amoy. Beaucoup parlaient de renouveler les destructions de Fou-Chéou, du côté de Nangkin où la flotte de Shanghaï s'était retirée. D'autres enfin songaient à Port-Arthur. Ces derniers étaient, sans le savoir, de l'avis de l'amiral, qui restait persuadé que pour avoir raison de la Chine il fallait frapper le plus près possible de la capitale. L'expédition sur Port-Arthur lui tenait au cœur, comme le prouvent les lettres publiées plus tard; il s'était fait remettre, dans le courant de septembre, par le commandant de la *Triomphante,* qui avait visité Port-Arthur quelques mois auparavant, toute une série de renseignements, de plans et de photographies du nouvel arsenal du Petchi-li.

Les faiseurs de projets annonçaient aussi la prochaine occupation de Kelung : ils prétendaient que la présence ininterrompue de deux ou trois de nos navires sur ce point était la preuve certaine des visées du Gouvernement sur le Nord de Formose. L'arrivée par le *Tarn,* la *Nive* et le *Drac* de seize cents hommes d'infanterie et d'artillerie de marine, avec M. le lieutenant-colonel Berteaux-Levillain, donna créance aux bruits d'une occupation quelconque et confirma que le cabinet persistait dans sa résolution de tenir un gage.

Est-il besoin de dire que la solution à laquelle le Gouvernement paraissait s'arrêter ne souriait que médiocrement aux officiers de l'escadre ? D'abord l'efficacité d'une occupation en dehors du sol même du Céleste-Empire était problématique. Les Chinois sont d'une race patiente et très capables de négocier pendant vingt ans la restitution d'un gage, ou d'exercer pendant deux siècles des revendications sur un territoire qu'ils n'auraient pas cédé. Témoin Macao. En second lieu, la prise de possession d'un point, quel qu'il fût, sauf Port-Arthur, ne devait donner lieu de la part des navires qu'à un bombardement plus ou moins long, et non pas à une de ces actions vraiment maritimes pour laquelle chacun des officiers se sentait prêt. Les deux escadres du Peï-ho et de Shanghaï n'étaient-elles pas le but indiqué aux coups de ces équipages tout frémissants encore de leur jeune gloire de Fou-Chéou ? Il y avait là d'autres lauriers à conquérir et tous, du plus grand au plus petit, en rêvaient une ample moisson. L'état de représailles devait empêcher la réalisation d'un si beau rêve.

Tout le mois de septembre se passa à Matsou. Dans les premiers jours, on connut quelques-unes des récompenses accordées à la suite des combats de la rivière Min. Le commandant en chef de l'escadre recevait la Médaille militaire, précieuse et rare distinction qu'il avait vaillamment gagnée. MM. Peyronnet, Picard et Jacquemier étaient nommés capitaines de frégate, l'enseigne Olivieri devenait lieutenant de vaisseau, et les aspirants Samson, Laugier, de Quincey, Layrle, Borgella et de Pagnac obtenaient le grade d'enseigne. En même temps, le ministre informait que les officiers suivants étaient mis au tableau d'avancement pour le grade supérieur : Boulineau, commandant du *Château-Renaud ;* Gigon, commandant du *Volta ;* Bonnaire et de Jonquières, capitaines du *Lynx* et de l'*Aspic;* Douzans, commandant le torpilleur *46;* Ravel, aide de camp de l'amiral ; les enseignes Deman, d'Agoult, Marius et Mottez. Enfin le lieutenant de vaisseau de Lapeyrère remplaçait M. Picard dans le commandement de la *Vipère.*

Les 20 et 21 septembre, un coup de vent violent obligea l'escadre à allumer ses feux pour être parée à tout événement. Le 23, vint mouiller sur rade la corvette cuirassée *l'Atalante* dont le commandant, M. Trêve, comparait ses marins à trois cents lions prêts à bondir ! L'*Atalante* arrivait de la baie d'Halong où elle avait été remplacée par le *Villars* dans sa mission de surveillance du golfe du Tonkin. Le long et monotone séjour qu'elle avait fait sur cette rade inhospitalière justifiait la vivacité de l'image par laquelle M. Trêve dépeignait la fougueuse impatience de ses hommes.

Le 29, à 4 heures du soir, au signal de l'amiral, le *Tarn,* le *Drac,* la *Nive,* le *Lutin* et le *Bayard* appareillèrent pour Kelung. Le lendemain, à la même heure, le *La Galisson-nière,* le *d'Estaing* et la *Triomphante* partirent

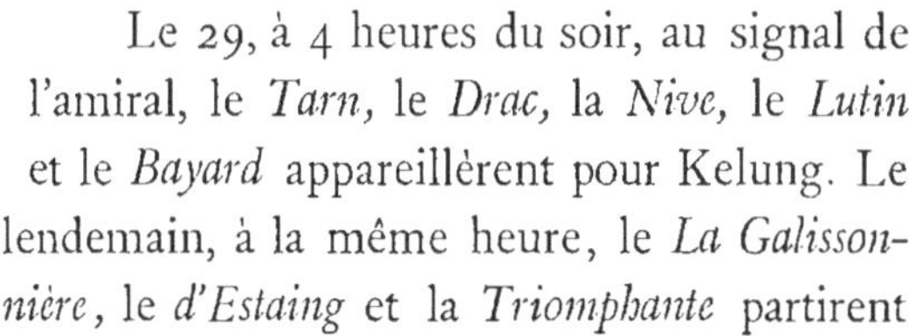
Les lions de l'*Atalante.*

pour Tamsui. L'*Atalante* resta à Matsou, ainsi que le *Lynx* et le *Volta,* afin d'assurer les communications avec la station télégraphique de Sharp-peak.

Le 30 septembre, à 9 heures du matin, l'amiral Courbet mouilla devant Kelung ; il y trouva la *Saône,* le *Château-Renaud* et le *Duguay-Trouin.* Il employa sa première journée à faire sur le *Lutin* une reconnaissance générale avec le colonel d'infanterie et, dès le soir, il donna les instructions pour la descente à terre qu'il avait fixée au lendemain 1ᵉʳ octobre.

Les Chinois occupaient très fortement les crêtes sud et

les hauteurs du sud-ouest qui dominent la route de Tamsui. Dans l'ouest, s'élevait une haute colline d'un accès facile, le mont Clément, dont le pied venait jusqu'à la mer. Elle commandait tous les sommets voisins et pouvait être considérée véritablement comme la clef de la situation. Aussi, est-ce au pied du mont Clément que les troupes devaient débarquer. Leur premier objectif était d'occuper son sommet, afin d'y monter et d'y établir une batterie. L'amiral se proposait de faire canonner de là, par cette batterie, tous les ouvrages chinois, tandis que les troupes contourneraient la rade en suivant la ligne des crêtes pour en déloger l'ennemi, et que les canons des navires tireraient de leur côté pour appuyer le mouvement de l'infanterie.

Les troupes se composaient : d'un détachement de gendarmerie, de la batterie de canons-revolvers commandée par M. le lieutenant de vaisseau Barry, de la 23ᵉ batterie d'artillerie de marine, d'une section d'artillerie de terre, d'un détachement du génie, de trois bataillons d'infanterie de marine placés sous le commandement de MM. les chefs de bataillon Ber, Lange, Lacroix, enfin de coolies venus de Saïgon et d'Haï-phong. M. le colonel Berteaux-Levillain prenait le titre de commandant du corps expéditionnaire de Formose.

Le 1ᵉʳ octobre, à 6 heures du matin, le bataillon Ber quitta la *Nive* et se dirigea vers la terre. Quelques minutes après, le *Bayard* tira le premier coup de canon dans les broussailles du mont Clément. Toute l'escadre ouvrit aussitôt le feu soit dans la même direction, soit sur les crêtes où l'ennemi se montrait et d'où il ripostait avec ses canons de campagne et avec sa mousqueterie. Le débarquement s'opéra facilement vers 6 heures et demie au point désigné, sans que les embarcations fussent inquiétées. Les différents convois accostèrent la plage dans l'ordre indiqué par l'amiral. Les troupes gravirent la colline tout en tiraillant sur les crêtes des deuxièmes chaînes et dans le fond d'une gorge par où s'enfuyaient les Chinois. A 9 heures, le mont Clément était occupé. De cette position inexpugnable, le bataillon ouvrit un feu bien nourri sur un camp retranché que l'ennemi ne tarda pas à évacuer précipitamment. Une compagnie, envoyée en reconnaissance contre un fortin assez rapproché, tomba dans une embuscade et dut se retirer ayant perdu deux tués et cinq ou six blessés.

A midi, le bataillon Ber étant très fatigué par l'excessive chaleur fut relevé par les deux autres bataillons. Celui du commandant Lange prit position dans un fortin à côté du camp retranché, évacué le matin, et celui du commandant Lacroix sur le mont Clément. Ils y passèrent la nuit.

Le 2 octobre, au matin, les deux bataillons se mirent en marche simultanément et occupèrent sans la moindre résistance toutes les positions du côté ouest, celles qui dominaient la route de Tamsui. Ils ne rencontrèrent pas de soldats sur leur passage et trouvèrent au contraire une population paisible. A 7 heures, l'amiral s'était rendu à terre et à midi le pavillon français flottait sur les forts.

Les crêtes de l'ouest étant toutes occupées et la résistance, au moins pour le moment, y paraissant brisée, l'amiral désigna pour occuper les hauteurs du sud les compagnies et l'artillerie de débarquement des navires. Le 4, au matin, ces compagnies quittèrent leurs bords sous le commandement du lieutenant de vaisseau Gourdon, elles abordèrent auprès du bâtiment de la douane et constatèrent que tout était abandonné par les troupes chinoises, même la ville où se montraient seulement quelques indigènes inoffensifs. Les marins s'installèrent dans les positions qui leur avaient été assignées comme but et y furent bientôt relevés par le bataillon Ber. Dans la journée, on hissa sur différentes hauteurs deux canons de 80, deux de 12 et des canons de 4. Nos pertes totales, dans ces

Ils trouvèrent une population paisible...

trois journées, avaient été de cinq tués et douze blessés. En résumé, ces opérations avaient eu pour résultat de nous rendre maîtres de la ville ainsi que des premières hauteurs bordant la rade, et de refouler les Chinois sur les hauteurs immédiatement en arrière. A ne considérer que la minime résistance opposée par l'ennemi, il n'était pas téméraire de songer à nous étendre davantage. Mais le faible effectif du petit corps débarqué suffisait à peine à garder les positions conquises, et toute marche en avant eût été inutile, puisque nous n'aurions pu, faute de monde, occuper le terrain gagné. Nous étions donc, en quelque sorte, bloqués par les troupes chinoises. Pour élargir le cercle d'investissement formé autour de nous, il était de toute nécessité de renforcer le corps d'occupation. Encore pouvait-on craindre, même après l'arrivée des renforts, de nouvelles difficultés, car les Chinois, sans perdre un instant, élevaient sur les secondes crêtes de sérieuses défenses. Quant aux charbonnages, but principal de notre présence au Nord de Formose, ils étaient encore bien éloignés et séparés de nous par trois séries de hauteurs se dominant l'une l'autre.

Si nous n'étions pas arrivés aux mines, nous avions du moins trouvé un énorme tas de charbon sur la plage même. Les navires allaient pouvoir y puiser à loisir. Toutefois, ce combustible, qui provenait des mines voisines, n'était pas de qualité supérieure. Aussi on n'employa plus la houille de Kelung sans la mélanger à une autre plus lente. Elle servait simplement à entretenir les feux au mouillage et était d'un emploi commode quand on voulait activer les foyers pour revenir rapidement en pression. Dans ces conditions, l'amiral se préoccupa de suite d'assurer le ravitaillement en combustible de son escadre au moyen de vapeurs envoyés à Kelung par un fournisseur de Hong-Kong. Des jonques ou les canots faisaient le va-et-vient entre les navires et les vapeurs, mais il était toujours très long d'obtenir le plein des soutes sur cette rade sans cesse traversée par la houle.

Il s'agissait aussi de tirer parti de ce coin de terre en

vue de l'établissement que nous comptions y faire. C'est ainsi que le bâtiment des douanes fut transformé en ambulance, et qu'une grande maison appartenant à la Compagnie Lapraik devint une sorte de magasin général. Non loin de là, la maison du mandarin servit de résidence à un certain nombre d'officiers. Presque toutes les troupes étaient cantonnées dans les fortins disséminés le long de nos lignes. Malheureusement une pluie violente se mit à tomber presque chaque jour, elle contribua à accroître les difficultés matérielles de notre occupation en même temps qu'elle rendit le climat tout à fait insalubre.

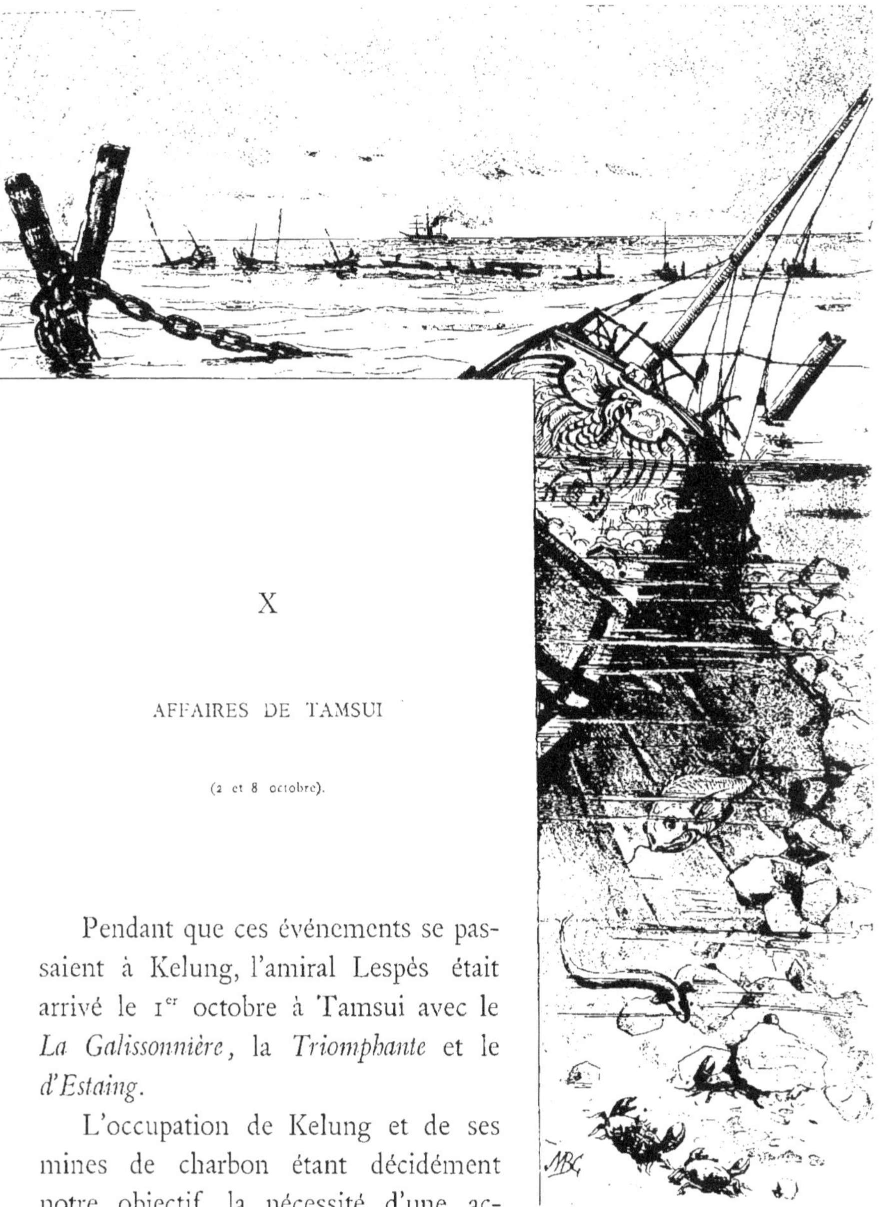

X

AFFAIRES DE TAMSUI

(2 et 8 octobre).

Pendant que ces événements se passaient à Kelung, l'amiral Lespès était
arrivé le 1er octobre à Tamsui avec le
La Galissonnière, la *Triomphante* et le
d'Estaing.

L'occupation de Kelung et de ses
mines de charbon étant décidément
notre objectif, la nécessité d'une ac-
tion sur Tamsui s'imposait d'une façon manifeste. Ces deux
villes assez populeuses sont reliées par une route et sont

si proches que, pour en tenir une, il faut absolument tenir l'autre. Pourtant cette obligation, qui résulte de la simple situation géographique des deux ports, semble avoir été longtemps méconnue.

La présence continuelle devant Kelung d'un ou de plusieurs navires français empêchait sans aucun doute, depuis la fin de juillet, les vapeurs, chinois ou autres, d'y débarquer les troupes, armes et munitions que le Céleste-Empire envoyait dans le Nord de Formose. Mais le port de Tamsui, distant de Kelung d'une trentaine de milles seulement, n'ayant jamais été occupé ni bloqué par nous, le libre déchargement de tous les navires pouvait s'y effectuer. Les Chinois y dirigeaient naturellement tous leurs envois de personnel et de matériel. Agir comme nous le faisions, en ne fermant qu'un de ces deux points, ressemblait à la manœuvre d'un agent de police qui, pour capturer un malfaiteur réfugié dans une maison, se tiendrait constamment devant la porte, sans prendre garde à la fenêtre de derrière qu'il aurait laissée toute grande ouverte.

Au surplus, notre stationnement ininterrompu sur la rade de Kelung ayant indiqué clairement que nous n'avions jamais perdu toute idée de nous établir au Nord de Formose, nos ennemis, ainsi avertis par nous-mêmes, n'avaient pas négligé de faire de Kelung et de Tamsui deux centres importants de défense.

Ce n'est que dans les derniers jours de septembre que l'amiral Courbet reçut l'autorisation d'envoyer devant Tamsui un de ses navires. Le *Lutin* y avait fait le 3 septembre une courte reconnaissance en s'y présentant, le pavillon de pilote à son mât de misaine. Aucun pilote n'était venu à son appel, mais il avait eu le temps de voir que la rivière était fermée

A LA GRANDE MURAILLE DE CHINE

par un barrage de jonques coulées et chargées de pierres et
que même un aviso anglais, le *Cockshafer*, se trouvait, par ce
fait, bloqué dans le port sans pouvoir en sortir.

Le 26 septembre, la *Vipère* arriva devant Tamsui; elle trouva
le barrage toujours en place et le *Cockshafer* toujours empri-
sonné dans la rivière, qui n'était accessible qu'aux jonques par
un chenal étroit et peu profond. Le même jour un vapeur
anglais parti de Shanghaï avec cent cinquante soldats chinois

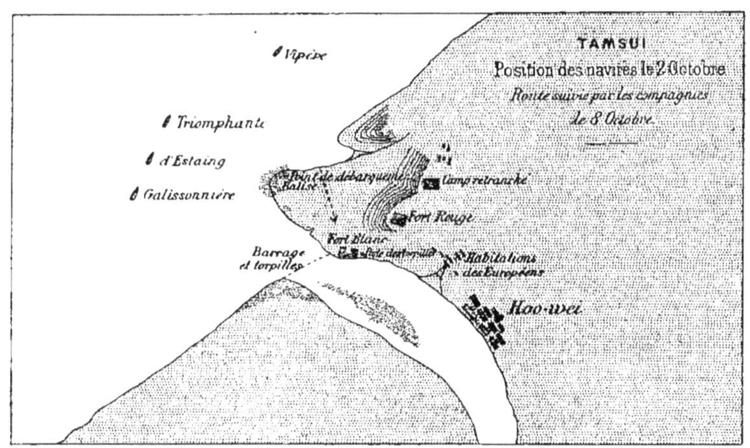

Entrée de la rivière de Tamsui.

vint au mouillage et la *Vipère* ne réussit à lui faire rebrousser chemin que sous la menace de le couler. Empêcher le
débarquement était malheureusement tout ce que cet état de
représailles, qui n'était pas la guerre, permettait au très résolu
commandant de la *Vipère*. Saisir les soldats et les faire
prisonniers, capturer les armes, tout cela lui était interdit.
Il n'avait que le seul droit de repousser le navire au large.
Encore était-il loisible au capitaine anglais d'aller débarquer
ses soldats et ses armes sur un point quelconque autre que
Tamsui ou Kelung.

Il était 9 heures et demie du matin, le 1er octobre, quand les bâtiments conduits par l'amiral Lespès laissèrent tomber leur ancre à côté de la *Vipère*. Ils se trouvèrent sur une ligne de file parallèle à la côte, dans l'ordre suivant : *La Galissonnière, Triomphante, d'Estaing,* puis *Vipère.* Le temps était superbe, la mer absolument calme et un radieux soleil éclairait l'entrée de cette petite rivière de Tamsui, que dominent de hautes montagnes. Derrière une colline basse dont le pied est baigné par le fleuve, apparaissaient les trois mâts et le pavillon blanc du *Cockshafer* au milieu des mâtures de jonques et des deux mâts plus élevés d'un bâtiment de guerre chinois.

Devant nos navires, il y avait un camp retranché et deux forts : l'un inachevé et armé en partie, le fort Rouge, situé sur une éminence d'une quarantaine de mètres et battant presque tout l'horizon du côté de la mer; le second, le fort Blanc, situé sur la plage, dont les embrasures étaient percées de manière à battre l'entrée même de la rivière. La rumeur disait que les canons du fort Rouge, au nombre de dix-neuf, étaient des 17^c/_m Krupp, et un pilote anglais assurait qu'ils provenaient du navire allemand que le *Villars* avait expulsé de Kelung deux mois auparavant. Sur ces dix-neuf pièces, trois seulement étaient en batterie à l'heure actuelle, les Chinois n'ayant pas eu le temps d'en monter davantage. Quant aux canons du fort Blanc, ils devaient être d'un calibre un peu inférieur.

Le pilote dont il est ici question était l'unique pilote de Tamsui. Il avait offert son concours à l'amiral Courbet en l'informant, dans les premiers jours de septembre, qu'il quittait Formose et qu'on le trouverait au consulat de France à Hong-Kong. Il avait été immédiatement engagé à raison de 50,000 francs pour un an. Les renseignements qu'il donna furent si précis que l'on acquit la conviction qu'il était lui-même l'auteur des travaux d'obstruction de la rivière, et que, notamment, les torpilles placées en avant du barrage avaient été mouillées sous sa direction. Après avoir travaillé pour le compte des Chinois il était venu nous vendre ses services, estimant avantageux de manger ainsi à deux râteliers. Ces torpilles, d'après son dire, étaient au nombre de dix, chargées de dynamite et électro-automatiques. Leur poste d'inflammation et d'obser- vation était placé, selon lui, derrière le fort Blanc.

Mangeant à deux râteliers.

A 10 heures, l'amiral Lespès signala au *Cockshafer*: « Je commencerai le feu demain à 10 heures. » La plus grande animation ne cessa de régner tout le jour dans le fort Rouge, où l'ennemi travaillait active- ment à la mise en état de sa batterie. Des fantassins en assez grand nombre circulaient et manœuvraient dans les environs des forts, mais leur éloignement les rendait inoffensifs, puisque le fort Rouge était à 3,300 mètres et le fort Blanc à 2,600. L'artillerie seule était donc à redouter. A 3 heures, l'amiral si- gnala de nouveau au *Cockshafer*: « Vous êtes dans mon champ de tir. » A quoi le bâtiment anglais répondit: « Remercîments. » La soirée fut calme. Dans les conversations échangées à bord, les paris étaient ouverts sur les incidents du lendemain. Les uns disaient que tout se passerait bien, qu'il suffirait d'attendre l'heure annoncée pour ouvrir le feu et qu'en peu d'instants, grâce à nos excellents pointeurs, les pièces ennemies seraient démontées et les fortifications bouleversées. D'autres assu- raient qu'on appareillerait le lendemain au petit jour, ou même dans la nuit, pour s'éloigner de la portée des forts et ne revenir qu'à 10 heures. Ceux-ci n'étaient pas d'avis qu'on dût rester au mouillage après l'avertissement fait au *Cockshafer,* avertissement qui ne pouvait pas manquer d'être connu des Chinois, très capables de tirer les premiers sur nous.

Le lendemain matin, à 6 h. 35 m., le fort Rouge ouvrit le feu sur la division française restée au mouillage et occupée, en ce moment, suivant les prescriptions du tableau de service, à faire le lavage du bord. Le branle-bas de combat fut signalé en toute hâte et les quatre navires français ne tardèrent pas à riposter. Mais les Chinois avaient su profiter, pour le début de leur attaque, d'un moment où il nous était impossible d'avoir un bon tir. Tandis qu'un soleil éclatant apparaissait au-dessus des montagnes qui surplombent la ville et les forts, un brouillard épais enveloppait complètement ceux-ci et les cachait à notre vue déjà gênée par la vive lumière qui nous frappait en plein dans les yeux. En outre, ainsi qu'il arrive au matin des belles journées, une énorme réfraction relevait toute la côte, les buts étaient tous déplacés en hauteur et nos coups portaient trop loin. Ce fut pendant une demi-heure une inutile consommation de projectiles. Les obus chinois venaient tous éclater un peu en avant de la ligne des navires français ; les éclats seuls arrivaient à bord. Le *d'Estaing* en reçut quelques-uns ainsi que la *Triomphante.* Vers 7 heures, le soleil s'étant élevé, la brume se dissipa, la réfraction cessa et notre tir devint meilleur. En peu de temps, le fort Blanc fut mis hors d'état par les obus de 24 du *La Galissonnière.* La batterie Rouge donna plus de mal. Elle fut servie pendant près d'une heure par ses défenseurs avec un courage remarquable, malgré la pluie de projectiles qui tombait autour d'eux. A 9 h. 55 m., toute riposte des Chinois ayant cessé, le tir fut réduit à un coup toutes les dix minutes. Cela dura jusqu'à 4 heures du soir, quand fut hissé le signal de cesser le feu.

A la nuit, la *Vipère* reçut l'ordre de changer de mouillage et de venir prendre la tête de la ligne; les ingénieurs hydrographes Renaud et Rollet de l'Isle, et les officiers torpilleurs Merlin, Vuillaume et Rouxel furent chargés d'aller avec elle reconnaître la passe. Les sondes établirent que, sur la barre, la *Vipère* trouverait à mer haute assez de fond pour passer, sauf pendant deux ou trois jours des mortes eaux; mais on constata la présence de bouées suspectes munies de fils qui empêchèrent la reconnaissance de pousser plus en avant. A 11 heures du soir, la *Vipère* revint au mouillage en dedans de la division. La nuit se passa sans alerte. Le lendemain, dans la matinée, quelques travailleurs s'étant montrés au fort Rouge, on les chassa à coups d'obus de 14. Pendant ce temps, la

La sourde détonation d'une torpille se fit entendre.

canonnière fut chargée d'aller faire une inspection minutieuse des bouées reconnues la nuit précédente et d'opérer, si possible, le dragage des fils des torpilles. Dans ce but, deux canots du *La Galissonnière* lui furent adjoints.

A 4 h. 20 m., tandis que les deux canots, tout en draguant des fils électriques, se halaient doucement, à une centaine de mètres de la *Vipère,* la sourde détonation d'une torpille se fit entendre et une magnifique gerbe s'élança en l'air à deux encablures environ sur l'avant des embarcations. Le premier moment de surprise passé, les canots virent qu'ils se trouvaient, ainsi que la torpille, dans la direction du point voisin du fort Blanc que le pilote avait désigné comme étant l'emplacement du poste d'inflammation. Trompés sur la distance, les Chinois avaient fait partir leur torpille un peu trop tôt et avant que les canots français fussent dans le cercle dangereux de l'engin sous-marin. Mais l'explosion prouvait d'une façon péremptoire que les torpilles étaient à inflammation électrique et que leur manœuvre était familière à nos ennemis.

Le *d'Estaing* alla dans la nuit à Kelung rendre compte à l'amiral Courbet des incidents de la journée et lui soumettre le plan que l'amiral Lespès avait arrêté. D'après les instructions du commandant en chef, le but à atteindre à Tamsui était d'assurer aux navires bloqueurs de ce port la libre entrée et la parfaite sécurité à l'intérieur de la rivière. La destruction des fortifications, effectuée le 2, réalisait donc la première partie de ce programme : la seconde consistait à déblayer la passe de ses torpilles et de son barrage.

Puisqu'on se trouvait en présence de torpilles mises en feu par l'électricité, l'amiral Lespès avait jugé que le meilleur moyen de s'en débarrasser était d'opérer un débarquement dans le but de s'emparer du poste d'inflammation et d'y mettre nos torpilleurs qui se chargeraient de faire sauter, l'une après l'autre, toutes les torpilles de la ligne. Une fois ce danger disparu, un chenal serait alors facilement pratiqué au milieu du barrage par le moyen d'une ou deux torpilles de 500 kilogrammes de poudre noire qui se trouvaient sur la *Triomphante.*

L'amiral Lespès désirait que l'opération de la prise du poste des torpilles fût confiée à l'un des bataillons d'infanterie de marine de Kelung, tant il avait peu de confiance dans la solidité à terre des compagnies de débarquement. Mais les troupes d'infanterie qui occupaient Kelung depuis la veille étaient à peine suffisantes, comme nombre, pour se maintenir dans les positions conquises. Il était impossible d'en distraire une partie, si petite qu'elle fût, pour les opérations de Tamsui, et l'amiral Courbet envoya en leur lieu et place les compagnies du *Duguay-Trouin* et du *Château-Renaud* avec ces deux bâtiments et la compagnie du *Bayard* sur le transport *le Tarn.* Ces trois navires mouillèrent devant Tamsui le 5 au soir. Les renforts qu'ils amenaient aux compagnies des trois bâtiments déjà au mouillage, portaient à six cents le nombre des hommes pouvant être débarqués, savoir : cent vingt du *La Galissonnière,* cent vingt de la *Triomphante,* cent du *Bayard,* cent trente du *d'Estaing* et du *Château-Renaud,* et enfin cent trente du *Duguay-Trouin* et du *Tarn.* Le commandement de ces six cents marins était donné à M. le capitaine de frégate Martin, second du *La Galissonnière,* qui avait si brillamment protégé la retraite lors de la première affaire de Kelung.

Le débarquement fut fixé au lendemain 6. Le point choisi pour l'accostage des canots était une petite crique à côté de la rive nord de la rivière. De cette crique, le commandant Martin devait, suivant les ordres de l'amiral Lespès, gravir la pente qui mène au fort Rouge et descendre ensuite du fort Rouge au fort Blanc. Cet itinéraire faisait éviter les taillis épais situés en contre-bas des deux forts où l'ennemi pouvait attendre nos matelots dans de dangereuses et perfides embuscades. Mais la mer devint très houleuse dès le 5 au soir ; une jonque chargée de thé chavira sur la barre ; les bâtiments les plus rapprochés de l'entrée durent même changer de mouillage et le débarquement fut jugé impossible pour le lendemain. Le 7, la mer encore grosse ne se prêtait pas mieux que la veille à l'accostage de la plage, pourtant les navires purent revenir à leur ancien mouillage sur une ligne parallèle à la côte dans l'ordre suivant, en allant du sud au nord : *Vipère, La Galissonnière, Duguay-Trouin, Triomphante, Tarn, d'Estaing* et *Château-Renaud*.

Enfin, le 8, le temps était redevenu tout à fait beau. La mer très calme permettait aux canots d'arriver jusqu'au rivage ; l'opération pouvait s'effectuer. M. Martin, pris ce jour-là d'une violente crise de rhumatismes, était contraint de céder la direction de l'affaire à M. Boulineau, le commandant du *Château-Renaud*, qui choisissait pour adjudant-major le lieutenant de vaisseau Duval, de la *Triomphante*.

A 6 heures, aussitôt après le branle-bas du matin, sur chacun des navires, les compagnies de débarquement s'équipent ; elles sont pleines d'entrain et de confiance ; elles embarquent dans les canots à 8 h. 45 m. en même temps que les torpilleurs munis de leurs piles et des accessoires propres à l'explosion des torpilles. A 9 h. 2 m., ordres aux embarcations de déborder pour aller à terre. A 9 h. 4 m., ordre aux navires de commencer le feu. Chacun d'eux couvre d'obus la côte jusqu'aux forts et au camp retranché. A 9 h. 35 m., les canots arrivent à la plage ; les compagnies

sautent à terre et se forment aussitôt. A 9 h. 55 m.,
elles se mettent en mouvement. Du pont des navires, on les
suit avec anxiété ; on les voit se déployer : en tête, *La Galissonnière* et *Triomphante*, derrière l'une le groupe *d'Estaing,
Château-Renaud*, derrière l'autre le groupe *Tarn, Duguay-
Trouin*, puis sur le flanc de gauche, le *Bayard*. La
petite troupe a bon aspect. Elle s'avance avec une
crâne assurance. Elle court plutôt
qu'elle ne marche. Bientôt elle
disparaît derrière une longue
dune basse et sablonneuse. Elle
semble alors abandonner l'itinéraire si sagement indiqué
par l'amiral. Son ardeur l'entraîne directement sur le fort
Blanc, sans passer par le fort
Rouge. Elle s'engage dans
les taillis épais qu'elle devait
pourtant éviter, et déjà l'on voit
tout près du fort Blanc, au milieu
des massifs de verdure, les chapeaux à
coiffe blanche des matelots.

Un timonier signale à bras...

Dès lors le tir des navires se ralentit peu
à peu, pour cesser tout à fait quand les compagnies occupent
les terrains où les obus tombaient quelques instants auparavant. Seule, la *Vipère* qui s'est avancée très près de l'entrée de
la rivière peut tirer encore quelques coups. A 10 h. 10 m., le
bruit de la mousqueterie se fait entendre et une petite fumée
bleuâtre monte au-dessus des arbres et des taillis très verts. Le
combat est engagé ; il dure depuis un quart d'heure quand soudain des soldats chinois aux uniformes rouge et bleu descendent

en grand nombre du camp retranché situé en arrière du fort
Rouge et semblent vouloir tourner les nôtres. Les navires, qui
font bonne veille, leur envoient une bordée d'obus, mais n'empêchent pas leur mouvement de réussir. Leur camp est incendié
par nos projectiles. C'est en vain! La fusillade redouble, le cré-
pitement des balles se change en un roulement continu et la
petite fumée bleuâtre qui monte toujours lentement vers le ciel
indique que notre marche en avant est arrêtée..... Déjà on voit
arriver à la plage, où sont les ambulances, des blessés que leurs
camarades apportent. Le nombre en augmente rapidement ; à
11 heures et demie, ce ne sont plus seulement les blessés qui
paraissent sur les petites dunes basses, voisines de la mer, rega-
gnant leurs canots. Ce sont des escouades entières de marins.
La retraite est manifeste. A 11 h. 45 m., un timonier, monté
sur la pile de pierre du feu de port, signale à bras : « Obligés
de nous replier. Plus de munitions. Pertes sérieuses. »

Bientôt toutes les compagnies réapparaissent successivement : le *La Galissonnière* et la *Triomphante* sont en arrière se
repliant en bon ordre, tiraillant toujours, ne cédant le terrain
que pied à pied, faisant des feux de salve jusqu'au dernier
moment. Mais à la plage la mer est devenue grosse, les canots
ne peuvent plus accoster. Pour arriver à eux il faut se mettre
dans l'eau jusqu'au cou. Les valides embarquent sans trop de
difficultés, mais il n'en est pas de même pour les blessés qu'il
faut porter à bout de bras ! La poursuite de l'ennemi est
toujours à craindre ; si elle advient au milieu du rembarquement, quand tous les hommes seront groupés autour des
canots, elle changera cette retraite en horrible désastre. Alors
le jeune et hardi capitaine de la *Vipère* passe à poupe de
l'amiral et lui demande d'aller se mettre dans la crique même
où sont les canots. Il peut, avec son petit navire, se rapprocher

de la terre et, si les troupes chinoises arrivent, les tenir en respect avec ses obus de 14 ou de 10. Heureuse inspiration qui nous évite bien des pertes ! A midi 30 m., les premières embarcations s'ébranlent et se dirigent vers leurs navires ; à 1 h. 10 m., elles ont toutes quitté la plage. Derrière elles, la *Vipère* ferme la marche, tiraillant de loin en loin. A 1 h. 30 m., les compagnies sont rendues le long de leurs bords. Là, nouvelles difficultés ! La mer a beaucoup grossi et pour faire monter les blessés par les échelles de coupée, on arrache à tous des cris de souffrance.

Deux heures plus tard, au signal de l'amiral : Quelles sont vos pertes ? les navires répondent : *La Galissonnière,* neuf tués, neuf blessés; *Triomphante,* quatre tués, dix-sept blessés; *Duguay-Trouin,* quatre blessés; *Château-Renaud,* sept blessés; *Tarn,* deux tués, quatre blessés; *Bayard,* trois blessés; *d'Estaing,* deux tués, cinq blessés : au total, dix-sept tués et quarante-neuf blessés.

Le lendemain, le *Tarn* évacua sur la *Nive* à Kelung tous les blessés, et le *d'Estaing* alla au large ensevelir les morts, du moins ceux que nous avions ramassés. La retraite avait été si prompte que parmi les dix-sept tués signalés la veille, beaucoup devaient figurer comme disparus. Disparus ! c'est-à-dire abandonnés morts ou blessés entre les mains d'un cruel ennemi qui les décapitait séance tenante, ainsi qu'il arriva à l'infortuné Fontaine, le commandant de la compagnie du *La Galissonnière.* Atteint au pied par une balle, il tomba et, quoique légèrement blessé, il ne put se relever. Trois de ses hommes le prirent alors et l'emportèrent en arrière. Mais des Chinois cachés derrière une broussaille les attendaient au passage : avec des crocs emmanchés sur de longues perches, ils harponnèrent les marins par leurs vêtements, se jetèrent sur eux et leur tranchèrent la tête. Un seul se sauva ! La *Triomphante,* qui se trouvait en première ligne avec le *La Galissonnière,* avait vu, elle aussi, tomber son capitaine, frappé par une balle en pleine poitrine. Mais la triste fin de Fontaine devait être épargnée à Dehorter. Conduit à bord aussitôt après avoir été blessé, le cher et vaillant officier y trouva les soins les plus affectueux. Le commandant Baux le logea chez lui et c'est là que la mort vint le ravir, quelques jours avant d'arriver à Saïgon, où son corps repose en paix. Deux aspi-

Avec des crocs emmanchés sur de longues perches, ils les harponnèrent...

rants, Rolland et Diacre, avaient été blessés ainsi que l'enseigne Deman, du *Château-Renaud.* Les Chinois, au dire des fonctionnaires des douanes, auraient eu quatre-vingts tués et deux cents blessés.

Cet échec fut ressenti par toute l'escadre d'autant plus douloureusement qu'on s'était plu à redire que cette opération ne serait qu'une simple promenade militaire où pas un coup de fusil ne devait être tiré. De cruelles pertes ajoutaient encore à la triste impression de cette néfaste journée. Les conversations ne pouvaient se détacher d'un si poignant sujet. Les chiffres les plus contradictoires étaient donnés sur l'effectif des troupes chinoises qui avaient pris part à l'engagement. Les uns parlaient de mille hommes, les autres de trois mille. Combien étaient-ils ? On ne l'a jamais su. Au reste, le nombre importait peu, le résultat était là dans sa cruelle brutalité. Pour en atténuer la rigueur, on a pu dire que le débarquement en question n'avait été qu'une simple reconnaissance. Reconnaissance ou non, c'était un échec.

S'il est permis d'en rechercher les causes, n'en trouverait-on pas une, au moins, dans l'insuffisance des compagnies de débarquement pour une opération sérieuse à terre ? Il manque à ces troupes inexpérimentées la solidité et la discipline du feu. Et malheureusement l'absence de ces qualités ne saurait être compensée ni par la haute valeur des officiers, ni par l'ardeur des aspirants, ni par le dévouement des sous-officiers. Rien ne s'improvise ici-bas.

L'amiral Lespès avait peu de confiance dans les compagnies de débarquement. « Jamais de matelots à terre ! » s'était-il écrié le soir du 2 octobre. La nécessité l'obligea d'en envoyer, et une inexorable fatalité voulut que son opinion, si nettement exprimée, reçût sous ses yeux la plus navrante confirmation.

Cet insuccès qui retarda ou entrava l'occupation du nord de Formose eut, en outre, sur les négociations une influence également fâcheuse. Le 11 octobre, M. Jules Ferry avait fait savoir à Li-Hung-Chang, qui le lui avait demandé, dans quelles conditions nous accepterions la médiation d'un tiers, celle des États-Unis, sans doute. Nous exigions le retrait des troupes chinoises du Tonkin, la ratification du traité de Tien-Sin et le maintien de l'occupation de Kelung et de Tamsui.

Le Tsung-Li-Yamen allait céder à nos demandes, lorsqu'il apprit que notre débarquement à Tamsui avait échoué ; il voulut alors rayer de nos conditions l'occupation du nord de Formose. L'entente n'était plus possible. Toute idée de médiation fut abandonnée.

La tentative faite le 8 octobre sur Tamsui ne fut jamais recommencée. Les Chinois s'y étaient du reste solidement fortifiés et y avaient envoyé beaucoup de monde. Les navires bloquèrent simplement le port en se maintenant devant l'embouchure de la rivière. Il en fut ainsi jusqu'à la signature de la paix.

XI

LE BLOCUS DE FORMOSE

Le 20 octobre, à bord du *Bayard*, l'amiral Courbet signait la déclaration suivante :

A partir du 23 octobre 1884, tous les ports et rades de l'île Formose compris entre le cap Sud ou Nan Sha et la baie Soo-Au, en passant par l'ouest et le nord, seront tenus en état de blocus effectif par les forces navales placées sous notre commandement. Les bâtiments amis auront un délai de trois jours pour achever leur chargement et quitter les lieux bloqués. Il sera procédé contre tout bâtiment qui tenterait de violer ledit blocus conformément aux lois internationales et aux traités en vigueur.

Cette déclaration ouvrait officiellement le blocus de Formose. Elle inaugurait une opération maritime regardée par tous les marins comme devant être féconde en difficultés et en dangers. Entreprise dans les plus mauvaises conditions, au moment même où commençait cette mousson de nord-est qui, pendant six mois, souffle dans ces parages toujours avec violence et souvent en tempête, elle sera un des meilleurs titres d'honneur de l'escadre de l'Extrême-Orient. Tous les ports lui étaient fermés, sauf Kelung ; encore celui-ci ayant son goulet tourné vers le nord-est et recevant directement la mer et le vent, n'était-il pas un refuge et présentait-il des inconvénients plus graves assurément que la pleine mer. Pour que nos bâtiments aient pu traverser cette période de six mois sans qu'un sinistre se soit produit, sans qu'un de ces trop fréquents accidents de mer en ait mis un seul en péril, il a fallu que les navires fussent doués des meilleures qualités nautiques et que les capitaines et les équipages fissent preuve d'une incontestable supériorité de métier.

Le blocus ainsi annoncé était un *blocus pacifique,* puisqu'aucune déclaration de guerre n'avait été faite. Il ne s'étendait qu'aux ports et aux portions de côte spécifiés ; il en interdisait seulement les approches, sans autoriser les visites en pleine mer. « Ce genre de blocus, disaient les instructions de l'amiral à ses capitaines, consiste à empêcher les bâtiments neutres chargés de contrebande de guerre ou de troupes d'entrer dans ces ports ou de débarquer leur chargement sur quelque point de la côte bloquée. Tout bâtiment neutre qui s'y présenterait porteur de contrebande de guerre ou de troupes serait invité à s'éloigner ; si cependant il portait des troupes, le bloqueur les capturerait auparavant. Dans le cas où le bâtiment résisterait à l'invitation de s'éloigner ou à celle de livrer ses troupes passagères, le bloqueur serait autorisé à le saisir. En aucun cas, le bloqueur n'est autorisé à saisir la contrebande de guerre si le bâtiment ne se met pas dans l'une des circonstances où il peut être saisi lui-même. »

La limite des eaux bloquées, qui s'arrêtait dans le principe aux abords immédiats de la côte, fut fixée un peu plus tard (22 novembre) à cinq milles de terre. En dedans de cette limite, les bloqueurs « avaient le droit de visiter les navires neutres, de les repousser même par la force, ils pouvaient les saisir après une première notification spéciale, mais en dehors de cette limite, ils n'avaient aucun des droits que conférerait l'état de guerre. »

Les neutres avaient admis, sans protestation, le blocus ainsi déclaré et ainsi réglé. « On nous a demandé,

Le pavillon couvre la marchandise ..

disait M. Jules Ferry le 6 novembre à la commission des crédits du Tonkin, si le blocus de Formose équivalait à une déclaration de guerre obligeant l'Angleterre à une déclaration de neutralité. J'ai répondu que c'était un blocus pacifique, que ce genre de blocus avait été reconnu par tous les pays, qu'il en avait été fait usage, notamment sur les côtes de la Grèce en 1827 par l'Angleterre, la France et la Russie, que ce blocus avait duré plusieurs années et que la flotte turque avait été détruite à Navarin sans que la guerre eût été déclarée. Nous n'exercerons pas le droit de visite et de capture en haute mer, mais nous avons le droit de fermer hermétiquement l'accès des ports bloqués en coulant bas tout navire qui tenterait de passer malgré notre défense... L'état actuel, ajoutait-il, présente des avantages certains, il nous permet de reprendre des négociations quand nous voudrons... Il nous permet, vis-à-vis des Chinois, toutes les mesures de guerre. Nous pourrions saisir les navires de commerce chinois, nous substituer sur les points occupés aux autorités chinoises. »

En définitive, le blocus *pacifique* de Formose ne se différenciait de tout autre blocus de *belligérants* que par un seul point — capital, il est vrai : la concession que nous faisions aux neutres de ne pas exercer en haute mer la visite de leurs navires. Cette concession n'était pas tout à fait gratuite. Elle nous valait en retour le bénéfice très appréciable et très réel d'empêcher l'Angleterre de proclamer la neutralité de Hong-Kong. Le 26 novembre, en effet, le Gouvernement britannique reconnaissait notre procédé et indiquait avec précision son attitude en l'état de notre conflit avec la Chine. « Le Gouvernement de Sa Majesté considérait qu'il existait entre la France et la Chine un état de guerre *de facto* et *de jure*. Toutefois, il voulait tenir compte de ce fait que le Gouvernement français, en vue d'atténuer les conséquences de la guerre en ce qui concerne les vaisseaux neutres, déclarait qu'il ne se proposait pas d'exercer le droit de visite ou de capture sur les vaisseaux neutres en pleine mer, droit qui lui appartient, afin de prévenir le transport de la contrebande de guerre à destination de la Chine. Dans cet état de choses, le Gouvernement anglais ne voulant pas aggraver la situation, déclarait de son côté que tant que les hostilités seraient limitées à certaines localités et qu'on n'entraverait pas les vaisseaux neutres en pleine mer, il s'abstiendrait d'émettre une proclamation de neutralité dans les formes ordinaires, et d'exercer strictement les droits de neutralité vis-à-vis des navires belligérants dans les ports britanniques, et qu'il se bornerait à la mise en vigueur du *Foreign Enlistment Act.* »

Mais le ministère se berçait d'un faux espoir quand il prévoyait la saisie des navires de commerce chinois autres que les jonques, car la seule compagnie chinoise de navigation à vapeur, la *China Merchant,* avait été vendue dans les premiers jours du mois d'août à la compagnie américaine *Russell,* pour la somme de cinq millions un quart de taëls, soit une quarantaine de millions de francs. C'était probablement une vente fictive; mais il n'en demeurait pas moins acquis que tous les navires de la *China*

Boîte à thé et théière chinoises.

Merchant naviguaient depuis lors sous pavillon américain. Dans ces conditions, le rôle unique dévolu aux bloqueurs de Formose devait donc être d'empêcher les navires neutres de débarquer dans cette île troupes, armes et munitions, comme ils le faisaient depuis plusieurs mois, en toute sécurité.

Dès le lendemain de la malheureuse affaire de Tamsui, le commandant en chef avait envoyé le *d'Estaing* devant les forts de Taï-wan qui l'avaient salué au passage de quelques obus assez bien envoyés malgré la distance de plusieurs milles. Le blocus existait donc de fait à Taï-wan, à Tamsui et à Kelung lors de la déclaration officielle du 20 octobre ; à Tamsui se trouvaient le *La Galissonnière,* le *Duguay-Trouin,* le *Château-*

Renaud ; à Kelung étaient le *Bayard,* le *Lutin,* l'*Aspic* et la *Nive.*
L'*Atalante* restait toujours à Matsou pour assurer les communications télégraphiques avec la station de Sharp-peak, tandis que le *Volta* et le *Lynx* allaient et venaient entre Matsou et Kelung pour le service des dépêches de l'amiral. Quant à la *Triomphante,* elle avait été envoyée le 14 octobre à Saïgon pour y changer un canon de 24 qui avait éclaté le 8 en tirant sur les forts de Tamsui.

Vers la même époque, l'escadre de l'Extrême-Orient avait été renforcée par trois croiseurs : *Rigault-de-Genouilly,* commandé par M. le capitaine de frégate Richard ; *Nielly,* commandé par M. le capitaine de vaisseau des Essarts; *Champlain,* commandé par M. le capitaine de frégate Martial. En outre, le *Villars* était revenu du Tonkin où le *Parseval* l'avait relevé. L'amiral avait pu ainsi, grâce à l'arrivée de ces navires, diviser le blocus en deux zones, la zone nord et la zone sud. Chacune d'elles était dirigée par l'officier le plus élevé en grade ou le plus ancien.

Dès lors commença sur tous les points, pour durer de longs mois, un perpétuel va-et-vient des navires, chargés des missions les plus diverses. Le détail de leurs incessants mouvements ne pourrait être donné qu'en transcrivant le journal de bord des bâtiments qui ont participé à cette croisière. Encore ce journal ne contiendrait-il que la simple mention des événements et devrait-on, en outre, se représenter par la pensée les difficultés sans nombre qu'il fallait vaincre chaque jour même au mouillage : la pluie, la brume, la mer énorme, les coups de vent continuels.

A Kelung, les navires étaient en perdition un jour sur deux, et les officiers anglais de Hong-Kong, qui connaissaient les dangers de ces parages, engageaient des paris sur la perte des navires français. On n'entendait parler que de chaînes cassées et d'ancres perdues. Il fallait que l'hélice fût constamment prête à tourner et, ce qui est plus difficile, qu'elle pût partir à la seconde pour éviter une catastrophe imminente. A ce métier, les machines et les chaudières surtout fatiguaient énormément : au mouillage, suivant la force de la brise et de la houle, les navires conservaient sous pression la totalité ou une partie des chaudières. On balançait et on purgeait la machine toutes les dix minutes. Les mécaniciens se surmenaient. La moitié du personnel demeurait toujours aux postes de manœuvre, l'autre moitié restait prête à lui donner la main au premier signal.

Le 14 octobre, quand la mousson s'établit, elle débuta par un coup de vent soudain et violent : à Kelung, le *Bayard* brisa trois chaînes ; à Tamsui, la *Triomphante* chassa et manqua de tomber sur le *Duguay-Trouin*. Le lendemain, tous les navires furent obligés de dérader. Un jour, pendant un appareillage, un cabestan se souleva dans un coup de tangage, tua un homme et en blessa plusieurs autres. Une autre fois, un bâtiment arrivant à Kelung mouilla son ancre, la chaîne cassa ; une seconde ancre, sa chaîne cassa encore. Il lui restait bien ses deux ancres de veille, mais elles n'étaient pas disponibles. Il sortit donc aussitôt pour aller au large les mettre en état. A peine fut-il dehors, que la mer enleva ses embarcations disposées déjà pour la rade.

Les difficultés se décuplaient pendant les traversées qui en raison de l'urgence des missions se faisaient coûte que coûte, à grande vitesse, à travers les plus grosses mers de la mousson. Si un navire allait de Tamsui à Taï-wan, ce voyage, si simple en apparence, pouvait se transformer en une odyssée dans le genre de celle-ci : dès le départ, coup de vent violent qui obligeait à mettre à la cape ; le lendemain, la côte de Chine était reconnue et le croiseur se trouvait contraint d'y chercher un abri. Le vent diminuant, il faisait route sur Formose. Il l'atteignait à grand'peine et y mouillait. Second coup de vent. Il était obligé de dérader : en appareillant, il cassait une chaîne. Il s'en allait alors aux Pescadores pour attendre la fin de la bourrasque. Une seconde chaîne se cassait à ce nouveau mouillage Ce n'est pas sans raison qu'on appelait la côte de Formose le tombeau des ancres. Pour remplacer celles qui étaient perdues, chaque grand transport laissait une des siennes à l'escadre, et de plus on était obligé d'en expédier directement de France à presque tous les navires.

A ces rigueurs de la croisière, s'en ajoutaient d'autres : les vivres frais manquaient et les conserves constituaient la base de la nourriture. Ce régime ne pouvait convenir, on le comprend facilement, à des équipages déjà fatigués par les premiers mois de la campagne et qui se trouvaient alors dans le voisinage d'une île où la dysenterie était endémique.

« Le cap Fayol »

Cette existence mouvementée et féconde en péripéties dura pendant toute la mousson du nord-est, c'est-à-dire pendant près de six mois, ne laissant que de bien rares et bien courts moments de répit. On en était arrivé à considérer comme des élus du ciel, les favorisés qui allaient de temps en temps à Hong-Kong pour ravitailler leur navire en vivres ou en charbon. Ils avaient la bonne fortune de passer quelques heures sur une rade tranquille et l'avantage inappréciable de se retremper dans un milieu européen et civilisé. Aussi de quelles commissions on les accablait ! Provisions de table, vêtements, chaussures, papier, allumettes, on manquait de tout et on avait besoin de tout. La seule satisfaction donnée à l'escadre pendant cette dure croisière était l'arrivée très régulière des courriers d'Europe. Oh ! ces courriers de France ! avec quelle impatience on les attendait. Eux seuls pouvaient changer le cours des idées en parlant de la patrie absente ou du foyer abandonné et faisaient oublier pour quelques heures les misères et les privations de chaque jour. A la demande de l'amiral, les paquebots ordinaires des Messageries maritimes, qui vont de Hong-Kong au Japon, touchaient à Kelung et, ainsi, les correspondances parvenaient facilement aux bloqueurs de Formose. Les Messageries avaient cessé depuis le mois de septembre de desservir Shanghaï où leurs navires de la grande ligne n'auraient plus été en sécurité. Ceux-ci s'arrêtaient à Hong-Kong : la compagnie affrétait alors des steamers anglais et, par eux, faisait suivre sur Shanghaï passagers, correspondances et marchandises.

Si l'on veut bien, en pensant à ce long stationnement sur la côte de Formose, ne 'perdre de vue ni les difficultés d'une navigation périlleuse, ni les rigueurs d'une saison inclémente, ni les privations d'une campagne de guerre, on se persuadera aisément que dans les intervalles qui séparaient les brillants faits d'armes de Fou-Chéou, de Sheï-poo, des Pescadores, il y avait pour l'escadre de l'Extrême-Orient une vie singulièrement rude et ingrate. Elle a parfois été à l'honneur, elle a longtemps été à la peine.

Pourtant le blocus avait été inauguré par une jolie capture. Le 30 octobre, le *La Galissonnière* rencontra une canonnière chinoise qui lui signala par le Code commercial « Bâtiment de la douane ». On le visita ; c'était effectivement le *Feï-ho,* bâtiment portant pavillon chinois, commandé par un Anglais et relevant du commissariat des douanes impériales qui l'employait au service des phares. Le capitaine assurant qu'il allait ravitailler le phare de la pointe sud, l'amiral Lespès lui permit de continuer sa route, puisqu'après tout ce phare nous était fort utile à nous-mêmes. Mais il obligea le commandant à donner sa parole d'honneur de ne communiquer avec aucun autre point et de ne mettre à terre ni contrebande de guerre, ni soldats. Le capitaine enhardi demanda un laissez-passer lui permettant d'échapper à la visite de nos croiseurs. On le lui refusa. Cette mesure de défiance était utile, car le 1ᵉʳ novembre, vers cinq heures du soir, le *La Galissonnière* aperçut le *Feï-ho* se dirigeant, non vers le phare, mais bien sur Taï-wan. Il lui

Le *Feï-ho*

signala de venir à sa rencontre et lui tira même un coup de canon à boulet, sans réussir toutefois à l'intimider. L'amiral fit alors garder soigneusement l'entrée de Taï-wan par le *Lutin,* le *Villars* et le *d'Estaing,* et le lendemain, de grand matin, quand le *Feï-ho* quitta le port, il fut arrêté net. L'amiral Lespès informa le capitaine qu'il capturait son navire pour avoir forcé le blocus. Un lieutenant de vaisseau du *La Galissonnière,* M. Vuillaume, fut désigné pour le commander ; il alla en prendre possession avec quelques hommes et le conduisit à Kélung, à la disposition du commandant en chef qui s'empressa de le garder et de l'utiliser pour les besoins de son escadre.

Le mois de novembre se passa sans événement notable. Le 13, la *Triomphante* reçut l'ordre d'aller en croisière entre Tamsui et Taï-wan. Un point avait été signalé comme pouvant servir de débarquement à des troupes chinoises parties de Shanghaï avec du matériel d'artillerie, sur le steamer anglais *Wawerley*. Un violent coup de vent qui éclata du 13 au 18 permit au navire anglais d'échapper à la poursuite de la *Triomphante* et de s'acheminer tranquillement, non pas sur Formose, mais le long de la côte jusqu'à Pakhoï, où, selon les journaux de Hong-Kong, il débarqua le matériel et les troupes dont il était porteur. Le 15, le *Rigault-de-Genouilly* perdit treize hommes par suite de l'explosion d'une chaudière.

A Kelung, un engagement avait eu lieu à terre les 13 et 14 novembre, sans grand résultat apparent, malgré la mise en fuite des Chinois. Nous nous étions un peu avancés et les deux camps ennemis n'étaient plus qu'à 500 mètres l'un de l'autre. Depuis lors, la fusillade s'échangeait entre eux journellement.

Le voisinage de l'ennemi n'était pas cependant la plus grave des préoccupations du commandant en chef. L'état sanitaire devenait détestable. Il restait à peine mille hommes valides sur les seize cents qui avaient été débarqués le 1er octobre. L'hôpital installé dans les bâtiments de la douane contenait, vers la fin de novembre, près de trois cent cinquante malades. Les autres étaient morts ou rapatriés. « En deux mois, écrivait l'amiral, nous comptons un vingtième de morts, autant de renvoyés en convalescence et, en plus, bien des malades ou des exempts de service. Bref, il nous reste les deux tiers à peine de l'effectif primitif capable de porter les armes. » De quoi mourait-on ? De bien des maladies, mais surtout d'un mal que, par un euphémisme discret, les médecins voulaient bien appeler « accès algide » et que les hommes nommaient *la maladie,* comme si le mot choléra eût été trop effrayant à prononcer ou à entendre.

Toutefois, la sollicitude de l'amiral était si constante et si vive que le découragement ne s'emparait de personne. Chaque jour, malgré la pluie, malgré le vent, malgré la mer, malgré ses écrasantes occupations, il quittait le *Bayard* pour aller faire sa tournée aux ambulances ; avec un mot il redonnait confiance à ces pauvres gens, victimes de la fièvre ou de la dysenterie, et il se faisait un devoir de suivre jusqu'au cimetière le convoi de chaque officier mort à la peine. Il envoyait, de temps en temps, à terre la musique de son navire pour distraire un peu les malades et les convalescents. Aussi, malgré tout, le moral des troupes, comme celui des marins, se maintenait excellent. Les attentions que le chef prodiguait autour de lui ranimaient les courages. On l'a dit excellemment et il faut le répéter encore : « Ces milliers d'hommes qui se battaient ici avaient remis chacun sa propre existence entre les mains de ce chef, trouvant tout naturel qu'il en disposât, quand il en avait besoin. Il était exigeant comme personne ; cependant contre lui on ne murmurait jamais, ni ses soldats, ni ses matelots, ni même toute cette troupe étrange de « zéphyrs », d'Arabes, d'Annamites qu'il commandait aussi. » Bien plus, la foi dans le succès final demeurait inébranlable.

A Tamsui, la situation n'avait pas changé. Les Chinois accumulaient défenses sur défenses autour de la ville et à l'entrée de la rivière, mais pas un coup de canon n'était tiré de part et d'autre. Nos bâtiments se bornaient à garder le blocus, voire même à faire des amabilités à ce pauvre aviso anglais, le *Cockshafer*, qui n'avait pas bougé de son mouillage et qui ne pouvait en bouger.

A la fin de ce mois de novembre, l'escadre avait été

renforcée par un nouveau croiseur, l'*Éclaireur*, distrait de la station du Pacifique et commandé par M. le capitaine de frégate Léopold Fournier. Quelques jours avant, M. Le Pontois, second du *Villars*, avait succédé dans le commandement du *Château-Renaud* à M. Boulineau, nommé capitaine de vaisseau ; celui-ci avait remplacé sur le *Duguay-Trouin* M. de Pagnac, promu contre-amiral. Au même moment était arrivée la liste des décorations décernées à la suite des combats de la rivière Min. MM. Baux et Vivieille étaient faits commandeurs. Les capitaines de frégate Martin, Sango et Monin devenaient officiers. Enfin, étaient nommés chevaliers les lieutenants de vaisseau Douzans, Latour, Chevalier, Pichon, Merlin, Duboc, Thoret, Joulia, Boyer, Loir et l'enseigne Robaglia.

Le mois de décembre débuta par un coup de vent des plus violents qui dura quarante-huit heures. Les navires en croisière eurent tous à en souffrir plus ou moins, et, à la suite de cette bourrasque, des torrents d'eau tombèrent sans discontinuer. Le 11, une sortie eut lieu à Kelung ; on délogea les Chinois d'une de leurs positions. Mais, faute de monde, on se borna à cette seule démonstration.

Il circulait alors dans l'escadre une nouvelle, sinon alarmante, du moins grave. D'après le dire des journaux anglais imprimés à Shanghaï ou à Hong-Kong, les fameux croiseurs rapides ennemis venaient de quitter leurs retraites de Nangkin et du Petchi-li pour une destination inconnue. Les navires français reçurent en conséquence l'ordre de prendre toutes les dispositions de combat en vue d'une attaque soudaine, et l'amiral se décida à supprimer momentanément le blocus de la zone sud. « La possibilité d'une attaque prochaine dirigée contre nous par des croiseurs chinois m'oblige à concentrer le plus possible nos forces navales sur les deux points principaux,

Tamsui et Kelung... Il n'y a donc plus en ce moment aucun croiseur à la zone sud du blocus. » Pour la même raison, la station de Matsou était supprimée. L'*Atalante* qui y avait séjourné sans interruption depuis plusieurs mois se dirigeait sur Kelung pour se rendre ensuite à Tamsui (27 décembre). Peu à peu, les navires disséminés de côté et d'autre venaient rallier le pavillon de l'amiral.

Il était, en effet, sage et

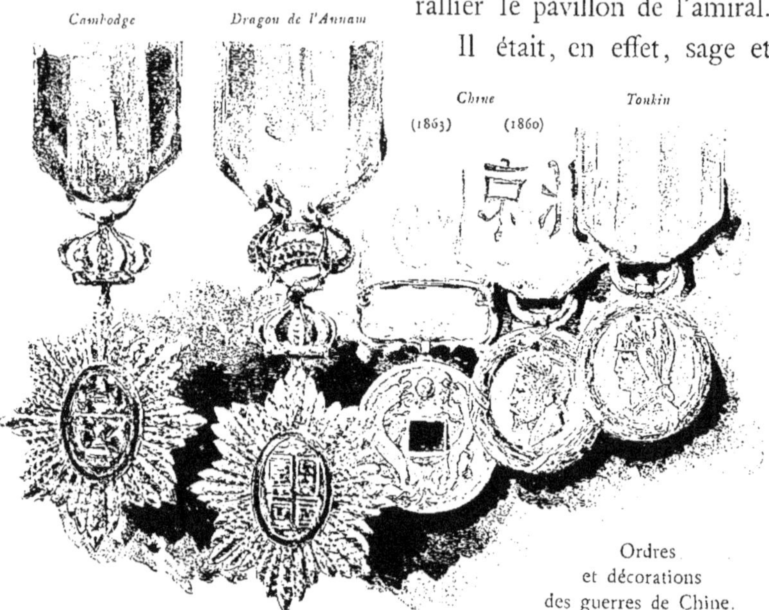

Ordres
et décorations
des guerres de Chine.

prudent de grouper tous les navires en vue d'une offensive ennemie. Mais celle-ci se produirait-elle ? On pouvait en douter. En faisant annoncer leur départ à grand fracas, les marins chinois, coutumiers de fanfaronnade et de jactance, ne voulaient-ils pas simplement se donner, aux yeux de leurs compatriotes, des allures de conquérants ? Il était facile de prévoir déjà qu'ils se garderaient bien de venir nous inquiéter à Formose.

Ce mouvement de la flotte chinoise obligeait pourtant

l'amiral à ordonner une véritable expédition chaque fois qu'il voulait envoyer un télégramme à la station de Sharp-peak. Deux grands croiseurs escortaient la canonnière chargée d'aller communiquer avec le poste télégraphique. Aussi l'amiral, devant de semblables difficultés, décida qu'à l'avenir toutes ses dépêches se transmettraient par Hong-Kong.

Le 1ᵉʳ janvier commençait le quatrième mois de l'occupation de Kelung et du blocus tenu sur la côte de Formose. Pendant ce long espace de temps aucun changement notable ne s'était manifesté dans les dispositions de la Chine; la prise du *gage* semblait la laisser indifférente. L'amiral Courbet avait pressenti ce résultat : « Je ne vois pas encore clairement l'utilité de l'occupation de Kelung pour la conclusion du différend », avait-il écrit dès le mois d'octobre. Son opinion ne s'était pas modifiée pendant les mois suivants. Le corps de débarquement, malgré ses efforts, se trouvait dans une situation peu avantageuse et même peu rassurante pour l'avenir. Il n'occupait toujours que la première ligne des hauteurs environnant la rade et ne disposait pas de forces suffisantes pour étendre ses positions. Celles-ci, complètement dominées par les positions ennemies, n'auraient pas été tenables si les Chinois avaient réussi à garnir leurs ouvrages de batteries de canons. Heureusement, leur fusillade seule était à redouter et elle ne causait dans nos lignes que des pertes minimes.

Tandis que nos troupes étaient exposées ainsi au feu des ennemis établis derrière elles sur les crêtes immédiatement voisines, elles n'avaient en même temps devant elles du côté de la mer aucune sécurité. La ville et les villages que nous n'avions pu occuper faute de monde, et qui restaient livrés à une population chinoise très hostile, les séparaient, en effet, de la rade et de la flotte. Nos soldats se trouvaient donc dans l'impossibilité de sortir de leurs cantonnements où ils demeuraient, pour ainsi dire, bloqués. Le commandant en chef s'était en conséquence décidé à *donner de l'air* dans la ville en en faisant brûler ou démolir une partie. La destruction de masures qui servaient de repaires à toute une agglomération de

Les affreux taudis chinois dont il fallait se contenter...

bandits, et qui auraient pu, le cas échéant, abriter des troupes ennemies, ramena un peu de tranquillité dans nos lignes. Mais, comme on le sait, l'existence précaire du corps d'occupation provenait surtout de son insuffisance numérique. La venue de renforts sérieux pouvait seule améliorer sa situation. Aussi attendait-on avec impatience les deux mille hommes qui avaient quitté la France en décembre sur plusieurs paquebots que le *Villars,* le *Duguay-Trouin* et le *Nielly* étaient allés attendre à Singapour et qu'ils devaient escorter jusqu'à Formose.

Malgré ces désavantages évidents, l'amiral avait pris toutes les dispositions pour faire de la baie de Kelung un centre général de ravitaillement. Le transport *le Tonkin* venait d'amener un bon nombre de médecins et de commissaires de la marine pour organiser les divers services d'ambulances, de vivres et d'approvisionnements. Un enseigne de vaisseau du *Château-Renaud*, M. Guédon, avait été chargé de la direction du port : deux chaloupes à vapeur, le *Georges* et le *Kowloun*, achetées à Hong-Kong dès le mois de septembre, étaient mises à sa disposition ainsi que deux canots à vapeur et une série de jonques capturées transformées en chalands. Un dépôt de charbon était établi sur l'île Palm, à l'entrée de la rade ; il avait été alimenté par des steamers venus de Hong-Kong et contenait une réserve minima de deux mille tonneaux. Un appontement y donnait accès. Dans son voisinage, se trouvaient une douzaine de baraques servant de hangars et un parc aux ancres avec bigues. Devant Kelung on avait installé deux appontements pour les embarcations. Deux appareils distillatoires y fournissaient de l'eau potable et des fours produisaient le pain nécessaire.

Un entrepreneur anglais était arrivé avec un énorme matériel de construction, dans le but d'édifier pour le personnel de véritables maisons en pierres et briques où l'on trouverait un peu plus de bien-être — et probablement de santé — que dans les affreux taudis chinois dont il avait fallu se contenter tout d'abord. Un négociant français, chef d'une maison de commission à Hong-Kong, était venu aussi s'établir à Kelung avec une cargaison de comestibles et de denrées de toutes sortes. Mais ses prix excessifs le privaient d'une clientèle qui aurait pu être nombreuse et qui se refusait à payer cinquante centimes une boîte d'allumettes de deux sous. Toutes les subsistances devaient venir de l'extérieur. Il n'y avait rien à trouver dans la ville. Les rares habitants qui y étaient restés ne possédaient rien ou presque rien. En quelques jours leurs ressources avaient été épuisées. S'ils n'avaient consulté que leurs instincts ou leurs propres désirs, peut-être auraient-ils été satisfaits de venir en aide à nos besoins. Mais la peur des mandarins et des chefs militaires les avait vite éloignés de nous et, depuis longtemps, ils n'osaient plus rien vendre. Bien plus, excités contre les Français, ils n'avaient pas tardé à devenir les auxiliaires des atrocités qui se commettaient sans cesse et pour lesquelles leur bassesse et leur perfidie natives trouvaient matière à se déployer. Un

Sa tête fut portée au général...

jour, entre autres, l'ordonnance d'un chef de bataillon achetait un poulet. Le Chinois lui fit signe qu'il en avait d'autres et l'entraîna vers sa basse-cour. L'ordonnance ne reparut plus. Sa tête fut portée au général, qui versa entre les mains de l'assassin la prime promise.

Cette mise à prix des têtes françaises donna lieu à des horreurs sans nom. Les Chinois allaient pendant la nuit violer les tombes fraîches pour déterrer les morts et leur couper la tête. Il fallut organiser, sous la tente, un poste chargé de garder notre cimetière. Cette profanation de la mort exaspérait à un haut degré les soldats et quelques-uns

COUP DE VENT AU MOUILLAGE

une promenade à terre pour rompre la monotonie du bord, puisqu'une balle chinoise était le moindre danger auquel on s'exposait.

La levée du blocus de la zone sud et la concentration de tous les navires dans la zone nord, décidées à l'annonce de la sortie des croiseurs chinois, avaient eu pour conséquence de laisser arriver à Formose de nombreux contingents qui venaient grossir l'effectif des troupes ennemies. Aussi, bien que l'escadre chinoise ne fût pas encore rentrée dans ses ports d'abri, l'amiral se décida néanmoins dès les premiers jours de janvier à renvoyer du côté de Taï-wan la *Triomphante,* le *d'Estaing* et le *Champlain.* Du 5 au 20 janvier ces trois navires exécutèrent successivement ou simultanément une série d'allées et venues entre Taï-wan, Takao et les Pescadores ; cette reprise de croisière mit entre nos mains une trentaine de jonques capturées et détruites au fulmi-coton, deux cents prisonniers répartis sur les trois bâtiments et des cargaisons de plus ou moins grande valeur.

Les prisonniers que les bloqueurs faisaient sur les jonques capturées étaient, depuis le début de l'occupation, envoyés à Kelung où on les employait soit à des travaux de terrassement et de construction, soit au transport du matériel et des vivres, depuis les quais de débarquement jusqu'aux magasins

à terre. Véritables bêtes de somme, ils suppléaient à l'insuffisance des bras et à l'absence des mulets arrivés plus tard. Dans un pays accidenté, dont les chemins ne sont que des sentiers boueux et détrempés par

Les prisonniers servaient au transport des vivres.

une pluie continuelle, ils étaient d'un grand secours et rendaient de réels services. Leur présence avait le seul inconvénient de nécessiter, pour leur garde, l'immobilisation de détachements distraits ainsi du service de la défense. Avec le temps, leur nombre allait s'accroissant de jour en jour ; c'était un flot qui montait sans cesse, menaçant même notre propre sécurité. Aussi, vers la fin de janvier, l'amiral résolut de se défaire de ces hôtes embarrassants, « Les prisonniers que vous ferez ne seront plus envoyés à Kelung. Vous voudrez bien les mettre désormais sur le bâtiment qui ira à Hong-Kong. Celui-ci devra les déposer soit dans les jonques aux approches de ce port, soit sur l'une des nombreuses îles habitées qui se trouvent aux environs. » (Instructions au commandant de la *Triomphante*, 24 janvier.) Cette mesure agréait fort aux navires en croisière encombrés, eux aussi, de ces Fils du Ciel, personnages sales et peu sympathiques, que devait sans cesse surveiller une légion de fusiliers armés jusqu'aux dents.

La capture des jonques aurait pu être la source d'un sérieux profit pour le Gouvernement français. Leur nombre est incalculable. Sur toute la côte de Chine elles sont indispensables au transit, vu le peu de moyens de communication terrestre, et la population côtière, qui vit d'elles et rien que d'elles, doit se chiffrer par une centaine de millions d'âmes.

En pourchassant les jonques, en organisant pour les saisir des promenades de croiseurs le long du littoral, on aurait certainement mis la main sur des richesses considérables et on aurait agi puissamment sur les décisions de la cour de Pékin. En limitant même la chasse des jonques au seul canal de Formose, il est permis de penser que cette chasse eût encore rapporté de très gros bénéfices, si nous avions pu tenir nos prises sous bonne garde dans un port voisin, au lieu de les détruire ou de les couler. Le vaste et tranquille port de Makung, aux îles Pescadores, eût admirablement rempli cet office. Les trente jonques saisies pendant cette dernière croisière de quinze jours dans la zone sud auraient, de la sorte, valu au Gouvernement une somme de près de deux millions. Mais, faute d'un   port d'abri, la capture des jonques était de peu de profit. Tout le chargement

ne pouvant être emmagasiné à bord des navires, la sélection s'opérait sur celles des marchandises qui étaient utilisables, le riz et le thé par exemple, ou sur celles qui, comme l'opium, avaient une grande valeur intrinsèque. Inutile de dire qu'on s'emparait au profit du Trésor de tous les sacs de piastres.

Mais il est difficile de se faire une idée de la quantité de chiffons, d'objets bizarres, de bouddhas, de bois sculptés qui arrivaient à bord, apportés par les hommes envoyés en corvée sur les jonques. Les pantoufles chinoises, les vêtements brodés se comptaient par centaines, au grand désespoir des commissaires qui, en bonne administration, auraient voulu cataloguer, classer, numéroter chaque objet avec un soin scrupuleux.

Le 24 janvier, l'amiral écrivit au commandant Baux : « Mon intention est que, tant que la guerre ne sera pas déclarée officiellement, les bâtiments de la zone sud aillent à tour de rôle compléter à Hong-Kong vivres, rechanges et combustibles. » En vertu de ces instructions la *Triomphante* arriva le 26 à Hong-Kong. Elle était à peine mouillée qu'un officier du vaisseau anglais *Victor-Emmanuel* vint lui signifier la déclaration de neutralité du port. Une dépêche du cabinet de Londres avait été reçue le 22 janvier, enjoignant d'appliquer immédiatement aux navires français les prohibitions imposées à des belligérants. Jusqu'alors, depuis le 3 septembre 1884, le Gouvernement anglais s'était contenté de mettre en vigueur le *Foreign Enlistment Act* en ce qui concernait l'équipement des navires. Dorénavant, il allait être interdit aux bâtiments français de se réparer et de faire leur charbon à Hong-Kong. Pareille interdiction était faite à Singapour. Voici, du reste, l'*Act* que les gouverneurs de ces deux colonies avaient publié : « Attendu qu'aux termes de la section X du *Foreign Enlistment Act* il est interdit aux navires belligérants d'embarquer à Hong-Kong des articles propres à aider aux opérations navales, ceux-ci ne prendront que le charbon nécessaire pour gagner le port le plus proche, et qui ne soit le théâtre d'aucune hostilité ; cela, une fois en trois mois pour chaque navire. »

Après bien des pourparlers, on donna à la *Triomphante* 200 tonneaux de charbon, quantité jugée nécessaire pour aller à Saïgon. On lui fournit non seulement les vivres dont elle avait besoin, mais même de l'argent, qui est pourtant réputé comme le nerf de la guerre.

Dès le 24, M. Jules Ferry écrivait à notre ambassadeur à Londres : « Nos croiseurs ne devant plus trouver dans les ports étrangers les facilités qu'ils y ont rencontrées jusqu'à présent, il n'y a plus de raison qu'ils s'abstiennent de soumettre les navires neutres à une exacte surveillance. Nous sommes décidés à avancer l'heure que nous aurions choisie pour revendiquer le plein et entier exercice des droits reconnus aux belligérants par la loi internationale. »

Cette mesure, que le souci de ménager les neutres avait retardée, était depuis longtemps réclamée. Il était de notoriété publique que malgré le blocus, malgré nos fatigues, malgré nos peines, malgré notre surveillance active et incessante, des renforts arrivaient toujours aux troupes de Formose. On estimait à trente mille l'effectif des soldats chinois à la fin de janvier. Ils n'étaient que cinq mille au mois de septembre. Tous ces renforts avaient été amenés par des navires neutres. Pour que le blocus fût hermétique, les navires échelonnés le long de la côte auraient dû toujours être, deux à deux, en vue l'un de l'autre. Mais pour arriver à ce résultat, il aurait fallu quadrupler le nombre des croiseurs placés sous les ordres de l'amiral. Tels qu'ils étaient, ils ne pouvaient se rapprocher davantage et les espaces qui les séparaient laissaient sur la côte bien des points libres et facilement accessibles. Du reste notre présence était indiquée aux forceurs de blocus par les insulaires eux-mêmes. Suivant que nos croiseurs étaient un, deux ou trois, ils allumaient sur le rivage un, deux ou trois feux visibles de la haute mer. Et si les croiseurs longeaient la côte, les feux se déplaçaient dans le même sens, indiquant ainsi que tel point était gardé et que tel autre ne l'était pas.

Le peu de largeur du canal de Formose, qui séparait la côte chinoise de l'île bloquée par nous, permettait aux vapeurs neutres d'opérer aisément leurs voyages de contrebande. Les Pescadores, situées au milieu de ce canal, facilitaient encore leurs opérations. Il eût été indispensable de les comprendre dans le blocus, ou mieux encore de les occuper de vive force. Les steamers anglais· *Namoa, Ping-on, Douglas,* etc., y déposaient hommes, armes et munitions, quand ils étaient avertis du voisinage de nos croiseurs. De là, des jonques transportaient en des points perdus de la côte de Formose ce que les vapeurs venaient d'apporter. Le capitaine du navire *Activ* a raconté qu'il avait déposé à Makung 500,000 piastres qui étaient parvenues ensuite à Tamsui au général Liu-Ming-Chuang. Le *Ping-on* avait à plusieurs reprises conduit des troupes dans ces îles, et ce même *Activ* y avait débarqué les canons Armstrong destinés à armer les forts de Makung.

Vers la fin de janvier, tous les renforts étaient arrivés et le colonel Duchesne, venu du Tonkin depuis peu, avait pris le commandement du *Corps expéditionnaire* de Formose, dont le colonel Berteaux-Levilain commandait le régiment de marche. Une sortie générale devenait possible. Son objectif était comme toujours d'élargir l'étendue de nos lignes dans la direction des fameux charbonnages. Une première série d'opérations, menées avec beaucoup d'entrain et terminées le 26 janvier, avait réussi. Le 1ᵉʳ février, on devait prendre les Chinois à revers et tourner leurs positions. Malheureusement la pluie se mit contre nous, elle favorisa l'ennemi et nous força d'interrompre notre attaque. C'était jouer de malheur : notre marche en avant, suspendue naguère par l'insuffisance des effectifs, était gênée maintenant par l'intempérie de la saison, par une pluie torrentielle qui tombait sans discontinuer.

Cependant, un pas énorme avait été fait. Le succès de cette sortie, sans avoir été absolument complet, nous donnait du moins l'aisance des coudes. Nous avions rejeté les Chinois loin des hauteurs du deuxième plan et toute la vallée du canal des mines se trouvait enfin dégagée. Dès lors, tout changea d'aspect. L'éloignement de l'ennemi fit cesser cette vie de continuelles alertes qui durait depuis plusieurs mois ; la confiance revint avec la sécurité. En outre le corps d'occupation se trouvant augmenté des deux mille hommes récemment arrivés, le service devint moins rigoureux. Il fut possible d'occuper complètement la ville ; les habitations encore debout furent nettoyées de fond en comble et aménagées avec soin. Les zéphyrs et les légionnaires qui y demeuraient mettaient une véritable coquetterie à orner leurs casernements. Tout y était fraîchement peint à la chaux et sur la devanture s'étalait le râtelier d'armes. Par raison de salubrité on avait supprimé les rues étroites et sales ; elles étaient remplacées par de véritables boulevards embellis de squares improvisés. Les quais ne manquaient plus d'animation. La musique y jouait le dimanche dans l'après-midi. C'était pour les officiers et pour les hommes une occasion de se voir et de se réunir. En même temps les habitants rassurés, et n'étant plus intimidés par la crainte des mandarins, revenaient en grand nombre et nous offraient leurs services. Un marché était installé devant la maison Lapraik, un autre à l'île Palm : cuisiniers et maîtres d'hôtel venaient y faire leurs provisions. Les sampans circulaient sur rade sans défiance, ils apportaient des vivres, du poisson, des volailles, etc... L'île Palm devenait un véritable parc avec avenues et bosquets où les chasseurs se donnaient rendez-vous et tuaient, ainsi que dans la

L'alimentation était devenue meilleure...

vallée des mines, beaucoup de faisans et de gibier.

L'assainissement des locaux destinés aux troupes avait produit tout de suite les meilleurs effets. Le nombre des malades diminuait singulièrement. L'alimentation était devenue bien meilleure. Le paquebot arrivant du Japon apportait tous les quinze jours cent bœufs vivants et un chargement de pommes de terre, choux, légumes et salades qui étaient répartis entre les équipages et les troupes. Peu à peu, grâce à ces mesures d'hygiène et de prévoyance, la situation du corps expéditionnaire devenait plus satisfaisante. Le moral des hommes, très remonté depuis les derniers succès, n'était pas étranger à cette rapide amélioration de l'état sanitaire. Plus de fièvre, plus d'*algide ;* on ne mourait plus ! Ceux que le mal atteignait avaient des chances de guérison. A l'ambulance, toutes les gâteries imaginables étaient accordées : on y trouvait en abondance les douceurs généreusement envoyées par l'*Union des Femmes de France,* et même les sucreries prises à bord des jonques par les croiseurs ; puis, une fois convalescent, on avait la bonne chance d'aller sur un paquebot des Messageries faire une tournée au Japon, dans ce pays des rêves que chacun désirait tant connaître ! C'était à souhaiter de tomber malade.

Quant au blocus, il était toujours tenu avec la même rigueur par les navires de l'escadre, sans que l'ardeur se fût jamais ralentie. Cet entrain, qu'aucune épreuve ne lassait, était soutenu par un très haut sentiment du devoir et aussi par le grand exemple que donnait à tous la vaillance de l'amiral. Son activité toujours en éveil, sa ténacité, sa volonté excitaient tous les courages. Peu enthousiaste de l'occupation de Formose, il n'y dépensait pas moins toute son énergie et toutes ses qualités ; il remplissait sans la moindre défaillance cette mission qu'on lui commandait et qu'il déconseillait pourtant.

C'est que ce remarquable chef était, avant tout, un homme de devoir. On a jeté inconsidérément sa mémoire dans la mêlée des partis et on a fait de lui un homme de passion, alors qu'il était seulement et uniquement un *chef,* dans toute l'acception du mot, esclave de sa conscience de militaire et de marin. En répandant dans le public des confidences, — destinées, d'ailleurs, à rester intimes, — on a oublié que la vie du bord, faite des privations de l'exil et des rigueurs de l'isolement, donne à certaines appréciations des marins une nuance d'âpreté qu'on ne retrouve pas ailleurs et qui disparaît, du reste, après l'absence, avec les causes mêmes qui l'ont déterminée. On a, sans le vouloir, porté atteinte à la grande figure de l'amiral qui aurait dû planer au-dessus des luttes mesquines du vulgaire, comme la plus éclatante personnification du devoir et du patriotisme.

C'est parce que l'escadre se sentait commandée par un tel chef, qu'elle a su pendant les longs mois du blocus de Formose, lutter avec une inaltérable confiance et un stoïque courage. Dans cette tâche ingrate elle a fait preuve de plus de qualités peut-être que dans toute autre occasion. Pourtant qui s'en doutait ? En France, c'est à peine si l'on parlait d'elle. On l'avait presque oubliée. Ses souffrances, ses privations, ses dangers de chaque jour passaient inaperçus : tant il est vrai que les sympathies de l'opinion publique ne vont jamais qu'aux succès brillants et flatteurs.

Pierre Loti, qui fut embarqué sur la *Triomphante* au cours de cette guerre, a raconté les misères de ce blocus avec toute la magie de son style : « Oh ! s'est-il écrié, cette île de Formose... Qui osera raconter les choses épiques qu'on y a faites, écrire le long martyrologe de ceux qui y sont morts ? Cela se passait au milieu de tous les genres de souffrances : des tempêtes, des froids, des chaleurs, des misères, des dysenteries, des fièvres. Cependant ils ne murmuraient pas, ces hommes ; quelquefois ils n'avaient pas mangé, pas dormi ; après quelque terrible corvée sous les balles chinoises, ils rentraient épuisés, leurs pauvres vêtements trempés par l'éternelle pluie de Kelung ; — et lui (l'amiral) brusquement, parce qu'il le fallait, leur donnait l'ordre de repartir. Eh bien ! ils se raidissaient pour lui obéir et marcher ; ensuite, ils tombaient — et pour une cause stérile — tandis que la France, occupée de ses toutes petites querelles d'élections et de ménage, tournait à peine des yeux distraits pour les regarder mourir.

« A part les familles de marins, qui donc, dans notre pays, empêchait-elle de dormir ou de s'amuser, cette pauvre glorieuse escadre de Formose ?... »

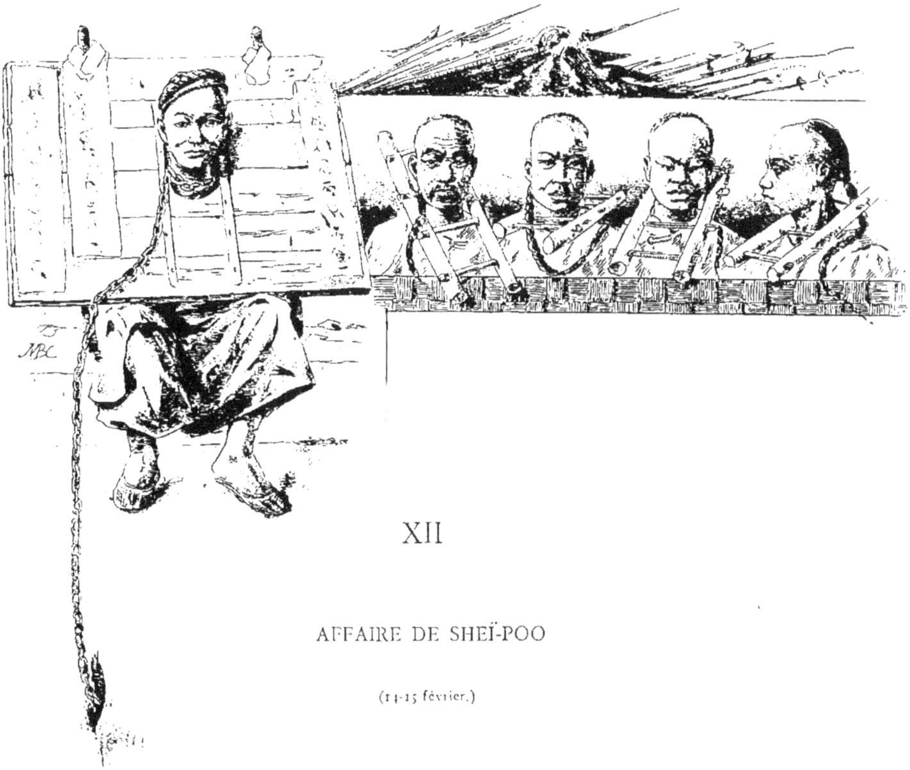

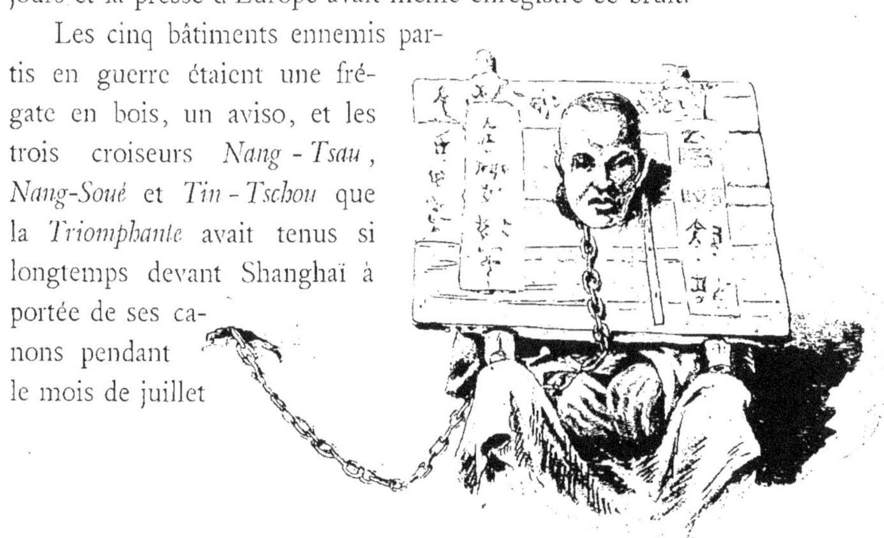

XII

AFFAIRE DE SHEÏ-POO

(11-15 février.)

Pendant le séjour de la *Triomphante* à Hong-Kong, du 26 au 31 janvier, le commandant Baux avait prévenu l'amiral que cinq croiseurs chinois venaient de quitter Shanghaï pour aller à Fou-chéou. La nouvelle en circulait depuis quelques jours et la presse d'Europe avait même enregistré ce bruit.

Les cinq bâtiments ennemis partis en guerre étaient une frégate en bois, un aviso, et les trois croiseurs *Nang - Tsau*, *Nang-Soué* et *Tin - Tschou* que la *Triomphante* avait tenus si longtemps devant Shanghaï à portée de ses canons pendant le mois de juillet précédent. L'armement de la frégate *Yu-Yen* se composait de douze canons de 12^c/_m Krupp, huit canons de 15, un canon de 21 ^c/_m. L'aviso *Tchen-King* portait un canon de 16 et six canons de 12^c/_m. La frégate avait 3,400 tonneaux de déplacement et l'aviso 1,200. Un personnel européen, embarqué sur chaque navire, comprenait un premier maître canonnier et six chefs de pièce, tous Allemands. Les capitaines des trois croiseurs étaient Allemands. Des Chinois commandaient la frégate et l'aviso.

D'autres informations, semblables à celles qui en décembre avaient déjà préoccupé le commandant en chef, rapportaient que cette escadre avait l'intention de se présenter devant Formose pour nous offrir le combat. Le plus simple était évidemment de lui épargner la moitié de la route et d'aller au-devant d'elle : c'est à quoi se décida l'amiral.

Il prit ses dispositions en un instant. Le 3 février, il envoya le *Villars* à Taï-wan pour donner l'ordre à la *Triomphante* et au *Nielly* de venir le rejoindre à Matsou où il devait se rendre avec le *Bayard*, l'*Éclaireur*, l'*Aspic* et la *Saône*. Il abandonna le blocus de Formose à la division de l'amiral Lespès : *La Galissonnière, Volta, Atalante, d'Estaing* à la zone nord, *Villars* et *Champlain* à la zone sud, celle-ci dirigée en sous-ordre par le commandant du *Villars*.

Le 6 février, les navires *Bayard, Éclaireur, Triomphante, Nielly, Saône, Aspic* se trouvent au rendez-vous. Dans l'après-midi arrive le *Duguay-Trouin* par une brume intense qui le fait toucher, sans grosses avaries toutefois, à la pointe des White-Dogs.

Le soir même, le blocus de la rivière Min est réglé par l'ordre suivant :

« Le *Nielly*, l'*Éclaireur* et la *Saône* iront mouiller demain matin à proximité de chacune des trois passes d'entrée de la rivière Min : l'*Éclaireur* près du chenal sud, le *Nielly* près de la bouée noire, et la *Saône* à l'entrée du chenal de Woga. En cas de mauvais temps ne permettant pas aux navires de se maintenir aux postes qui viennent d'être indiqués, l'*Éclaireur* irait s'abriter aux White-Dogs, le *Nielly* viendrait à Matsou, la *Saône* également. Dans le cas où quelque navire de guerre chinois tenterait de sortir par l'une des trois passes, le bâtiment qui se trouvera mouillé devant cette passe en avertira l'amiral au moyen des signaux suivants : de jour, deux coups de canon à dix secondes d'intervalle ; de nuit, une fusée suivie de deux coups de canon. A ce signal, les bâtiments mouillés à Matsou apparcilleront immédiatement et se dirigeront sur le point d'où seront partis les coups de canon. »

Vers 10 heures du soir, un pilote américain qui vient de sortir un bâtiment de commerce de la rivière Min, circule autour de l'escadre. On arrête son embarcation et on le conduit à bord du *Bayard*. Quels sont les renseignements qu'il donne ? Indique-t-il où sont les croiseurs chinois ? Mystère. Toujours est-il que le lendemain 7, à 10 heures, l'ordre est donné aux navires de se tenir prêts à marcher, et les capitaines sont appelés chez l'amiral.

Il n'est plus question du blocus du Min. A midi, on apparcille faisant route pour le nord, à moyenne vitesse, afin de ménager le charbon dont quelques bâtiments pourraient manquer, si l'expédition devait durer longtemps. Tandis qu'on s'éloigne de Matsou, l'*Éclaireur* se rapproche de la côte et la fouille soigneusement. Vers 5 heures, peu après que l'escadre a mouillé au sud du bassin Sam-Sah, à une quinzaine de lieues de la rivière Min, ce croiseur rallie signalant qu'il n'a rien aperçu.

Le lendemain 8, à 6 heures, on part pour remonter au nord. C'est au tour du *Nielly* d'aller en reconnaissance dans les baies et dans les criques pour essayer d'y dénicher l'ennemi. A 4 heures, l'amiral fait mouiller ses navires à l'entrée de la rivière Nam-Quam où ils passent la nuit sans que le croiseur ait rien découvert. Le 9, le départ a lieu à 6 heures ; l'*Éclaireur* visite la côte et la rivière Wen-chau-fu. Rien, toujours rien. La nuit, on poursuit la route en réglant la vitesse à neuf nœuds. Le 10 au jour, on approche de l'entrée des Chusan, mais la *Saône* et l'*Aspic* manquent à l'appel. A 9 heures, l'ordre est donné de prendre les dernières dispositions de combat et de mettre la vitesse à dix nœuds. A 3 heures, la *Saône* et l'*Aspic* rallient le pavillon amiral à un rendez-vous fixé la veille en cas de séparation fortuite. Mais pas le moindre croiseur chinois ! On est désappointé et tout le monde se demande avec inquiétude si on ne sera pas obligé de renoncer à cette chasse contre un ennemi invisible et de retourner à Formose, à ce triste blocus, attendant patiemment que les navires chinois viennent nous livrer bataille. Un instant on a cru que l'amiral allait courir vers la passe Kintang et se montrer à l'entrée de la rivière Ning-po. Mais soudain, il est revenu sur ses pas, renonçant à explorer plus profondément les chenaux des Chusan. Quelle résolution va-t-il prendre ? L'approvisionnement de charbon diminue ; le *Duguay-Trouin* n'a plus que 83 tonneaux. L'amiral se décide à se séparer de lui. A 5 heures du soir, il le renvoie à Kelung, tandis qu'avec ses autres navires il poursuit sa route vers le Yang-Tse.

Le 11, à 10 heures du matin, il mouille à Gutzlaff. Le froid est vif, la brise fraîche, le thermomètre marque 4 degrés ; la traversée a été dure. L'*Éclaireur* va communiquer avec la station télégraphique et l'amiral parvient à obtenir par Shanghaï des renseignements assez précis sur les derniers mouvements de l'escadre chinoise. Elle doit être dans la baie San-Moon.

Aussi, le lendemain à midi appa-

La poursuite des croiseurs chinois.

reille-t-on de nouveau, retournant cette fois vers le sud et défaisant le chemin qu'on a fait la veille. Toutes les dispositions de combat sont prises ; on s'engage de nouveau dans l'archipel des Chusan. Vers le soir l'amiral règle la vitesse à six nœuds et prévient en outre d'avoir toutes les chaudières en pression le lendemain à 6 h. 30 du matin. Les courants violents que l'on rencontre dans les nombreux et étroits canaux que les îles forment entres elles, la nécessité de modifier la route à chaque instant rendent la navigation particulièrement délicate ; et il faut une hardiesse inouïe pour engager de nuit une escadre dans ces parages difficiles, d'autant mieux que les navires, qui se suivent de près, doivent marcher sans feux de route afin de surprendre l'ennemi. Au jour, l'amiral a la satisfaction de voir que son heureuse audace est couronnée d'un plein succès : les bâtiments se retrouvent tous ensemble, à petite distance les uns des autres par le travers de l'île Montagu. Le ciel est gris et pluvieux.

A 5 h. 30, l'*Éclaireur* qui court en avant télégraphie : cinq navires à vapeur dans le sud ! L'amiral signale aussitôt : « Branle-bas de combat pour se préparer à attaquer une force navale. » C'est alors dans toute l'escadre un moment d'indicible émotion. Chacun est à son poste plein d'allégresse et d'espérance. Le cœur bat à tout rompre dans les poitrines. Le signal d'attaque qui flotte dans les airs au grand mât du *Bayard* fait passer un frisson d'enthousiasme. Ce signal dédommage à lui seul de tous les ennuis du blocus de Formose, de toutes les fatigues, de toutes les peines endurées jusqu'alors et le succès qui, dans le lointain, miroite aux yeux de tous, excite la plus noble et la plus patriotique ardeur.

A 7 heures, on voit distinctement les cinq croiseurs à une dizaine de milles ; mais ils prennent chasse.

L'amiral hisse le petit pavois, et aussitôt à chaque mât de chacun des navires monte le pavillon tricolore : « Ordre de courir sur l'ennemi le plus vite possible ! » Le *Bayard* prend la tête suivi de près par le *Nielly* et l'*Éclaireur*. La *Triomphante,* malgré ses treize nœuds, au tirage forcé, ne parvient pas à tenir son rang en serre-file de l'amiral. Derrière elle, la *Saône* et l'*Aspic* se surpassent et se couvrent de toile. C'est une course vertigineuse pendant laquelle les machines font des prodiges. Sur le pont, les jumelles sont braquées du côté de l'escadre ennemie, on regarde, on est haletant ; l'émotion s'accroît de minute en minute, alternativement joyeuse ou décevante. Nos navires gagnent d'abord du terrain, puis bientôt ils perdent l'avantage. Les chinois dont les feux n'avaient pas tout à l'heure leur complète puissance ont maintenant toute leur vitesse. Tout espoir n'est pas perdu encore ! Si nous parvenons à les acculer dans la baie San-Moon, ils ne nous échapperont pas. A ce moment, il est visible que deux d'entre eux, un grand et un petit, sont en arrière ; le grand paraît être une frégate, l'autre une canonnière. Soudain les trois croiseurs les plus rapides changent de route, ils filent vers le sud, tandis que les deux traînards continuent à s'enfoncer dans la baie.

L'amiral donne l'ordre à la *Triomphante,* à la *Saône* et à l'*Aspic* de surveiller ces deux bâtiments et se jette avec le *Bayard,* le *Nielly* et l'*Éclaireur* à la poursuite des trois croiseurs. Mais ceux-ci gagnent de vitesse ; ils courent toujours vers le sud ; leurs coques disparaissent et bientôt on n'aperçoit plus que leurs fumées..... Puis la brume arrive, intense, impénétrable. On ne distingue plus rien, on ne voit plus rien. — Dans ces conditions, la poursuite est impossible. Il faut à tout prix s'arrêter, aller au mouillage, et, faisant contre fortune bon cœur, se contenter pour le moment des deux navires qui n'ont pu se dérober. Mais où se sont-ils réfugiés ?

Dans ce dédale d'îles et d'îlots il leur a été facile de trouver un abri, et peut-être se sont-ils échappés, eux aussi, à la faveur du brouillard ?

A 1 heure, le *Bayard,* l'*Éclaireur* et le *Nielly* ayant rejoint la *Triomphante* vont fermer les passes du N.-E. qui conduisent à la rade de Sheï-Poo pour empêcher, s'il en est temps encore, la frégate et l'aviso de s'échapper par là. La *Saône* va s'établir devant les chenaux du sud. Toutes les issues sont ainsi gardées, tous les bras de mer que forment entre eux les îlots sont occupés par nous et la capture des deux bateaux chinois est désormais certaine.

Il était difficile de prendre de meilleures dispositions que ne l'avait fait l'amiral. Informé par le télégraphe de Gutzlaff du point probable où se trouvaient les croiseurs si impatiemment recherchés, il avait manœuvré pour tomber sur eux au point du jour et les atteindre au mouillage. Malheureusement, il ne disposait pas d'un grand croiseur rapide qui aurait pu

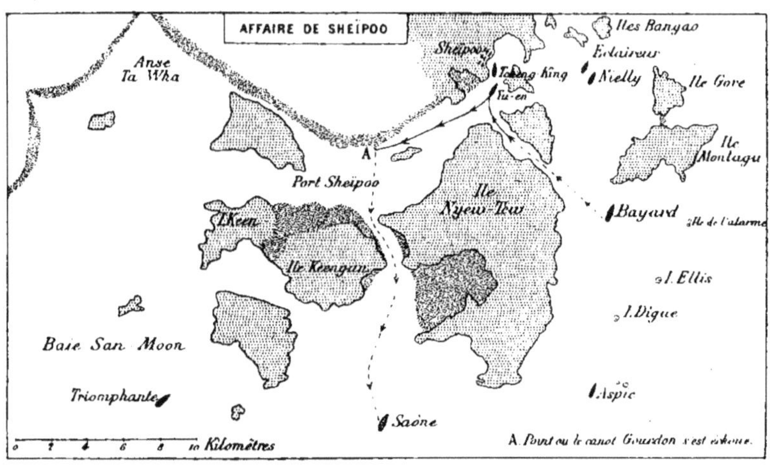

Carte pour suivre l'affaire de Sheï-Poo.

être lancé sur la flotte chinoise et porter l'offensive en donnant aux autres navires français, moins bons marcheurs, le temps de venir le rejoindre. Le *Tourville* eût été capable d'assumer cette tâche. Pourquoi n'était-il pas là ? Pourquoi avait-on jugé inutile de le maintenir en Chine ?

On a dit depuis, dans la déconvenue d'un succès escompté d'avance, qu'en arrivant une demi-heure plus tôt, la tournure des événements aurait été modifiée. Eh bien ! non : une demi-heure plus tôt, l'obscurité était profonde et nous passions près des Chinois sans les voir !.... Si, au moment de notre approche, ils ont pu prendre l'avance sur nous, c'est qu'ils nous avaient aperçus bien avant que leur présence ne nous fût révélée, et cela pour une raison très simple : nous venions du large, c'est-à-dire de l'est ; nos fumées ou nos silhouettes se détachaient donc sur un horizon éclairé derrière nous par l'aube naissante, tandis qu'eux-mêmes se perdaient pour nos regards dans la buée épaisse et dans la teinte sombre des terres devant lesquelles ils se trouvaient.

C'est à cette circonstance, absolument indépendante de la volonté du chef de notre escadre et de toute volonté humaine, qu'ils ont dû de nous découvrir les premiers ; et c'est parce que nous n'avions pas de croiseur rapide qu'ils ont pu trouver leur salut dans la fuite. Oh ! le croiseur à grande vitesse ! Quand donc sera-t-on convaincu de sa raison d'être, de son indispensable nécessité ? L'avenir nous réserve de durs mécomptes si nous ne voulons pas nous pénétrer, en vue de nos constructions navales, de cette maxime qui parodie un mot célèbre : de la vitesse, encore de la vitesse, toujours de la vitesse ! La guerre moderne sera autant, sinon plus, une guerre de course qu'une guerre d'escadre. Les paquebots filant couramment quinze nœuds sont nombreux. Avons-nous beaucoup de croiseurs en état de lutter avec eux ?

Et cette fois, pendant que les navires ennemis nous échappent, on déplore non seulement l'absence d'un croiseur rapide, mais aussi cette occupation de Formose qui, en immobilisant autour de l'île pour le blocus un trop grand nombre de navires, n'a pas permis à l'amiral de former deux divisions distinctes, chargées de fouiller la côte en sens contraire de façon à prendre l'ennemi entre deux feux.

Quoi qu'il en soit, il importe maintenant de venir à bout

de la frégate et de la canonnière. La nuit du 13 se passe dans un continuel qui-vive. Le 14 au matin, l'*Aspic* et les embarcations à vapeur partent en reconnaissance et apprennent que les deux navires ennemis sont mouillés entre l'île Tungnun et la ville de Sheï-Poo.

C'est là qu'on ira les chercher.

Le lieutenant de vaisseau Ravel, aide de camp de l'amiral, excellent hydrographe, sonde les passages et étudie la route que l'on suivra le lendemain.

Mais avant de lancer ses bâtiments, l'amiral Courbet décide de tenter une attaque de canots-torpilleurs. Il en charge le capitaine de frégate Gourdon, second du *Bayard*, et le lieutenant de vaisseau Duboc, officier torpilleur de ce bâtiment. Précédés par M. Ravel, ils débordent du *Bayard* à 11 heures et demie du soir par une nuit noire, c'est-à-dire par le plus beau temps que l'on puisse rêver pour une telle opération.

« L'obscurité est si grande qu'à diverses reprises nos canots, malgré toute leur vigilance, se perdent de vue. Enfin, après un parcours de huit milles, ils aperçoivent les navires chinois. Le plus grand silence est recommandé, le fonctionnement des appareils d'attaque vérifié, l'allure des machines ralentie ; tel est, cependant, l'état défectueux de ces dernières qu'elles font un bruit presque assourdissant pour les petits équipages de nos embarcations.

« Heureusement les Chinois sont en fête : le 15 février est pour eux le premier jour de l'année, et ils en célèbrent la venue par des feux d'artifice.

« Grâce à cette circonstance, le canot du commandant Gourdon atteint l'arrière du *Yu-yen* sans être aperçu et fait partir sa torpille portée. Un moment retenu par sa hampe prise sous la carène de la frégate chinoise, il court de sérieux dangers, mais réussit bientôt à se dégager.

« Revenu de sa stupeur, l'ennemi ouvre un feu très nourri, tirant au hasard coups de canons, de mitrailleuses et de fusils. Le lieutenant Duboc lance alors sa machine à toute vitesse; entraîné par le courant, il va manquer le *Yu-yen;* grâce cependant à une manœuvre habile il touche le flanc de ce navire avec sa torpille qui fait explosion. Nos deux canots s'éloignent ensuite le plus rapidement possible, non sans recevoir un certain nombre de balles et de mitrailles !

« Par un bonheur presque miraculeux, aucune avarie grave n'en résulte et un seul homme est mortellement frappé dans le canot du commandant Gourdon. » (Chabaud-Arnault, *Histoire des Flottes militaires.*)

Après le récit sommaire de cet exploit, il n'est pas sans intérêt de transcrire la narration pleine de verve qu'en a faite l'un des officiers qui l'ont accompli, M. Gourdon.

Canots à vapeur : 8^m,85 de long, carapace en tôle, mal ajustée. Nous avons remplacé les tôles de côté par de la toile, parce que les canots piquaient du nez.

1,200 litres d'eau, c'est-à-dire cinq heures à toute vitesse.

Hampe Desdouits, torpille n° 1, modèle 78, à 13 kilogrammes de fulmi-coton.

Charbon spécial donnant peu de fumée.

Appareil silencieux faisant beaucoup de bruit. Heureusement le bruit était absorbé par la carapace.

Les canots sont installés en porte-torpilles pendant le jour, dans les moments de répit que laissent les corvées (voyages à bord de l'*Aspic,* aller et retour).

A 8 heures du soir, ils sont parés l'un et l'autre. Les épreuves de conductibilité et d'isolement sont satisfaisantes.

A 11 heures, on les arme. Vedette et baleinière d'abord, avec M. Ravel, lieutenant de vaisseau, qui a vu les bâtiments chinois dans la journée, et le pilote Muller, de Shanghaï. Ce sont nos guides pour nous conduire sur le lieu du combat.

A 11 heures 30, le canot à vapeur n° 2, le mien, pousse du *Bayard*. Les fanaux éteints, les feux masqués (pour les tubes de niveau et les manomètres). Canot peint en noir.

A minuit, le canot à vapeur n° 1, commandé par M. le lieutenant de vaisseau Duboc, pousse du *Bayard* (canot peint en noir).

Nouvelle lune ; nuit obscure.

Les canots peints en noir se voient. La vedette peinte en gris et la baleinière sont invisibles.

Aussi, grande difficulté pour naviguer en peloton.

Nous nous perdons et nous nous retrouvons plusieurs fois.

Fort courant nous dépalant dans le sud-est. Fort remous de courants occasionnant des embardées continuelles. Il faut être sur la vedette pour la voir ; mais il ne faut pas fausser la hampe ; il ne faut pas s'aborder.

Un grand crochet nous fait doubler les ilots et les rochers de la pointe nord-est de Ngen-Tew.

A la sortie de la passe : halte ! nous refaisons les épreuves de conductibilité et d'isolement. Nous poussons la hampe, nous rentrons la hampe. Tout va bien.

En route pour les bâtiments chinois. La vedette en tête.

Ravel m'annonce que la frégate n'est plus mouillée au sud-ouest de Tungnun. Elle a disparu.

Mon canot marche le mieux, je vais à la découverte. Il est 3 heures 15 du matin environ.

A 3 heures 30, j'aperçois une grande masse noire dans la direction de Sheï-Poo, cinq ou six feux sur le rivage. Je préviens la vedette d'avertir le canot 1 que je vois la frégate et que je vais de l'avant.

Je mets les trois mâts l'un par l'autre et j'avance lentement, car j'ai un fort courant sur le nez.

Des feux me suivent à terre. Est-ce un signal ? Sont-ce des pétards pour la fête du Tet ? Sont-ce des coups de fusil ? Je ne saurais le dire ; je vois les lueurs, mais je n'entends rien. Mon bric-à-brac de canot à vapeur fait un bruit de ferraille qui couvre les bruits extérieurs.

A 200 mètres de la frégate, 3 heures 45 du matin, je fais pousser la hampe et mettre les fils à la pile.

Puis à toute vitesse !

La frégate s'illumine : tribord et bâbord. Des nappes de feu horizontales, peut-être des nordenfeldts ?

J'avance rapidement. — En arrière !

En route libre.

Un grand choc ; la torpille a éclaté. Le canot s'est soulevé et est venu heurter violemment le cul-de-poule de la frégate. Je suis pris dessous. — En arrière plus vite !

Un quartier-maître monte sur la teugue pour déborder. Il renfonce d'un formidable coup de poing un Chinois qui met la tête au sabord.

Le canot ne cule pas. — La vapeur s'échappe du tiroir. C'est que le robinet graisseur a été cassé. Je fais boucher le trou avec une baïonnette. La machine part en arrière. — Mais le canot ne cule pas. — C'est que la hampe est prise. — Déboulonnez la hampe ! — La hampe, déboulonnée, tombe à la mer.

Le canot part en arrière. — L'illumination de la frégate continue.

J'aperçois dans les feux de bâbord le canot n° 1 qui s'avance. Je stoppe

Près de l'ennemi.

pour venir à son secours, s'il a besoin de moi, et je m'apprête à lui lancer ma chatte pour lui donner un bout de remorque.

En ce moment, on me signale un blessé. Je vais pour examiner la blessure : le fusilier Arnaud meurt au moment où je fais enlever sa chemise de laine. Il a été tué par une balle venue de terre.

La corvette et la terre répondent coup pour coup à la frégate. Elles se tirent les unes sur les autres.

Cependant le canot n° 1 s'avance toujours dans la gerbe de feu. Je le vois toujours à bâbord, parce que je suis dépalé dans l'est. Bientôt il passe à tribord, fait exploser ses torpilles et vient en grand sur tribord. Nous nous réunissons. « Quoi de nouveau ? — Un homme tué, et vous ?

Au contact !

— Pas un blessé. — Où est le feu rouge ? » — La vedette devait nous hisser un feu rouge en signe de ralliement.

On ne voit rien.

Éloignons-nous. Nous partons à toute vitesse et bientôt nous sommes hors de vue des navires chinois.

A un moment, on voit deux grandes gerbes de feu sur le *Yu-Yen* et le *Tcheng-King,* puis plus rien.

Nuit profonde.

Pas de feu rouge.

Nous stoppons pour tâcher de nous reconnaître.

Il nous semble apercevoir la passe. Je donne la remorque à Duboc qui marche moins bien que moi et je m'engage dans un cul-de-sac vaseux où je m'échoue (en A). [Voir la carte à la page 212.]

Stoppe !

Trop tard, la remorque s'est prise dans l'hélice. — Mon canot est désemparé.

Faites en arrière ! Je suis échoué ! Passez-moi votre chatte.

En quelques secondes, je suis déséchoué. Nous prenons la remorque à couple, mais impossible de dégager l'hélice.

Il est 5 heures du matin.

Au jour, nous apercevons comme une passe dans l'est, à peu près la même apparence que la passe de l'île Sin.

Nous nous y engageons.

Elle doit nous conduire à la mer, puisque sa direction générale est le sud ou le sud-est.

A 10 heures, nous sommes hors de la passe et nous apercevons la *Saône.*

Nous nous dirigeons sur elle, l'un remorquant l'autre.

Cependant, qu'était devenu Ravel avec ses deux embarcations ? Après avoir laissé les canots à vapeur partir en avant pour l'attaque, il se maintint dans les mêmes eaux. Lorsque le feu des Chinois eut cessé, il montra le fanal rouge qui devait servir de ralliement. Puis il chercha ou attendit vainement ses compagnons jusqu'à 6 heures du matin.

« Chose étrange, quand le jour se fit, il constata que la

frégate *Yu-Yen*, frappée, comme on l'a vu, par nos deux torpilles, était parfaitement droite et semblait flotter, tandis que le croiseur *Tcheng-King*, épargné par nos canots, était couché sur le flanc et rempli d'eau !

« Croyant ses compagnons ensevelis sous l'épave du *Tcheng-King*, M. Ravel revint à bord du *Bayard*, la mort dans l'âme. L'amiral Courbet écouta, en pleurant, son rapport verbal. Le vaillant chef de notre escadre conservait pourtant une lueur d'espoir. Dévoré d'une généreuse impatience, il partit lui-même en canot à vapeur, pénétra dans la rade de Sheï-Poo et observa à son tour les bâtiments chinois. Le *Tcheng-King* était bien dans la situation indiquée par M. Ravel ; mais si la frégate *Yu-Yen* restait toujours droite, ses bas-mâts étaient noyés jusqu'à la moitié de leur hauteur au-dessus du pont. Ce bâtiment, lui aussi, était donc coulé et perdu comme son compagnon. S'il avait flotté durant quelques heures, après l'attaque de nos canots, il ne l'avait dû probablement qu'aux efforts de son équipage et à la puissance de ses pompes d'épuisement ; mais les deux blessures faites par nos torpilles étaient trop profondes pour que cette tentative réussît. Quant au *Tcheng-King*, on sut plus tard que sa perte était uniquement due à l'affolement des canonniers chinois du *Yu-Yen*, peut-être aussi des artilleurs de terre, qui, croyant tirer sur nos marins, avaient criblé d'obus cette malheureuse corvette.

« L'amiral était occupé à la reconnaissance dont nous venons de parler, quand, du *Bayard*, on aperçut nos deux canots porte-torpilles s'approchant à la remorque de la *Saône*. Immédiatement, Ravel se jeta dans un canot à vapeur pour porter cette bonne nouvelle à son chef. Il le rencontra à moitié route, revenant de son exploration. Alors on put voir cet homme généralement si maître de lui-même, d'une politesse irréprochable, mais grave et froid dans les relations habituelles du service, ce chef impassible qu'aucune émotion ne semblait remuer, battre des mains et laisser éclater dans ses gestes comme sur ses traits, toute la joie dont son cœur était plein. C'est qu'une vingtaine de ses compagnons d'armes, déjà regardés comme perdus à tout jamais, lui étaient rendus ! C'est qu'à la satisfaction d'avoir vu son plan d'attaque réussir, ne se mêlait plus l'amertume d'avoir payé le succès trop cher ! » Ce succès était complet. Un seul homme tué et deux charges de coton-poudre pour détruire une frégate et un aviso !

Aussi quand les vainqueurs arrivèrent à bord du *Bayard,* on leur fit une triomphale ovation.

Il ne restait plus rien à faire à Sheï-Poo.

Le lundi 16 février, l'amiral accordait une double ration à tous les équipages pour le succès de la veille et à midi il signalait l'appareillage. Tandis que la *Triomphante,* la *Saône* et le *Nielly* faisaient route pour Kelung, l'amiral allait à Matsou avec le *Bayard,* l'*Éclaireur* et l'*Aspic.* Il cherchait sans doute la trace des croiseurs : il devait les rencontrer quinze jours plus tard à Ning-po.

Lorsque la *Triomphante* arrivant à Kelung passa à poupe du *La Galissonnière,* l'amiral Lespès annonça lui-même, à la voix, la nouvelle de la prise de Lang-Son par le général de Négrier. Une politesse en vaut une autre : le commandant Baux riposta en faisant savoir à l'amiral la destruction des deux bâtiments ennemis par les canots porte-torpilles du *Bayard.*

La version des Chinois sur l'affaire de Sheï-Poo est curieuse à connaître. Leurs gazettes racontèrent qu'en effet les

deux bâtiments coulés s'étaient réfugiés dans les profondeurs
de la baie, leur vitesse ne leur permettant pas de suivre les
croiseurs; que quatre attaques de torpilleurs français se seraient
produites dans la nuit et auraient été victorieusement repous-
sées et qu'enfin à la suite de ces tentatives impuissantes les
marins du *perfide Coupa*
se seraient alors

avancés, traî-
treusement dissi-
mulés dans des jonques,

Le retour des torpilleurs.

et auraient torpillé les bâtiments.

A côté de ce récit qui dénote une certaine imagination
chez les reporters du Céleste-Empire, il n'est pas hors de
propos de mentionner certains détails donnés sur le même
sujet par les journaux anglais imprimés en Chine. Avant la
submersion des deux navires torpillés, leurs équipages avaient
eu le soin de gagner la terre, sans oublier d'emporter leurs
armes. Cette précaution n'était pas inutile, car ils furent reçus

à leur débarquement par une populace en fureur qui les attaqua à coups de pierres et les obligea à faire usage de leurs
fusils et de leurs sabres. Suivant ces journaux, l'amiral Ting
avait son pavillon sur l'aviso coulé ; après l'événement il dut
s'acheminer avec ses deux capitaines vers Shanghaï, où tous
trois risquaient fort de subir le sort du pauvre commandant
du *Yang-ou* qui avait été décapité, pour n'avoir pas su vaincre
au combat de Fou-Chéou.

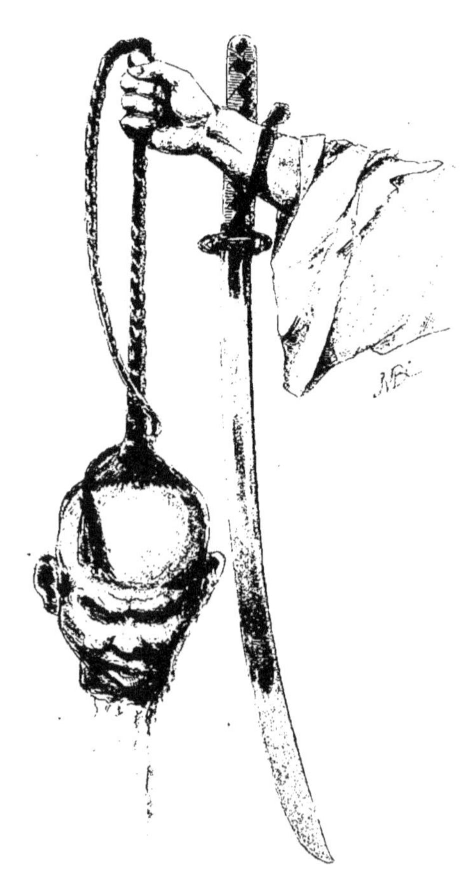

XIII

LE BLOCUS DU RIZ

L'amiral Courbet fut le premier
à s'applaudir de la mesure que
le gouvernement français avait
prise de revendiquer le plein
et entier exercice des droits reconnus aux belligérants. Il savait
mieux que personne, par une expérience de
quatre mois, que le blocus pacifique était dans bien des cas un
blocus illusoire, et il n'avait cessé de conseiller, de toutes ses
forces, une attitude résolument hostile. Pour lui, la solution
de la question chinoise ne pouvait être obtenue que par une
guerre effective et non par l'état intermédiaire adopté. Il
voyait, en outre, dans la transformation du blocus actuel en

un blocus de belligérants, la réalisation possible d'un désir qui lui tenait au cœur et qui était partagé par M. Patenôtre : celui d'affamer les provinces septentrionales de la Chine voisines de Pékin, par la saisie du riz, même sur navires neutres, au titre de contrebande de guerre.

Chaque année, aux mois de février-mars, le gouvernement chinois reçoit, comme tribut en nature, des provinces centrales de la Chine, une quantité énorme de riz qu'on évalue à 700 ou 800 mille piculs. (Le picul vaut 60 kilogrammes.) Ce riz s'expédie par des vapeurs qui chargent à Shanghaï pour le compte du gouvernement impérial, et celui-ci avait affrété tout récemment, dans ce but, cent cinquante steamers appartenant pour la plupart aux maisons Jardine, Matheson et Cie, Russel et Cie. L'amiral fondait de sérieuses espérances sur le blocus de ce riz. Le grand canal intérieur que les jonques auraient pu suivre à défaut de la voie de mer pour se rendre à Pékin, était en fort mauvais état et incapable d'être utilisé à moins de travaux considérables. En coupant la route aux vapeurs affrétés, en les bloquant étroitement dans leur port de chargement, l'amiral était donc certain d'empêcher tout arrivage de riz dans le nord de la Chine et il était convaincu que cette prohibition aurait les plus puissants effets sur les déterminations conciliatrices de la cour de Pékin. L'événement a démontré la justesse de ces prévisions.

Le 14 février, M. Jules Ferry écrivait au ministre de la marine : « Devant l'insistance de l'amiral Courbet pour obtenir l'autorisation de saisir le riz sous pavillon neutre, j'ai soumis la question à un nouvel examen, dont le résultat a été qu'aucune règle formelle du droit des gens n'empêche de traiter accidentellement comme contrebande de guerre une denrée dont la privation pourra conduire l'ennemi à demander la paix. Dans ces conditions nous ne devons pas, ce me semble, interdire l'emploi d'un moyen de guerre dont notre ministre en Chine et le commandant de nos forces navales s'accordent à reconnaître l'efficacité. » Peu après, le 21 février, le ministre des affaires étrangères envoyait à nos agents à l'étranger une circulaire à ce sujet, circulaire qui mérite d'être citée presque en entier, parce qu'elle donne une fois de plus et très nettement la raison de la politique constamment suivie par le cabinet français

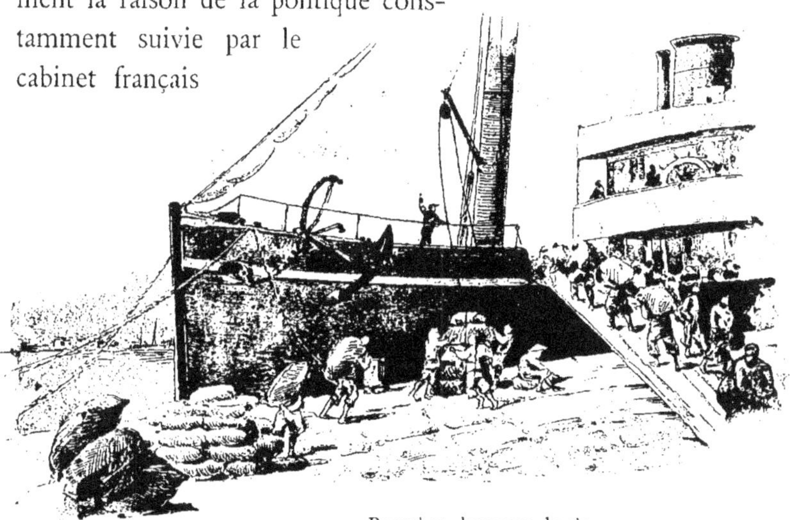

Paquebot chargeant du riz.

durant tout le cours du différend franco-chinois : « Il n'est pas nécessaire de rappeler avec quel soin nous nous sommes appliqués dès l'origine de notre conflit armé avec la Chine à respecter autant que possible les intérêts des puissances neutres. C'est pour ce motif que, pendant plusieurs mois, nous avons limité le champ des hostilités et interdit, en même temps, à nos amiraux d'user à l'égard des neutres des droits de la guerre maritime, en dehors du cas de violation du blocus. Nous apprenons aujourd'hui que de grandes expéditions de riz doivent partir prochainement de Shanghaï pour se rendre dans le nord de la Chine ; nos agents dans l'Extrême-Orient présentent la suspension de ces envois comme étant susceptible d'exercer une action efficace sur le gouvernement de Pékin, et nous ne saurions nous dispenser d'y recourir, sous peine de nous priver de l'arme la plus puissante que les circonstances placent dans nos mains. Deux voies s'ouvraient à nous pour atteindre ce but : bloquer Shanghaï et d'autres ports ouverts de la Chine, ainsi que nous en avions le droit incontestable, ou interdire le commerce du riz en le déclarant contrebande de guerre. Fidèles à notre système d'atténuer autant que possible pour les neutres les conséquences de la guerre, nous nous sommes arrêtés à ce dernier parti... Nous pouvions atteindre ce but, sans arrêter les vaisseaux neutres en pleine mer, en déclarant le blocus des ports chinois ouverts au commerce étranger, mais une mesure de ce genre aurait eu des conséquences désastreuses pour les intérêts des neutres. Nous avons pensé qu'il serait plus avantageux pour tous de laisser les trafiquants étrangers continuer leur commerce pacifique dans les mers de Chine, à la seule exception du commerce du riz, et il nous a semblé qu'en l'état du droit des gens sur la matière rien ne nous interdisait d'arriver au double but que nous poursuivons — nuire le plus possible à l'ennemi et le moins possible aux neutres — en déclarant que le riz serait traité comme un article de contrebande de guerre. »

Le 24, un tempérament était apporté à la sévérité de la prohibition nouvellement édictée : le cabinet français, décidé à n'appliquer cette mesure que dans les limites rigoureusement nécessaires pour atteindre le but poursuivi, sans nuire aux intérêts du commerce des neutres, déclarait que les expéditions de riz à destination de Canton et des ports du sud de la Chine pourraient être continuées librement après comme avant le 26 février. Celles-là seulement qui étaient destinées aux ports situés au nord de Canton seraient interdites et, par conséquent, soumises au droit de capture, à partir de cette date.

L'Angleterre et la Suède furent les deux seules puissances qui ne nous reconnurent pas le droit de prendre, au sujet des vivres et en particulier du riz, une mesure générale de saisie. A leurs yeux nous n'étions fondés à proscrire l'importation en Chine de cette denrée sous pavillon neutre, que dans le cas où elle paraîtrait destinée au ravitaillement des flottes ou armées ennemies. M. Jules Ferry, dans une dépêche du 6 mars, représenta au gouvernement anglais que la doctrine qui admet, à côté de la contrebande de guerre *par nature,* la contrebande de guerre *par destination,* était professée depuis longtemps en Angleterre. Or, disait-il, « les chargements de riz signalés par l'amiral Courbet figurent le montant de l'impôt en nature ou tribut que les gouverneurs envoient chaque année à la cour de Pékin. » Puis répondant, dans une seconde dépêche en date du 13, à la théorie qui n'attribuait aux provisions le caractère de contrebande de guerre que si ces articles étaient destinés à un usage militaire, il ajoutait : « On sait d'autre part que les soldats des armées impériales chinoises reçoivent une partie de leur solde en versements de riz et que le tribut des provinces est précisément affecté à cet emploi. On peut dire, par suite, que les circonstances prévues dans la communication de lord Granville se trouvent réunies et que les cargaisons de riz expédiées des ports du sud sont destinées à un usage militaire, outre qu'elles peuvent être considérées comme propriété de l'État ennemi et susceptibles de capture à ce titre. »

Les explications fournies par M. Jules Ferry dans ces deux dépêches eurent ce résultat que les réserves du cabinet britannique conservèrent le caractère d'une protestation doctrinaire, on pourrait dire platonique. Infirmant, en effet, un avis officiel publié en Chine, le comte Granville, secrétaire des affaires étrangères du gouvernement de la Reine, assura que l'Angleterre n'avait nullement l'intention de s'opposer de vive force à la saisie des cargaisons de riz. Il admettait que toute saisie de ce genre serait jugée par le conseil français des prises, sous réserve d'une action diplomatique ultérieure. A l'heure présente il ne voulait pas intervenir, ainsi que le déclarait une note très explicite en date du 21 mars qu'il adressa à notre ambassadeur à Londres, M. Waddington, et dont voici le texte :

Je n'avais nullement connaissance de la notification de sir Harry Parkes, qui avait motivé les plaintes de votre gouvernement ; cette notification n'avait été publiée en exécution d'aucun ordre du gouvernement de Sa Majesté... Il était certain qu'il n'avait pas publié cette notification dans des intentions hostiles à la France, mais dans l'exercice du droit qui lui appartient de fournir les informations nécessaires à ses compatriotes... J'ai télégraphié à sir Harry Parkes à ce sujet, et je lui ai exposé qu'une telle notification était de nature à susciter l'idée erronée que le gouvernement de Sa Majesté s'opposerait de vive force à la saisie des cargaisons de riz ; et qu'il devait aviser le gouvernement chinois que la légalité de toute saisie de riz serait jugée par la cour française des prises ; et qu'en attendant le gouvernement de Sa Majesté ne pouvait intervenir.

Signé : GRANVILLE.

Tandis que notre diplomatie affirmait ainsi victorieusement le droit de la France à déclarer le riz contrebande de guerre, l'amiral Courbet arrivait à Kelung le 19 février, revenant de Sheï-Poo, avec le *Bayard* et l'*Éclaireur*. Il trouvait sur rade les trois navires qui l'avaient devancé : *Triomphante*, *Nielly* et *Saône*, à côté du *La Galissonnière*, du *Volta,* de la *Vipère*, des deux torpilleurs et du *Feï-ho*. Les autres navires de l'escadre étaient ainsi répartis : à Tamsui, l'*Atalante*, le *Duguay-Trouin*, le *Duchaffaut*, celui-ci distrait de la station de Calédonie et ayant pour commandant M. le capitaine de frégate Lemercier-Mousseau ; à Taï-wan, le *Villars*, le *d'Estaing*, le *Champlain;* puis à Saïgon, en réparations, le *Lutin*, le *Lynx*, l'*Aspic* et le *Château-Renaud.*

Plans de campagne.

Le 25, on attendait avec anxiété le retour de l'*Éclaireur* qui était allé, disait-on, à Sharp-peak chercher des ordres importants. Le bruit courait en même temps que plusieurs navires devaient partir pour un long voyage. Il n'en fallait pas plus pour que les imaginations se missent à travailler aussitôt : Petchili ? Corée ? Les Pescadores ? Blocus de Canton ? Chacune de ces destinations avait des partisans. Jamais la *folle du logis* n'aura fait faire autant de combinaisons que dans cette escadre de l'Extrême-Orient ! Que de conversations autour de ces tables de carrés sur les projets de l'amiral ou sur les ordres de Paris ! Les discussions sur les plans à venir passionnaient chacun. C'était là un des symptômes d'une ardeur qui ne s'est jamais démentie, d'un entrain sans défaillance dont le commandant en chef aurait voulu user davantage, à la grande joie de chacun. Il n'y avait qu'un cri : « Les entr'actes sont trop longs ! » Entre Fou-Chéou et Kelung, entre Kelung et Sheï-Poo des mois entiers s'étaient passés et de si longues attentes satisfaisaient mal l'impatience de cœurs jeunes et entreprenants.

L'*Éclaireur* revint en effet de Sharp-peak à l'heure dite, et le lendemain 26, l'amiral Courbet, laissant le blocus de Formose à la garde de l'amiral Lespès, appareilla avec la *Triomphante,* le *Nielly* et la *Saône* pour faire route vers le nord. On ne tarda pas à savoir que l'*Éclaireur* avait apporté l'autorisation de saisir le riz et que l'expédition se rendait dans ce but à l'embouchure du Yang-tse. Les navires déjà en route devaient être rejoints à bref délai par la *Vipère,* le *Rigault-de-Genouilly,* l'*Éclaireur,* le *Lapérouse.* Ce dernier arrivait de France, commandé par M. le capitaine de vaisseau Méquet. Le blocus du riz ne trouva que des enthousiastes. Chacun se louait de cette mesure énergique, digne réponse à la déclaration de neutralité de Hong-Kong ; et comme ici-bas, même dans l'explosion des sentiments les plus nobles, il se cache souvent un fonds d'égoïsme, chacun se réjouissait intérieurement de cette croisière pour une raison qui n'avait rien à voir avec la virile attitude du gouvernement : on espérait que le blocus nouveau procurerait des vivres, des vivres dont on manquait depuis si longtemps.

Le 28 février, à 10 heures, l'expédition entre dans les chenaux des Chusan. A 3 heures, l'amiral signale : « Pousser les feux de toutes les chaudières de manière à avoir de la pression en dix minutes après que le signal en sera fait. Se tenir prêt à faire branle-bas de combat. » A 4 h. 1/2, les navires mouillent à l'ouest de l'île Kintang, à côté de l'entrée de la rivière Yung qui baigne la ville de Ning-po. A 10 heures du soir, l'ordre suivant est communiqué à la division : « Être toujours prêt à marcher avec la moitié des feux, à appareiller en filant la chaîne et à faire le branle-bas de combat. Veiller attentivement la sortie de la rivière et prévenir en brûlant trois fusées si quelque vapeur ou canot à vapeur sortait. Ne laisser aucune embarcation ou jonque s'approcher du bord pendant la nuit. Tous les canons Hotchkiss et de 14 $^c/_m$ constamment parés à faire feu sur les embarcations suspectes. Dispositions contre torpilleurs. Ne pas hésiter à faire feu. *Bayard* et *Triomphante* seront toujours prêts à éclairer les embarcations à la lumière électrique. Ne pas faire d'autre usage de cette lumière. Tenir un canot armé en guerre pour arrêter le personnel des embarcations à proximité, et ramener les gens dont l'embarcation serait coulée. Si l'amiral brûlait deux fois le feu Coston P, ce serait l'ordre pour l'escadre d'appareiller en filant les chaînes par le bout, avec une bouée dehors, et de faire le branle-bas de combat. »

Le 1ᵉʳ mars au jour, on appareille, on croit continuer sur Gutzlaff et le Yang-tse. Il n'en est rien. Le *Bayard,* qui ouvre la marche, s'achemine lentement vers l'embouchure de la rivière. Les autres navires le suivent, à petite distance, ayant les équipages à leur poste de combat ; à 9 heures, ils reçoivent l'ordre de mouiller en ligne de file.

Que se passe-t-il donc ? Et le blocus du riz ? N'en déplaise aux affamés qui se réjouissaient d'avance à l'idée de capturer des navires regorgeant de vivres frais, les projets sont modifiés. L'amiral a soupçonné que les trois croiseurs qui lui ont échappé à Sheï-Poo, il y a quinze jours, se sont réfugiés dans la rivière de Ning-po — et il vient s'en assurer.

Toute la matinée se passe à reconnaître les lieux. Du haut des mâtures on aperçoit des navires au mouillage dans la rivière et on croit distinguer un barrage qui s'étend sur toute la largeur du fleuve en avant des navires ennemis. Les croiseurs sont donc bien là. Avec son flair habituel l'amiral ne s'est pas trompé.

Pendant ce temps, dans la passe et aux alentours, aussi loin qu'on peut regarder, les jonques s'enfuient en toute hâte ; un vapeur de commerce pousse ses feux et appareille ; un de ces grands bateaux de rivière, à balancier, sorte de ferry-boats

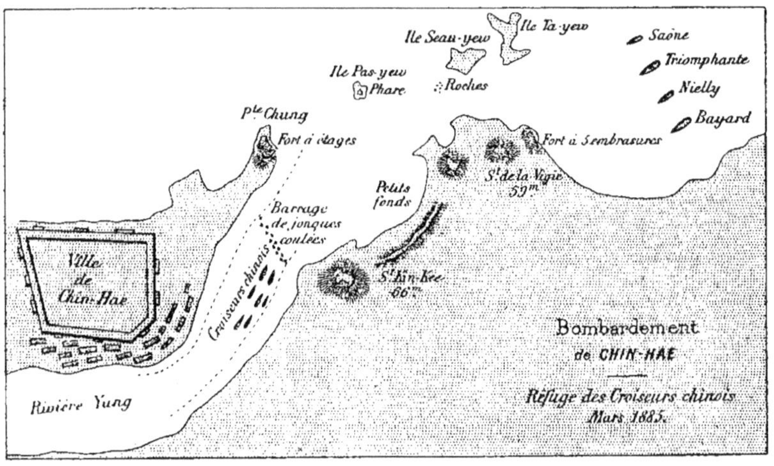

Entrée de la rivière Yung ou de Ning-Po.

qui vont de Ning-Po à Shanghaï, sort précipitamment de la rivière et va se mettre à l'abri de l'île Ta-yew en dehors et en face du fleuve. Les pièces sont pointées sur un fort à cinq embrasures qui paraît neuf et non achevé, le seul qui commande la passe de l'est, où nous sommes. Puis, toutes les hauteurs se couvrent de pavillons multicolores ; dans la citadelle, on voit nettement des files de soldats alignés en bon ordre ; des feux de salve se font entendre, entremêlés de coups de canon, mais tout se borne à des tirs de parade. La terre reste décidément sur la défensive : nous ne serons pas inquiétés par elle. Mais quel effroi notre vue seule inspire ! Notre amour-propre peut en être flatté. Décidément, si les destructions de la rivière Min, si les torpilles de Sheï-Poo n'ont produit aucun effet sur la cour de Pékin, elles ont singulièrement intimidé les matelots et les artilleurs de la marine chinoise. Le prestige et le renom du *terrible Coupa* les remplissent de terreur.

Les reconnaissances se poursuivent dans l'après-midi de ce 1er mars. Le canot à vapeur de la *Triomphante* va conduire le pilote Muller à bord du grand bateau, le *Kiang-po*, pour y recueillir quelques renseignements pendant que l'amiral se fait hisser dans une barrique jusqu'à la hune de misaine, pour observer lui-même ce qu'il y a et ce qui se passe dans la rivière. Peu de temps après, un vapeur anglais, le *Waverley*, est signalé dans l'est ; le *Bayard* lui envoie deux projectiles pour l'arrêter : il stoppe ; un officier du *Nielly* va le visiter. En ce moment, deux très grandes jonques mouillées au milieu de la passe sont coulées par les Chinois de façon à ne laisser dans le barrage qu'un étroit passage de 60 mètres. Il suffira d'y couler un brick préparé à cet effet dans le voisinage, pour que la rivière soit désormais complètement fermée.

Alors l'amiral s'embarque sur le *Nielly* pour aller explorer l'entrée par le nord. Dès que ce croiseur a dépassé les îles Ta-yew et Seaou-yew qui sont comme des sentinelles avancées devant l'embouchure de la rivière Yung, il se trouve dans le rayon d'un fort à deux étages, élevé sur la pointe Chung. Il reçoit une bordée à laquelle il riposte aussitôt. Au feu du fort se joint celui des navires chinois. La canonnade dure une demi-heure. Le tir de l'ennemi est très bon : les obus tombent à 100 ou 200 mètres du navire français. Enfin, vers 4 heures, le *Nielly* revient et l'amiral remonte à bord du *Bayard.* Il signale de reprendre le mouillage de la veille et appelle tous les capitaines en conférence chez lui à 6 heures du soir.

Les reconnaissances ont appris qu'il y a sept navires ennemis en dedans du barrage, les trois croiseurs rapides de Sheï-Poo, plus deux avisos-transports et deux alphabétiques. « Par conséquent, dit l'amiral, demain au jour on appareillera et on ira mouiller devant l'entrée pour réduire le fort et couler les navires. »

Aussitôt commencent les préparatifs pour le combat annoncé. Belle soirée que celle-là, pleine d'émotion et d'impatiencè ! La pensée de chacun se reporte à quelques mois en arrière, à ces veillées de la fin d'août qui précédaient les bombardements de Mingan ou de Kimpaï.

Aussi quand le lendemain le soleil se lève, c'est avec un entrain sans pareil que les équipages garnissent les chaînes des ancres au cabestan et prennent les dispositions d'appareillage. A 5 heures et demie, les commandants sont appelés chez l'amiral. On se demande pourquoi ? La nuit aurait-elle modifié les projets de notre chef ?

Oui ; après une mûre réflexion et une plus calme appréciation des résultats à obtenir, l'amiral renonçait à l'opération. Sans doute l'extrême plaisir de couler sept autres bâtiments chinois justifiait la détermination rapide prise au retour de l'exploration du *Nielly.* Mais cette tentative n'avait pas toutes les chances de son côté ? Puisque le fort défendait le barrage, il eût été de première obligation de le réduire avant d'envoyer les embarcations et les torpilleurs faire sauter

les jonques coulées en travers de la rivière. Or, le *Bayard* et
la *Triomphante* ne pouvaient pas, à cause du fond, s'approcher
à moins de 1,800 mètres du fort, trop loin, par conséquent,
pour que leurs projectiles produisissent un bon résultat sur la
maçonnerie, trop loin pour que leur tir pût avoir la précision
nécessaire aux coups d'embrasures. Ces deux cuirassés étaient,
en outre, obligés de mouiller, l'espace où ils devaient se tenir
étant trop restreint pour leur permettre d'évoluer aisément,
et malgré tout, les croiseurs chinois se seraient encore
trouvés à plus de 4,500 mètres du point choisi pour le mouillage, c'est-à-dire en dehors d'une portée efficace. En admettant même que l'opération du barrage et du fort réussît
à souhait, il était de toute évidence que ces croiseurs, après
avoir contribué à entraver notre action par le tir de leur
artillerie, seraient remontés dans la rivière Yung jusqu'à
Ning-po et au delà, par des fonds où, ni le *Bayard,* ni la
Triomphante n'auraient pu les atteindre. Le *Nielly* seul et
la *Saône* auraient été susceptibles de les poursuivre ; mais
étaient-ils de taille à soutenir le choc de tant d'adversaires,
dans une rivière étroite dont les rives étaient couvertes de
soldats chinois échelonnés depuis l'embouchure jusqu'à la
ville de Ning-po ? Il devenait donc fort inutile d'exposer les
travailleurs du barrage à des pertes nombreuses pour ne pouvoir ensuite rien tenter sur les croiseurs, et le mieux était de
renoncer à une action périlleuse et incertaine. C'est surtout
devant les Asiatiques qu'il importe de ne pas avoir de demi-
succès.

L'amiral, avec sa prudence et sa facile intuition des choses,
devait prendre rapidement ce parti. Mais cette détermination
était faite pour causer un réel désappointement. Malgré les
difficultés dont l'opération était entourée, certains officiers

croyaient néanmoins à son succès final. Ils regrettaient que l'amiral eût abandonné son projet de frapper la flotte chinoise ; ils avaient la conviction que leur chef ne pouvait pas subir d'échec. Il demeurait, à leurs yeux, l'*enfant chéri de la victoire*, et il possédait ces deux qualités que Napoléon Ier considérait comme indispensables à l'homme de guerre : l'habileté et le bonheur.

Dès le matin du 2 mars, l'amiral envoie le *Nielly* à Gutzlaff communiquer avec le télégraphe, tandis qu'il signale aux autres navires « repos général et lavage du linge ». C'est au retour de Gutzlaff que le *Nielly* apporte la nouvelle des récompenses accordées aux trois vainqueurs de Sheï-Poo. M. Gourdon est mis au tableau d'avancement, M. Ravel nommé capitaine de frégate, et M. Duboc promu officier de la Légion d'honneur.

Le 3 mars au jour, le *Nielly* repart vers le nord, et la *Saône* signale des avaries dans ses chaudières. Elle est en si mauvais état, cette pauvre *Saône*, qu'elle devient plus un embarras qu'un appoint. L'amiral se décide à se séparer d'elle. Elle ira désarmer à Saïgon, ses chaudières ne pouvant pas même lui permettre de faire le voyage de France. Les officiers du *Bayard* et de la *Triomphante* font des sondages près des îles, en un point d'où il serait peut-être possible d'atteindre les navires chinois, en restant masqué par une petite colline

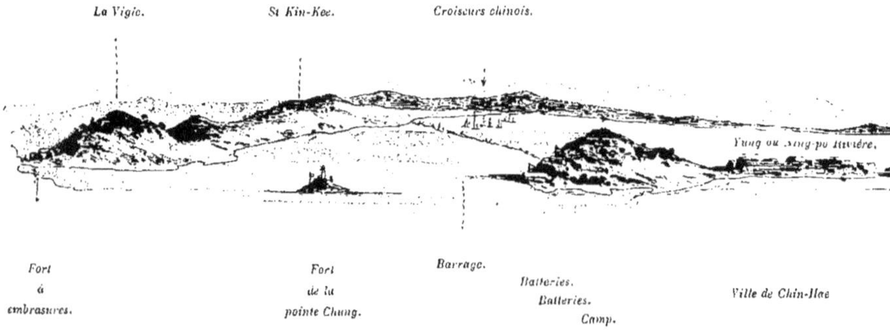

du fort de la pointe Chung. Ces sondages se continuent pendant la nuit.

Le lendemain, 4 mars, la première partie de l'expédition hydrographique étant terminée, la *Triomphante* regagne le mouillage de Kintang auprès du *Bayard*. Il faut vraiment que l'amiral produise un singulier effet de stupeur sur les cerveaux des Chinois, pour que jamais la moindre velléité d'attaque ne se manifeste contre ces deux seuls navires qui gardent l'entrée de la rivière. S'il est vrai que des Européens ont le commandement des croiseurs ennemis, comment parmi eux ne se trouve-t-il pas un homme résolu et séduit par l'appât d'un gros gain pour venir nous attaquer en torpilleur? Des marins qui s'improvisent tout à coup, en temps de guerre, capitaines chinois, doivent être pourtant des gens ne manquant ni d'audace ni même de témérité. Comment ne saisissent-ils pas une occasion si facile et si tentante ? Tout prouve, au contraire, la crainte et l'effroi que nous inspirons aux Chinois et à ceux qui les commandent. Ils ne se contentent même pas de se mettre en garde contre notre offensive : la nuit, on les entend répondre à des attaques imaginaires. De tous côtés retentissent des décharges d'artillerie et des salves de mousqueterie ; des fusées partent dans les airs ; une gerbe de lumière électrique jette ses rayons dans la passe. Les paisibles jonques circulent au milieu des balles et de la mitraille sans que les artilleurs, leurs compatriotes, se soucient de leur sort. C'est le souvenir de Sheï-Poo qui égare ainsi l'esprit des Chinois et leur fait prendre les moindres sampans pour des canots porte-torpilles ! Le bruit est assourdissant et tient tout le monde éveillé. Et quelle inutile consommation de projectiles !

Les jours suivants, les deux cuirassés se rapprochent encore de l'entrée de la rivière, mais leur distance du fort de la pointe Chung est encore de 5,500 mètres. Les obus du *Nielly* ont endommagé le fort, les embrasures de l'étage inférieur sont en partie comblées et il existe à côté, tout sur le même plan, un amas de décombres qui ressemble beaucoup à du plâtras de démolition. L'amiral fait prendre des dispositions permanentes contre une attaque de torpilleurs ; une ceinture protectrice est établie autour de chacun des cuirassés. Les nuits sont toujours troublées par les détonations des canons et des fusils que l'ennemi dirige à l'entrée de la rivière contre les jonques les plus pacifiques. Mais les journées sont relativement calmes. Les Chinois travaillent à réparer le fort. On les en empêche à coups d'obus de 14 et même de 24. Cette canonnade insignifiante est le seul incident de ce séjour, assez monotone. Les Célestiaux des jonques sont, comme toujours, nos meilleurs amis ; en passant près de nos navires, ils les considèrent d'un œil curieux, mais non inquiet.

Pourtant, que devient le blocus du Yang-tse ? Cette croisière du riz était si impatiemment désirée par l'amiral qu'en partant de Kelung, il avait voulu mettre son pavillon sur la *Triomphante*, le *Bayard* ayant à faire à sa machine quelques réparations qui lui auraient causé vingt-quatre heures de retard. Une fois en route, il n'avait guère songé d'abord à s'attarder devant Ning-po ; mais sa bonne fortune l'ayant mis, pour la seconde fois, en présence de la flotte chinoise, il ne pouvait se résoudre à la laisser échapper encore. Ne croyant pas possible de la détruire, il voulait du moins la rendre inutile pendant toute la durée des hostilités en la tenant bloquée pour toujours dans la rivière où elle était venue chercher un refuge.

L'amiral se décida donc à faire du mouillage actuel la

base d'opérations pour le blocus du riz. On était là à petite distance de la station télégraphique de Gutzlaff ; la rade était bonne, suffisamment abritée contre tous les vents. Deux phares éclairaient les passes ; il est vrai qu'ils étaient éteints, mais l'amiral demanda si parmi ses matelots il n'y avait pas de gardiens de phares ; plusieurs se présentèrent qui, au besoin, pourraient rallumer les feux à la barbe des Chinois. Si par hasard les courants, qui sont d'une grande violence, s'opposaient à un commode embarquement du charbon, il serait facile de choisir dans les chenaux des Chusan un recoin abrité où se tiendraient les charbonniers.

La croisière du riz avait commencé le 4 mars. Des navires avaient été, dans ce but, échelonnés devant l'embouchure du Yang-tse, de Shaweishan à Gutzlaff. Il y avait, au début, le *Rigault*, le *Nielly*, le *Champlain*, le *Lapérouse*, la *Vipère* qui venaient à tour de rôle se ravitailler et correspondre avec l'amiral. L'un d'eux avait escorté jusque près du *Bayard* le vapeur français *Tancarville* qui devait fournir à chacun le charbon nécessaire. Ces navires faisaient bonne veille, mais leur seule présence gênait singulièrement les consignataires et armateurs, Chinois ou Européens, qui se préparaient à faire sortir leur riz de Shanghaï. Devant un avertissement donné par le ministre d'Angleterre, ils renoncèrent à effectuer les envois projetés et rompirent les contrats qu'ils avaient pu signer avec le gouvernement chinois. Ceux de leurs navires qui étaient déjà chargés débarquèrent immédiatement leur riz.

La mesure préconisée par l'amiral et par M. Patenôtre eut donc son plein effet : pas un picul de riz ne sortit, par mer, de Shanghaï et comme, d'un autre côté, le grand canal du Nord était ensablé et hors d'état de servir, le gouvernement central ne reçut pas les énormes approvisionnements sur lesquels il comptait. Pour atteindre ce résultat, il fallait que nos croiseurs se maintinssent sans cesse devant l'embouchure du Yang-tse : toute cessation du blocus aurait eu, en effet, pour conséquence le rembarquement du riz et le départ des vapeurs. Ce blocus dura ainsi jusqu'à la signature de la paix, c'est-à-dire jusqu'au mois de juin. S'il semblait moins dur à supporter que celui de Formose, il n'était pas cependant exempt d'ennuis; la brume fréquente et les violents courants rendaient la navigation extrêmement difficile; la température très basse, au début du moins, ajoutait à la rigueur de la mission.

Dès qu'on apercevait un navire, on allait à sa rencontre. On lui signalait de stopper et l'officier désigné se rendait à son bord. Quand l'officier visiteur reconnaissait un chargement non prohibé, il signait sur le journal de bord du paquebot une déclaration tenant lieu de laissez-passer et y apposait le timbre officiel de la marine ; dans le cas où il croyait à une cargaison suspecte, il revenait en référer à son commandant qui, après examen, signalait au paquebot : Continuez votre route, ou : Suivez-moi au mouillage. Si le navire visité était laissé libre, on lui faisait hisser, en tête de mât, un pavillon conventionnel, différent chaque jour, qui le dispensait d'une nouvelle visite d'un nouveau croiseur.

Coup de roulis.

Tous les navires de commerce qui passaient en vue des bloqueurs étaient ainsi visités avec soin. Mais à la grande stupéfaction de l'escadre, si l'un d'eux avait dans son chargement

FAMILLE DE PÊCHEURS CHINOIS

quelque article déclaré contrebande de guerre, il n'était pas forcément saisi. Après arrangements et pourparlers entre ses armateurs et nos consuls, il pouvait être simplement conduit à Shanghaï, où l'article prohibé était débarqué et mis sous séquestre à la garde du ministre de France. C'est du moins ce qui advint pour le *Glenroy* (de la Cie Jardine). Visité par l'enseigne Pourpe, du *Champlain,* il fut reconnu porteur de 50 tonneaux de plomb. Le commandant Martial le fit arrêter, l'amiral approuva cette mesure, mais, quatre jours après, arriva un télégramme de M. Patenôtre enjoignant de relâcher cette prise, le plomb devant être séquestré à Shanghaï jusqu'à la fin des hostilités !

L'*Éclaireur,* qui était arrivé le 14 au mouillage devant la rivière Yung, avait apporté, de la part de l'amiral Lespès, le télégramme suivant daté du 8 mars : « Profitant d'une série de beau temps, le colonel Duchesne a commencé, le 4 mars, mouvement enveloppant. Après quatre jours de marche très pénible en terrain montagneux et combats très brillants, toutes les positions chinoises ont été successivement enlevées. Nous les occupons. L'ennemi est rejeté sur la route de Tamsui avec pertes considérables. Nous avons pris deux canons, beaucoup de fusils, drapeaux, munitions. L'état sanitaire est excellent. »

Par cette série d'affaires, nos lignes s'étaient considérablement étendues, nous étions maîtres des mines ou plutôt nous en commandions l'accès et les Chinois étaient refoulés sur Tamsui. Mais, sans de nouveaux renforts, il devenait impossible de reprendre les opérations, les forces disponibles capables d'entrer en ligne étant insignifiantes. La garde des positions conquises absorbait la plus grande partie des troupes disséminées sur un espace très étendu et très accidenté. En résumé, malgré des efforts opiniâtres, malgré des succès, l'occupation définitive ne se réalisait pas et l'efficacité du gage restait toujours hypothétique.

La découverte de la flotte chinoise à Ning-po et la nécessité de bloquer le Yang-tse étaient faites pour laisser croire à l'escadre que son centre d'action serait désormais déplacé du sud vers le nord. Mais l'imprévu joue à la guerre plus qu'ailleurs un rôle capital. Les combinaisons, que depuis plusieurs jours chacun élaborait à part soi, allaient se trouver tout à coup renversées par la mise à exécution d'un plan que l'amiral méditait depuis longtemps : l'attaque des îles Pescadores.

XIV

PRISE DES ILES PESCADORES

(29-31 mars.)

Le 17 mars, la *Triomphante*, toujours aux côtés du *Bayard* devant la rivière de Ning-po, était expédiée à Kelung où elle devait porter à l'amiral Lespès l'ordre de venir avec le *La Galissonnière* relever le *Bayard* dans le blocus des croiseurs chinois et dans le commandement de la croisière du riz.

L'amiral Courbet abandonnait donc ces croiseurs qu'il paraissait garder avec tant de satisfaction sous la gueule de ses canons. Que se passait-il ? Était-ce la paix ? Non, puisque le commandant Baux apportait en même temps de Chin-hae, au colonel Duchesne, l'ordre de tenir un bataillon d'infanterie de marine prêt à prendre la mer en vue d'une expédition imminente. Quoi qu'il en soit, le 19, le *La Galissonnière* appareillait de Kelung, et le 23, le *Bayard* venait l'y remplacer. Avant même d'entrer dans la baie, l'amiral Courbet signalait au *Villars* de pousser ses feux et, quelques heures après, ce bâtiment partait pour le nord. Le 24, le *Château-Renaud* prenait la même direction, remorquant le torpilleur Douzans, et la *Triomphante* allait à Taï-wan, où elle trouvait le *d'Estaing* et le *Duchaffaut*. Enfin, le 27, le *Bayard* lui-même et l'*Annamite*, portant un bataillon pris à Kelung et commandé par M. le chef de bataillon Lange, venaient les y rejoindre. La *Vipère*, partie de Kelung six heures avant le *Bayard* et l'*Annamite*, manquait au rendez-vous. Aussi l'amiral, dès son arrivée, signalait-il à la *Triomphante* : Avez-vous vu la *Vipère* ? La mer était énorme, un coup de vent violent se faisait sentir et on n'était pas sans appréhension sur le sort de la petite canonnière. Les nombreux écueils qui pullulent dans le canal de Formose légitimaient ces craintes.

Le 28, à 3 heures du soir, l'amiral fit appareiller l'escadre qui mouilla quelques heures plus tard dans la grande baie de Ponghou, sans que la *Vipère* fût encore arrivée. C'était bien la prise des Pescadores qui se préparait.

L'amiral, on s'en souvient, n'avait jamais été partisan de l'occupation de Kelung. Dès le 31 octobre, il avait écrit : « C'est une opération sans influence sur la cour de Pékin, le blocus qui en est la conséquence immobilisera en pure perte la majeure partie de nos forces navales et le seul régiment de marche mis à ma disposition. » Depuis cette époque, son opinion n'avait fait que se raffermir devant les difficultés que créaient, à la fois, la résistance opiniâtre des Chinois et les déplorables conditions hygiéniques où nous nous trouvions : « Nous continuons de piétiner sur place », écrivait-il le 15 mars. L'intention bien arrêtée du Gouvernement de ne pas envoyer de nouvelles troupes, l'inefficacité des efforts du petit corps expéditionnaire ne pouvaient lui laisser aucun espoir sur le résultat à attendre de notre occupation ; et dans sa conviction, la seule solution convenable et

digne
était l'évacuation
du nord de Formose   Le torpilleur *44* en marche.
avec la prise des Pescadores
comme compensation. Il voulait, en un mot, — puisque la politique des *gages* était la nôtre, — échanger le gage de Formose contre celui des Pescadores.

Toutefois il entendait n'abandonner l'un qu'après avoir pris et occupé l'autre. Mais les moyens restreints dont il disposait lui permettaient-ils de mener de front plusieurs opérations à la fois ? Comment détourner de la côte, pour les diriger sur les Pescadores, plusieurs des navires qui suffisaient à peine à assurer le blocus de Formose ? Comment surtout distraire de Kelung les quelques centaines d'hommes nécessaires à une nouvelle expédition ?.

Bien convaincu de cette double impossibilité, le commandant en chef avait fait auprès du ministre de la marine les plus vives instances pour qu'un sérieux renfort de navires lui fût envoyé. Il avait eu gain de cause, et une deuxième division venait d'être créée dans l'escadre de l'Extrême-Orient.

Le nouveau commandant en sous-ordre, le contre-amiral Rieunier, avait mis son pavillon sur le *Turenne*, cuirassé neuf, frère du *Bayard*. Les croiseurs *Magon*, commandant Puech, *Rolland*, commandant Mayet, *Primauguet*, commandant Buge, étaient partis de France, vers le 1er janvier, ainsi que les canonnières *Comète*, capitaine Noirot, et *Sagittaire*, capitaine Krantz. Enfin à ces navires le ministère avait joint les deux torpilleurs *44* et *50*, commandés par MM. Grenouilloux et Vignot, et, sous le nom de croiseur auxiliaire, le grand paquebot *Château-Yquem*, dont le commandement avait été donné à M. le capitaine de frégate Lejard. Tous ces différents navires allaient arriver prochainement. L'amiral jugea donc possible de tenter l'attaque des défenses de Makung et l'occupation des îles. Il demanda l'autorisation d'agir : elle lui fut enfin envoyée.

Le point principal des Pescadores, le port Makung, est une baie très découpée, située à l'extrémité sud-ouest de la plus grande des îles du groupe, appelée île Ponghou. Cette baie a son goulet ouvert au nord-ouest. En face de ce goulet, à une distance d'un mille environ, s'étend, dans la direction nord-sud, une île longue et étroite, l'île Fisher. L'espace libre entre les deux îles Fisher et Ponghou forme le port Ponghou. En avant et très près du goulet se trouve une petite île basse, l'île Plate ; en arrière, un petit îlot très bas aussi, l'île Observatoire.

Les ouvrages des ports Makung et Ponghou comprenaient :

<table>
<tr><td>Fort casematé
de Makung.</td><td>3 canons 10. Armstrong, acier rayé, 3 rayures.
4 pièces de 14 $^c/_m$ rayées. Voruz Nantes. 1869.
1 pièce 23 $^c/_m$ rayée frettée Armstrong.
1 pièce 16 $^c/_m$ Voruz Nantes.</td></tr>
<tr><td>Fort Noir, batterie
barbette à côté du
fort Nord.</td><td>1 caronade chinoise.
1 canon chinois de 19 $^c/_m$.
1 Armstrong 10 $^c/_m$, 3 rayures.
2 canons anglais 14 $^c/_m$ lisses.</td></tr>
<tr><td>Ile Plate
(batterie barbette).</td><td>2 canons chinois de 18.
2 canons chinois de 11 $^c/_m$.
1 canon chinois de 12.
1 canon lisse européen de 14.</td></tr>
<tr><td>Ile Observatoire
(en barbette).</td><td>1 pièce chinoise de 20 $^c/_m$.
2 Armstrong rayées de 10 $^c/_m$.</td></tr>
<tr><td>Fort Dutch
(en barbette).</td><td>2 canons de 22 $^c/_m$ lisses.
2 canons de 14 $^c/_m$ lisses.</td></tr>
</table>

Le camp retranché des troupes chinoises était établi près du village de Makung, dans le nord-est du fort. Sur l'île Fisher existait une batterie appelée batterie Sianchi ; les renseignements ne disaient pas si elle était armée. Un barrage fermait l'entrée du port Makung.

L'expédition qui allait commencer avait été préparée avec un soin minutieux par l'état-major général. Des ordres clairs et précis mettaient, avec une admirable netteté, chaque capitaine au courant de ce qu'il avait à faire. Les qualités de décision et de coup d'œil que l'illustre chef de l'escadre possédait à un si haut degré ne se sont jamais manifestées plus éclatantes et plus complètes que dans cette affaire. Tout était merveilleusement combiné pour vaincre une sérieuse résistance et venir à bout d'une défense énergique. Celle-ci ne se produisit pas, contrairement à l'attente générale; mais les dispositions prises en cette occasion par le commandant en chef n'en restent pas moins pour attester ses éminentes facultés.

Dans le doute où il se trouvait au sujet de l'armement de la batterie de l'île Fisher, il avait prescrit pour l'opération trois programmes distincts. Le premier programme supposait cette batterie armée ; les deux autres la supposaient non armée. Dans chaque programme, les navires avaient un poste de mouillage déterminé et indiqué sur la carte. Suivant l'état dans lequel l'amiral reconnaîtrait la batterie Sianchi, il signalerait l'exécution de tel ou tel programme. Chacun des postes de mouillage avait, pour l'attaque, un but exactement fixé et réglé d'avance :

Postes 2 et 3. Prendre à revers les batteries du fort Makung.

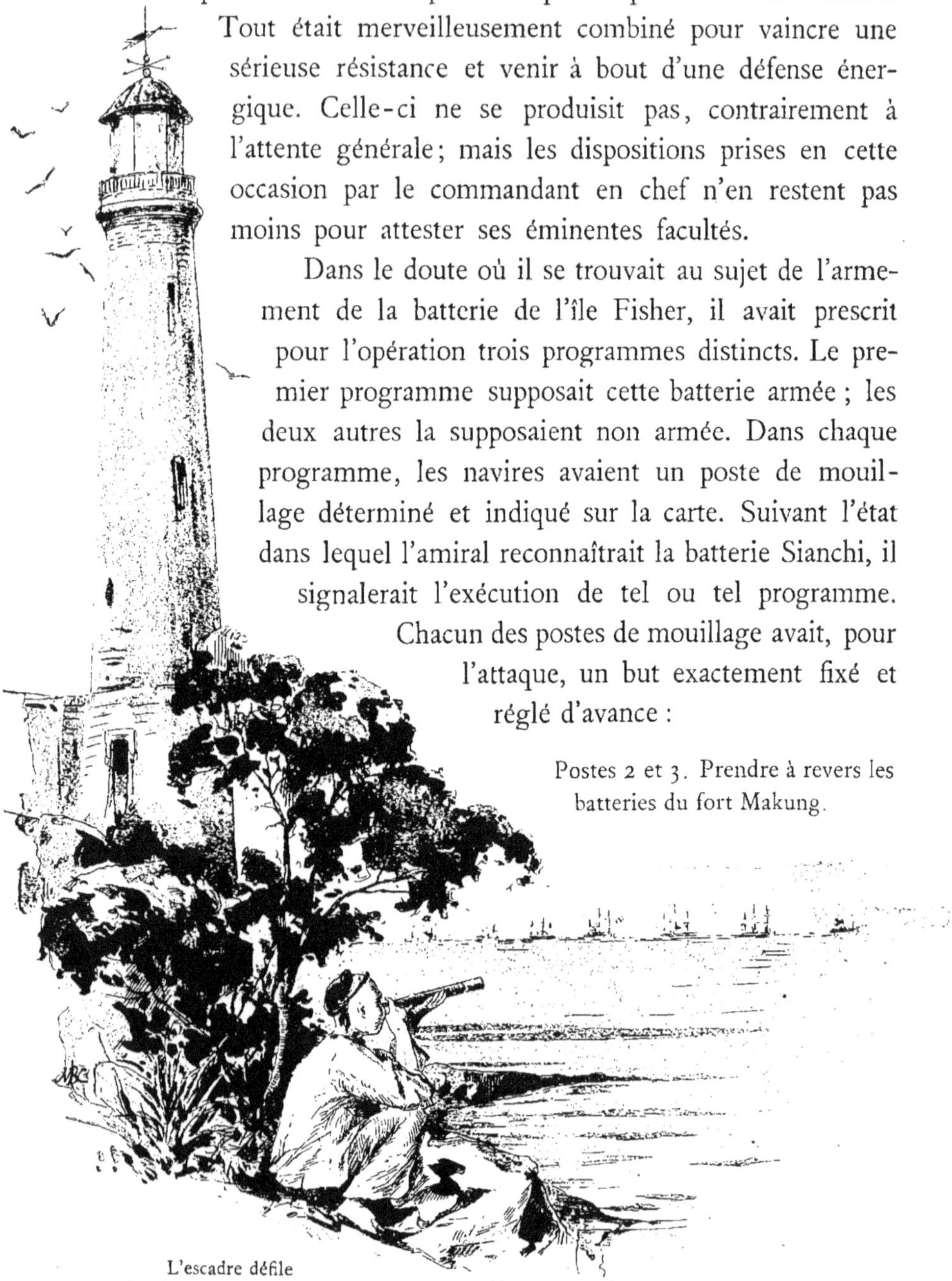

L'escadre défile devant le phare de la pointe Lisitah.

Postes 4 et 6. Battre le fort Nord de Makung à la limite du champ de tir et le Dutch à revers.

Poste 5. Battre le fort Nord et le Dutch à revers.

Poste 6. Battre le camp Nord des troupes chinoises.

Postes 7 et 8. Battre le fort de l'île Plate et Dutch près de la limite du champ de tir et à l'abri des coups du fort Nord.

Poste 9. Battre l'île Plate à revers ou la batterie Sianchi.

Poste 10. Battre le versant nord du contrefort du Pic Dôme et l'isthme intermédiaire pour empêcher arrivée ou fuite des troupes.

Poste 11. Battre l'isthme de sable pour arrêter troupes chinoises.

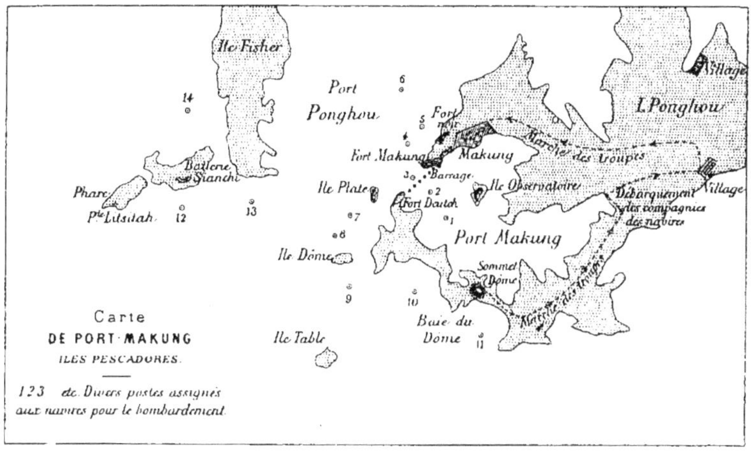

Port Makung. — Iles Pescadores.

Postes 12-13. Battre la batterie Sianchi à la limite du champ de tir.

Poste 14. Battre la batterie Sianchi à revers.

De tous les postes canonner les jonques qui s'échapperaient et les soldats chinois à la rescousse ou en fuite. Battre les camps. Empêcher de faire des barrages. Éviter de se placer dans le champ de tir d'un bâtiment plus fort et battant mieux.

Le 29 mars, aussitôt après le branle-bas et le déjeuner des équipages, l'appareillage est signalé. Ligne de file dans les eaux du *Bayard* qui ouvre la marche : *Bayard, Triomphante, d'Estaing, Duchaffaul, Annamite.* L'escadre défile devant le phare de la pointe Lisitah et ne tarde pas à découvrir la batterie Sianchi qui en est proche. Celle-ci paraît déserte : seul, un groupe de quelques Chinois se montre à côté de l'enceinte, mais son allure est des plus pacifiques. En conséquence, à 6 h. 55, ordre est donné d'exécuter les programmes 2 et 3. Chaque navire manœuvre pour prendre le poste qui lui revient, savoir : *Bayard,* le poste 4 ; *Triomphante,* 7 ; *d'Estaing,* 8 ; *Duchaffaut,* 9 ; *Annamite,* 10, 11. Pendant que ces mouvements s'effectuent à 7 heures, le fort Dutch ouvre le feu. Aussitôt le *Bayard* riposte, puis le *d'Estaing* tire sur l'île Plate et la *Triomphante* envoie son premier obus sur la même île en même temps : le petit pavois est hissé. Le feu s'engage des deux côtés avec vivacité. Nos obus de 24 démolissent rapidement les embrasures du fort casematé, tandis que ceux de 14 et les hotchkiss criblent les défenseurs des pièces en barbette. Aucun de nos bâtiments n'est touché. A 8 heures, les feux de l'île Plate, du fort Dutch et de l'île Observatoire sont éteints, et les défenseurs de ces ouvrages se sauvent à la nage.

« Au fort casematé et aux batteries voisines surtout, dit l'amiral Courbet, la résistance est plus vive. Quelques pièces, servies avec acharnement, continuent à tirer. A 8 h. 20, je signale de cesser le feu ; le *Bayard* et le *Duchaffaut* seuls continuent le tir pour démonter ces pièces. Le *Duchaffaut* change de mouillage et se rapproche du fort casematé. Les canons chinois sont réduits au silence les uns après les autres ; deux poudrières sautent. A 9 heures et demie, on peut considérer le combat comme terminé. Les Chinois ne tireront plus que par intervalles des coups de canon inoffensifs. »

A 9 heures, un gros nuage de fumée s'amoncelle dans l'ouest. C'est la *Vipère* qui arrive à toute vapeur et toutes voiles dehors. La pauvre petite canonnière a été obligée de prendre la cape pendant quarante-huit heures. Elle est allée se réfugier à Quemoy sur la côte de Chine pour attendre une embellie, et la voilà qui accourt au bruit du canon. Elle se mêle immédiatement à l'action et seconde le *Duchaffaut* pour battre le camp et les batteries barbettes ; à midi, la *Triomphante* change de mouillage et prend position devant les batteries du fort Nord. L'amiral lui signale de démolir les embrasures de gauche. Celles-ci sont prises à revers et culbutées une à une, comme dans la rivière Min, à 750 mètres de distance. Cette opération ne nous coûte pas un homme. A 2 heures et demie, la *Triomphante* change encore de mouillage et va sous l'île Plate. Une section de sa compagnie de débarquement descend à terre avec le lieutenant de vaisseau Merlin et les torpilleurs. Ils font sauter les six pièces de la batterie de cette petite île, pièces tellement démodées, tellement vieilles et informes qu'on pourrait les croire contemporaines de l'invention de la poudre.

A ce moment, l'amiral met son pavillon sur le *Duchaffaut* et va explorer la baie du Dôme, sur la côte sud de l'île Ponghou, où l'*Annamite* était mouillé, en dehors de la portée des forts. Il fait le signal à l'armée : Préparez troupes de débarquement pour une descente à terre.

L'amiral estimait que le gros des troupes chinoises devait nous attendre dans le nord de Makung, et que, de ce côté, l'ennemi avait sans doute préparé des abris pour ses tirailleurs, faits qui ont été constatés après le bombardement. En outre, le terrain au nord du fort présentait une pente rapide et difficilement accessible où nos troupes eussent éprouvé des pertes sérieuses.

Dans ces prévisions, et malgré l'éloignement, la baie du Dôme fut choisie comme point de débarquement ; là, un terrain dégagé permettait à nos troupes, soutenues par leurs canons de montagne et appuyées par deux bâtiments, de combattre avec avantage un ennemi très supérieur en nombre.

Enfin, la marche sur Makung par le sud et l'est avait le sérieux avantage de menacer la ligne de retraite de l'ennemi par terre, pendant que l'escadre la menaçait par mer.

Aussitôt ce plan adopté, le débarquement de l'infanterie de marine s'effectue dans les

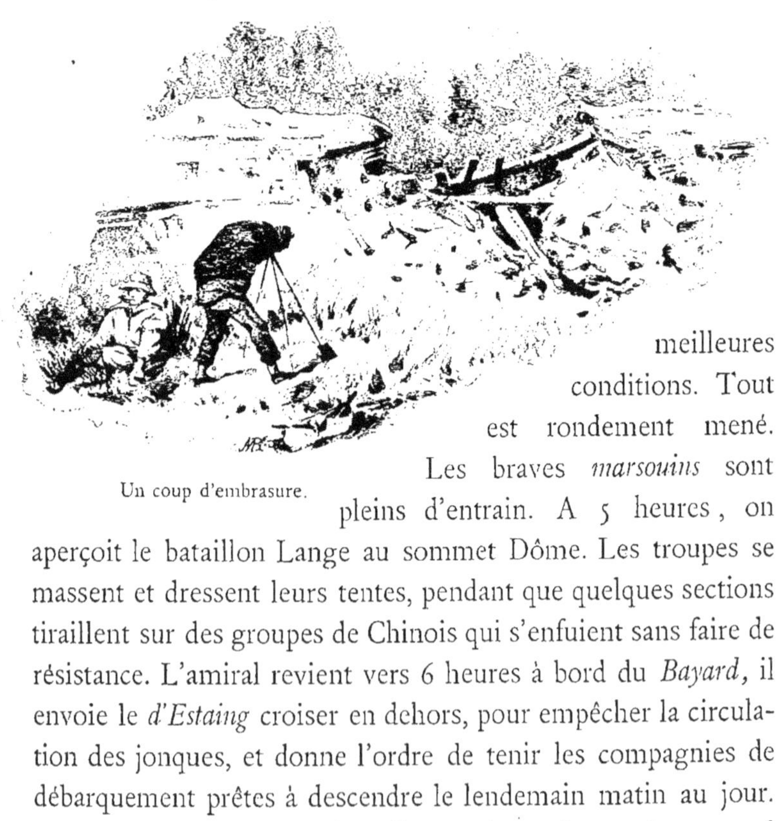

Un coup d'embrasure.

meilleures conditions. Tout est rondement mené. Les braves *marsouins* sont pleins d'entrain. A 5 heures, on aperçoit le bataillon Lange au sommet Dôme. Les troupes se massent et dressent leurs tentes, pendant que quelques sections tiraillent sur des groupes de Chinois qui s'enfuient sans faire de résistance. L'amiral revient vers 6 heures à bord du *Bayard,* il envoie le *d'Estaing* croiser en dehors, pour empêcher la circulation des jonques, et donne l'ordre de tenir les compagnies de débarquement prêtes à descendre le lendemain matin au jour. De loin en loin dans la soirée, l'ennemi envoie un obus auquel on répond sans tarder ; la lumière électrique fonctionne sans interruption. Vers 11 heures, M. le commandant Foret et M. le lieutenant de vaisseau Goudot, aides de camp de l'amiral, vont explorer le barrage qui s'étend sur toute la largeur de la passe, tandis qu'un immense incendie allumé par nos obus illumine la ville de Makung.

En somme, cette première journée s'est bien passée : les Chinois ont riposté avec assez d'entrain, mais pas un de leurs coups n'a porté. Le fort Sud est évacué ainsi que les batteries des deux îlots intérieur et extérieur ; quant au fort Nord, il est hors d'état de nous nuire, ses embrasures étant démolies.

Le lundi 30, les embarcations du *Bayard* s'éloignent du barrage à 3 heures du matin et regagnent leur bord. Il y a contre-ordre pour la mise à terre des compagnies et l'amiral charge la *Triomphante* de détruire le barrage ; il est nécessaire de forcer l'entrée du port Makung, afin de faire soutenir par le feu des navires la marche du corps de débarquement. La reconnaissance des deux aides de camp a appris que ce barrage se compose d'une grosse chaîne maintenue à 3 mètres de profondeur par des bouées — sans torpilles. La chaîne ne prend même que la moitié de la largeur de la passe ; elle se continue, dans l'autre moitié, par une forte aussière. Dès 5 heures du matin, le commandant Baux appareille son cuirassé pour se rapprocher de l'entrée ; ses embarcations vont tout de suite, avec le commandant Talpomba, procéder au relevage de la chaîne en commençant par la partie voisine du fort Dutch. L'opération marche à souhait malgré une vive fusillade des Chinois cachés derrière un monticule voisin du fort Nord ; il suffit d'une heure pour déblayer un chenal propre au passage des navires. Les sondes y donnent des fonds de 15 à 20 mètres. A midi et demi, la passe est entièrement dégagée. Un seul des travailleurs a été tué.

Pendant que la *Triomphante* achève son opération, l'attaque se prépare à terre. Dès 7 heures, le bataillon se met en marche et descend du sommet Dôme vers la plaine. A 7 h. 40, le *Bayard* entre dans Port-Makung par le passage que les canots de la *Triomphante* viennent de lui préparer. Il y mouille, bientôt suivi du *Duchaffaut* et de l'*Annamite*. A partir de ce moment, on ne voit plus un seul ennemi dans les forts, l'opération est bien finie de ce côté ; c'est entre l'infanterie et les Chinois que la seconde manche va se jouer. La *Vipère* s'enfonce dans la baie, pour protéger de ses canons la marche des troupes qui continuent leur mouvement, tandis que le *d'Estaing*, pour leur rendre le même service, croise en dehors de l'île. Les troupes ne rencontrent de résistance que vers 9 heures et demie du matin. La fusillade est vive et l'engagement nous coûte un tué et deux blessés. Quant aux Chinois, mis bientôt en déroute et poursuivis par les obus de la *Vipère*, ils laissent dans cette première affaire une cinquantaine de morts sur le terrain. Ce fut le seul incident de la journée. A 4 heures du soir, la colonne, traînant péniblement son artillerie dans un terrain sablonneux, établit son bivouac de nuit en un point convenable.

Pendant la matinée, les torpilleurs ont été envoyés pour faire sauter les canons des forts, ceux du *Bayard* au fort Dutch, ceux du *Duchaffaut* à l'île Observatoire. Enfin (et ceci prouve à merveille l'excellence de ce vaste port), à midi, le *Duchaffaut* accoste l'*Annamite* pour faire du charbon, par le plus beau calme plat qu'on puisse voir, tandis qu'au large il vente frais. C'était bien là le port rêvé, où pendant la mousson de nord-est nos navires se seraient tenus à l'abri en parfaite sécurité, tandis qu'à Kelung ils n'avaient cessé d'être en perdition durant tout l'hiver.

Le 31 mars, les compagnies de débarquement de la

Triomphante et du *d'Estaing,* sous les ordres de MM. Poirot et Pradère-Niquet, embarquent dans les canots du cuirassé et se groupent avec la compagnie du *Bayard* et la batterie de $65\,{}^{m}/_{m}$, commandée par M. le lieutenant de vaisseau Amelot. Elles vont aborder dans le fond du port, où elles rejoignent le commandant Lange.

Les forces réunies sous la main de cet officier se montent ainsi à six cent cinquante fusils et six canons. La colonne se met en marche : au sortir d'un village, l'ennemi abrité derrière des murs de pierre la reçoit par un feu nourri. Les 26ᵉ et 27ᵉ compagnies tournent immédiatement la position des Chinois, les marins donnent à leur suite ; l'artillerie de montagne, unissant ses feux à ceux de la *Vipère,* achève la débandade des Célestiaux, qui filent vers le nord de l'île emportant leurs blessés, mais laissant un grand nombre de morts sur le terrain. A 800 mètres plus loin, établi sur un plateau fortifié, un dernier groupe de Chinois bien armés dirige sur nos troupes un feu dangereux. Les compagnies de la *Triomphante,* du *d'Estaing,* les 25ᵉ et 27ᵉ compagnies d'infanterie de marine enlèvent cette position avec un admirable entrain.

Le *Duchaffaut,* pour appuyer le mouvement de l'infanterie, pénètre dans l'anse Makung proprement dite, c'est-à-dire dans la petite crique au bord de laquelle la ville de Makung est bâtie. Se faisant précéder par une baleinière qui sonde, il s'avance, mouille et, au fur et à mesure que les sondes le lui permettent, lève l'ancre, la laisse tomber de nouveau et peut ainsi, par enjambées de 150 à 200 mètres, s'avancer jusqu'en face de l'extrémité nord de la ville. Quant aux troupes, après la halte du dîner, elles se remettent en marche en se dirigeant sur Makung. L'artillerie fouille les villages sur son parcours, mais la résistance est brisée depuis le matin,

La ville, les deux camps retranchés qui en défendaient les approches, les forts, tout est abandonné et évacué. A 5 heures, nous sommes maîtres de la position, et le soir, à 8 heures et demie, le *d'Estaing* appareille pour Hong-Kong avec les dépêches qui doivent annoncer à la France le dernier succès de l'escadre de l'Extrême-Orient.

Les pertes sont minimes. La compagnie de la *Triomphante* a eu deux tués et quatre blessés, dont le lieutenant de vaisseau Poirot; les compagnies du *Bayard* et du *d'Estaing* n'ont pas été touchées. L'infanterie de marine a eu un tué et trois blessés. Les Chinois comptent trois cents à quatre cents tués et autant de blessés, parmi lesquels plusieurs mandarins. Les survivants s'embarquent, à la faveur de la nuit, dans des jonques et échappent ainsi à nos coups.

Enfin, le lendemain 1er avril, quand les premières lueurs du jour commencent à poindre, les troupes pénètrent dans le fort Makung, où elles n'avaient pas eu le temps d'arriver la veille. Elles y plantent le pavillon français et les clairons sonnent au drapeau. Alors le *Bayard* fait un salut de vingt et un coups de canon et joue trois fois la *Marseillaise*. C'est un beau moment d'enthousiasme. Les îles sont à nous ; le pavillon tricolore flotte sur elles ! Désormais elles ne s'appelleront plus Pescadores, mais bien, *îles des Pêcheurs*. Cette conquête si nécessaire et si utile a été faite sans grands sacrifices d'hommes : tout l'honneur en revient au chef de l'escadre.

La position géographique des Pescadores est admirable; elle vaut celle de Hong-Kong et lui est même supérieure. Ce qui donne à ces îles une valeur incomparable, c'est le port superbe de Makung, calme par tous les temps et d'un accès facile où les navires du plus gros tonnage peuvent aisément trouver place dans un havre de 875 hectares, profond de

10 mètres. Makung est appelé à devenir le plus beau fleuron de notre couronne coloniale en Extrême-Orient. En temps de paix, pendant la mousson de nord-est, nos navires y trouveront un refuge des plus commodes et, en temps de guerre, ils pourront s'y ravitailler en toute sécurité et tout près de la côte chinoise. En outre, les abords de la rade se prêtent admirablement à des constructions durables de magasins, d'ateliers, de dépôts de charbon ou de vivres où il sera possible plus tard, à nos escadres, de faire leurs rechanges et de se réparer.

Le pavillon tricolore flotte sur les îles Pescadores.

La petite étendue des îles permettra de les garder avec quelques troupes. La population indigène, qu'on évalue à 30,000 âmes, est paisible et sera facilement tenue en respect. Aussi l'amiral, vivement frappé de ces avantages qu'il prévoyait sans doute, mais qui dépassent ses espérances, prescrit immédiatement la création d'un établissement *définitif* et donne suite à son projet de faire évacuer et de diriger sur les Pescadores, le matériel et le personnel qui se trouvent à Formose.

Il faut citer intégralement le télégramme qu'il adressait au ministre de la marine dès le 31 mars. Sa lecture prouvera la facilité et la netteté d'organisation dont était doué le grand chef que la marine devait bientôt perdre. « Pour assurer établissement et centre de ravitaillement aux Pescadores, prière d'envoyer 15,000 tonneaux briquettes de charbon et ensuite 4,000 par mois; 10 kilomètres de fil aérien avec accessoires; quatre téléphones complets; 1 kilomètre porteur Decauville avec trente wagonnets; vingt caisses à eau de 4,000 litres; dix chalands de 25 tonnes; six corps-morts; deux chaloupes de 12 à 15 mètres; un ponton avec mâture; deux appareils de sixième ordre pour feux de port, un vert et un rouge; des pieux à vis pour construction d'un wharf. Prière de faire relâcher les Messageries ici et d'établir un câble télégraphique greffé sur le câble de la côte chinoise. Envoyer un ingénieur des travaux hydrauliques pour construction ou appropriation des magasins; un officier supérieur du génie pour études de fortifications. Quant au personnel administratif et médical, je ferai venir ici celui de Kelung si ce point est évacué. »

Pour compléter la prise de possession des îles, l'amiral envoie une compagnie d'infanterie de marine s'emparer de l'île Fisher et du phare dont le service est encore fait par le personnel de l'administration des douanes chinoises. Aucune résistance n'est opposée à la descente à terre et à l'installation du poste de nos troupiers, les indigènes se montrent très pacifiques. Ils viennent d'eux-mêmes aider au transport du matériel. Leur attitude est telle que leurs jonques, qui devaient être capturées, sont laissées libres. Puisque nous voulons nous établir dans ces îles, n'est-il pas de tout intérêt de donner aux habitants des preuves de notre générosité? L'amiral le comprend si bien qu'il fait placarder sans retard dans tous les villages et dans la ville une proclamation rassurant les Chinois, les invitant à revenir dans leurs foyers et leur garantissant aide et protection au cas où les mandarins chercheraient à les molester.

Avant de s'occuper de l'organisation de la nouvelle colonie, il importait de savoir les troupes en sécurité, à l'abri d'une attaque de l'ennemi dans les positions qu'elles avaient conquises. Aussi, dès le 4 avril, l'amiral avait organisé une colonne volante qui devait faire le tour de l'île. Elle circula toute la journée et le soir à 5 heures, le commandant Lange rendait compte ainsi de sa mission : « Fait le tour de l'île sans avoir rencontré un seul soldat chinois. Fait sauter portes du fortin. Proclamations ont été affichées partout. Habitants paraissent rassurés et rentrent dans leurs villages; ils promettent de venir à Makung vendre leurs denrées. Au retour ai trouvé poudrière située à 1,800 mètres du fortin. Poudre, cartouches, fusils, salpêtre, charbon, soufre, y étaient amassés en quantités considérables. Ai fait sauter le tout avec la poudre. » Le même jour, un aviso portait à l'île Fisher, pour y être mis en batterie, les canons de $80^{m}/_{m}$ venus de Kelung et le commandant Lange prenait le titre de *commandant supérieur des troupes aux îles des Pêcheurs.*

Après les mesures de défense, les dispositions d'installation furent prises peu à peu. La *Triomphante,* en donnant la chasse à des jonques, s'était échouée sur un banc inconnu autour duquel les sondes donnaient 20 à 22 mètres. L'accident n'avait pas eu de suites fâcheuses, mais il convenait d'en éviter de pareils dans l'avenir et il était indispensable de faire une hydrographie sérieuse des côtes. La *Vipère* fut dans ce but mise à la disposition de M. l'ingénieur Rollet de l'Isle. En même temps, le médecin en chef faisait choix d'un emplacement pour bâtir un hôpital sur l'île Observatoire, et le *Volta,* qui arrivait de Kelung, amenait trois médecins et des coolies.

Pour affirmer notre prise d'autorité, l'amiral faisait paraître des réglements de police intérieure, c'est ainsi qu'un ordre réglait la circulation des jonques. Elles devaient porter des deux côtés à l'avant, d'une façon très apparente, un numéro

L'amiral fait placarder une proclamation.

d'ordre
précédés d'un P.

Les patrons ne pouvaient circuler qu'avec un permis du *Bayard* ou de la direction du port quand celle-ci serait installée ; il leur était interdit de dépasser une limite de trois milles au large des îles.

Peu après, le service du phare de l'île Fisher était organisé sous la direction d'un premier maître de timonerie auquel on adjoignait les hommes qui s'étaient précédemment offerts comme gardiens de phares. Chose bizarre ! le personnel chinois chargé du phare consentait à initier à ce service les marins que nous y mettions.

Sur ces entrefaites, le *Roland* vint le soir du 2 avril mouiller à la pointe Lisitah avec le pavillon de quarantaine.

Cette mesure de prohibition qui excluait toute communication intrigua vivement. On questionna, on parla et le bruit du désastre de Lang - Son et de la retraite du général de Négrier se répandit tout à coup, « causant la plus pénible impression à tous

Prise de possession du phare.

les étages de la hiérarchie et atténuant grandement la joie de notre récent succès. » Le lendemain à 11 heures, le *Roland* appareillait avec le chef d'état-major pour Kelung, où l'amiral l'envoyait régler diverses mesures en vue de l'évacuation de Formose.

Ce n'est pas sans un vif sentiment de satisfaction qu'on avait vu arriver à la pointe de l'île Fisher, trois jours après la prise des îles, un bâtiment de commerce d'allure suspecte, portant pavillon anglais et qu'on connaissait pour un des navires transportant journellement entre la côte de Chine et Formose des soldats chinois. Le *Primauguet* alla le visiter, puis l'accompagna jusqu'à l'intérieur du port

Makung. C'était le *Ping-on*, navire à passagers, vide à cette heure, venant, disait-il, ravitailler le personnel du phare de Lisitah. Après être resté vingt-quatre heures à proximité de nos navires, il quitta librement le mouillage, au grand désappointement de toute l'escadre. Ce hardi forceur de blocus avait dû vingt fois tromper la vigilance des bloqueurs et chacun espérait qu'étant venu ainsi se jeter dans la gueule du loup, il serait gardé soigneusement et déclaré de bonne prise. Aussi quelle déconvenue quand on le vit appareiller et prendre le large !

Les impatients, ainsi qu'il leur arrive souvent, devaient, une fois de plus, avoir tort. Sept jours plus tard, le 12 avril, le *d'Estaing* faisait victorieusement son entrée à Makung, escortant ce même *Ping-on*, non plus vide cette fois, mais avec un plein chargement, sept cent soixante-dix soldats chinois, deux généraux à bouton bleu, des officiers et 10,000 piastres !

Tel était le prestige dont jouissait le commandant en chef, telle était la confiance aveugle qu'il inspirait, que jamais jusqu'alors il n'était venu à l'esprit d'un seul de ses officiers de commenter une de ses décisions. La manie de la critique, si familière à la jeunesse, n'avait jamais trouvé place devant les mesures qu'il pouvait ordonner. Tout était bien qui venait de lui. Toutefois, le renvoi du *Ping-on* semblait si inexplicable, qu'on en avait été déconcerté. Mais quand on le vit revenir sous la garde du *d'Estaing*, chargé d'un butin inespéré et regorgeant de troupes, les plus sceptiques furent obligés de convenir que l'amiral avait décidément un don secret d'infaillibilité.

Étrange histoire que cette capture du *Ping-on* et qui met sous un jour curieux la délicatesse et la moralité de ces individus cosmopolites, à professions multiples, moitié commerçants, moitié pirates que l'on rencontre dans les grandes villes d'outre-mer, en quête d'aventures et d'argent. Le nom typique de *Frères de la Côte,* sous lequel les matelots les désignent, dit assez bien du reste le décousu de leur existence. Le capitaine de ce *Ping-on* avait été embarqué quelque temps à bord du *Bayard,* à titre de personnage à renseignements.

Il disait connaître admirablement la Chine qu'il habitait depuis quinze ans, et avait demandé à l'amiral de lui acheter un yacht avec lequel il aurait été d'un point à un autre, à la recherche d'indications sur les armements de la Chine, les mouvements de troupes, etc... L'amiral avait répondu qu'il paierait simplement les renseignements qui lui seraient donnés

La piastre, véritable reine de la Chine.

et, en effet, à différentes reprises, ce capitaine avait reçu 200 piastres pour des informations données par lui. Lorsque le 4 avril, il vint aux Pescadores, c'était encore pour vendre ses services. Il informa qu'il devait, quelques jours plus tard, embarquer à Amoy neuf cents soldats chinois et les transporter sur un point de la côte de Formose qu'il indiquait. On le relâcha le 5. Le *d'Estaing* partit le 8 à sa recherche. Pendant trois jours constamment en marche à petite vitesse, le croiseur français fit la navette entre deux points peu distants l'un de l'autre ; enfin, le 12, dans l'après-midi, sa vigie signala un navire. C'était le *Ping-on !* Le *d'Estaing* courut sur lui, envoya à bord un officier qui, après vérification de l'identité, donna l'ordre au capitaine de faire route à 200 mètres du navire français. Le 13, le *d'Estaing* et sa prise rejoignaient l'amiral, et le 14, le *Ping-on* arborait le pavillon français. Il recevait pour capitaine M. le lieutenant de vaisseau Serpette.

Le 12 fut la journée des captures. Vers 5 heures du soir, le *Lutin* revint au mouillage, ayant à la remorque une jonque, dans laquelle étaient entassés quatre-vingt-quatre Chinois, surpris au moment où ils cherchaient à s'évader des îles. C'étaient des soldats réguliers. Ils racontèrent que, mourant de faim et chassés par les insulaires, ils s'enfuyaient pour essayer de gagner Taï-wan. Ce simple fait indiquait clairement que notre établissement aux Pescadores ne rencontrerait pas de grandes difficultés de la part de la population. Celle-ci, composée uniquement de pêcheurs (comme l'indique le nom des îles), était fort paisible. Que les nombreuses marques de fidélité qu'ils nous donnaient vinssent de la peur que nous leur inspirions ou de l'antipathie qu'ils ressentaient pour l'élément militaire chinois, peu nous importait. Le résultat était le même : nous pouvions nous installer tranquillement dans leurs îles. C'était un grand soulagement pour tout le monde de penser que, dans cette nouvelle conquête, on ne connaîtrait plus les préoccupations, les inquiétudes, les alarmes constantes qui avaient rendu si pénible le séjour de Kelung.

Depuis quelques jours, les mouvements des navires avaient recommencé. Aussitôt les opérations militaires achevées, l'amiral avait fait reprendre le blocus sud de Formose, interrompu momentanément pour permettre à un plus grand nombre de bâtiments de prendre part à l'attaque des Pescadores. Le 6, le *d'Estaing* était revenu de Hong-Kong confirmant la retraite de Lang-Son et annonçant la chute du ministère Ferry et son remplacement par un ministère Brisson-Freycinet. Le même jour, le *Volta* était arrivé à Kelung, mais son état d'usure le rendant impropre au service de l'escadre, il fut renvoyé à la division du Tonkin, d'où il devait, peu après, prendre la route de France. Le transport *le Tonkin* venant également de Kelung, le 9, amenait un grand nombre de malades qu'on éloignait du mauvais climat de Formose. C'est dans ce voyage que la chaloupe *le Georges*, remorquée par le transport, coula à pic. Cette chaloupe devait continuer à Makung le service du port qu'elle avait fait à Kelung depuis plusieurs mois. Le 11, le *Kerguelen*, venant de la station du Pacifique et commandé par M. Agénor Fournier, capitaine de frégate, rallia l'escadre. Puis l'*Annamite* retourna à Kelung pour l'évacuation tandis que le *Kerguelen*, le *Magon*, le *Lutin*, le *Primauguet*, allaient et venaient dans diverses directions, sans repos ni trêve.

La prise des Pescadores valut à l'habile et vaillant commandant de la *Triomphante*, M. Baux, une récompense depuis longtemps attendue par toute l'escadre. Par un décret du 11 avril, il fut élevé au grade de contre-amiral. En même temps, M. Lemercier-Mousseaux, commandant du *Duchaffaut*, était inscrit d'office au tableau d'avancement pour le grade de capitaine de vaisseau. Quelques jours plus tard, MM. Coulombeaud et Buge, commandants du *d'Estaing* et du *Primauguet*, furent faits commandeurs ; les capitaines de frégate Foret et Le Pontois devinrent officiers et les lieutenants de vaisseau Poirot, Bunel et Rouxel, chevaliers de la Légion d'honneur. Les aspirants Grout et Boiteux étaient nommés, au choix, enseignes de vaisseau.

Le *Tonkin* avait apporté, le 9 avril, les premières nouvelles des préliminaires de la paix. Rien n'était officiel encore. Aucune dépêche n'était venue à l'adresse de l'amiral, mais des télégrammes insérés dans les journaux de Hong-Kong et de Shanghaï assuraient qu'un armistice venait d'être conclu, nous permettant de garder nos positions jusqu'à la signature du traité définitif, et maintenant le blocus du riz et le droit de visite. Mais ces bruits étaient-ils fondés ? On attendait leur confirmation avec anxiété. Et d'ailleurs, que présageait cet armistice ? De quelle paix allait-il être suivi ?.....

XV

MORT DE L'AMIRAL COURBET

(4 avril-11 juin 1865)

Le 26 février, c'est-à-dire à la date même où le gouvernement français devait rendre effectif le blocus du riz à l'embouchure du Yang-tse M. Robert Hart, inspecteur général des douanes chinoises, avait adressé à M. Campbell, son agent à Paris, le télégramme suivant pour M. Jules Ferry :

Pékin, 25 février 1885.

L'Empereur a autorisé la proposition des quatre articles suivants :

1° D'une part, la Chine consent à ratifier la convention de Tien-Sin de mai 1884, et d'autre part, la France consent à ne rien demander de plus que ce qui est stipulé par cette convention.

2° Les deux Puissances conviennent de cesser les hostilités partout, aussi vite que les ordres pourront être donnés et reçus, et la France convient de lever immédiatement le blocus de Formose.

3° La France convient d'envoyer le Ministre dans le Nord, c'est-à-dire à Tien-Sin ou Pékin, pour arranger le traité détaillé, et les deux Puissances fixeront alors la date pour le retrait des troupes.

4° M. James Duncan Campbell, commissaire et secrétaire détaché de l'inspecteur général des douanes impériales maritimes chinoises, de deuxième classe du rang civil chinois et officier de la Légion d'honneur, est chargé de pouvoirs comme commissaire spécial de la Chine pour signer ce protocole avec le fonctionnaire nommé par la France, pour servir d'entente préliminaire.

Ces propositions, qui n'étaient pas conformes aux revendications poursuivies par le gouvernement français, furent accueillies avec quelque réserve. Cette réserve était d'autant mieux justifiée, que le général de Négrier remportait à ce moment de brillants succès au Tonkin. La situation n'imposait donc au Cabinet français aucune hâte de traiter, et les choses en restèrent là.

Un mois plus tard, les revers succédaient aux journées heureuses : le désastre de Lang-Son attristait le pays. La nouvelle en arriva à Paris le 30 mars et répandit aussitôt une indicible émotion. La Chambre, en renversant le ministère Ferry, manifesta vivement son désir d'une paix immédiate, et le chef du Cabinet, tombé du pouvoir, n'eut qu'à livrer la dépêche du 26 février pour faire rédiger le *Protocole* suivant, qui porte la date du 4 avril :

Entre MM. Billot, Ministre plénipotentiaire, directeur des affaires politiques au ministère des affaires étrangères, James Duncan Campbell, commissaire et secrétaire non résident de l'Inspecteur général des douanes impériales maritimes chinoises, de deuxième classe du rang civil chinois et officier de la Légion d'honneur,

Dûment autorisés l'un et l'autre à cet effet par leurs Gouvernements respectifs ;

Ont été arrêtés le protocole suivant et la note explicative y annexée :

ART. 1er.

D'une part, la Chine consent à ratifier la convention de Tien-Sin du 11 mai 1884, et d'autre part, la France déclare qu'elle ne poursuit pas d'autre but que l'exécution pleine et entière de ce traité.

ART. 2.

Les deux Puissances consentent à cesser les hostilités partout, aussi vite que les ordres pourront être donnés et reçus et la France consent à lever immédiatement le blocus de Formose.

ART. 3.

La France consent à envoyer un Ministre dans le Nord, c'est-à-dire à Tien-Sin ou à Pékin, pour arranger le traité détaillé, et les deux Puissances fixeront alors la date pour le retrait des troupes.

Fait à Paris, le 4 avril 1885.

Signé : BILLOT.
Signé : CAMPBELL.

Note explicative du protocole du 4 avril 1885.

1° Aussitôt qu'un décret impérial aura été promulgué, ordonnant la mise à exécution du traité du 11 mai 1884, et enjoignant par conséquent aux troupes chinoises qui se trouvent actuellement au Tonkin de se retirer au delà de la frontière, toutes les opérations militaires seront suspendues sur terre et sur mer, à Formose et sur les côtes de la Chine ; les commandants des troupes françaises au Tonkin recevront l'ordre de ne pas franchir la frontière chinoise.

2° Dès que les troupes chinoises auront reçu l'ordre de passer la frontière, le blocus de Formose et de Pak-Hoï sera levé et le Ministre de France entrera en rapport avec les plénipotentiaires nommés par l'Empereur de Chine, pour négocier et conclure, dans le plus bref délai possible, un traité définitif de paix, d'amitié et de commerce. Ce traité fixera la date à laquelle les troupes françaises devront évacuer le nord de Formose.

3° Afin que l'ordre de repasser les frontières soit communiqué le plus vite possible par le Gouvernement chinois aux troupes du Yunnan, le Gouvernement français donnera toutes facilités pour que cet ordre parvienne aux commandants des troupes chinoises par la voie du Tonkin.

4° Considérant toutefois que l'ordre de cesser les hostilités et de se retirer ne peut parvenir le même jour aux Français et aux Chinois et à leurs forces respectives, il est entendu que la cessation des hostilités, le commencement de l'évacuation et la fin de l'évacuation auront lieu aux dates suivantes :

Les 10, 20 et 30 avril, pour les troupes à l'est de Tuyen-Quan ;

Les 20, 30 avril et 30 mai, pour les troupes à l'ouest de cette place.

Le commandant qui, le premier, recevra l'ordre de cesser les hostilités, devra en communiquer la nouvelle à l'ennemi le plus voisin et s'abstiendra ensuite de tout mouvement, attaque ou collision.

5° Pendant toute la durée de l'armistice et jusqu'à la signature du traité définitif, les deux parties s'engagent à ne porter à Formose ni troupes, ni munitions de guerre.

Aussitôt que le traité définitif aura été signé et approuvé par décret impérial, la France retirera les vaisseaux de guerre employés à la visite... etc., en haute mer et la Chine rouvrira les ports à traité aux bâtiments français... etc.

En exécution de ce protocole, un décret impérial du 13 avril ratifia la convention du 11 mai 1884 du commandant Fournier et enjoignit aux troupes chinoises de se retirer du Tonkin. La nouvelle officielle en parvint à l'escadre le 15, et le jour même le *d'Estaing* et le *Champlain* portèrent aux bloqueurs de Formose l'ordre de lever le blocus. En conséquence, dès le 16, le *Duchaffaut*, la *Comète*, le *Duguay-Trouin* et le *Roland* ralliaient à Makung le pavillon de l'amiral.

Toutefois, suivant le cinquième paragraphe de la *Note explicative*, les troupes françaises devaient rester, pendant toute la durée de l'armistice ainsi conclu, sur les points du territoire chinois qu'elles occupaient tant au Tonkin qu'à Formose, et les vaisseaux de guerre pouvaient continuer à exercer la visite, pour empêcher la contrebande du riz.

Dans ces conditions, il n'y avait donc pas à modifier la situation des croiseurs qui tenaient dans le nord le blocus du Yang-tse ; mais il devenait absolument nécessaire de suspendre l'évacuation de Formose déjà commencée. Nos ennemis auraient probablement vu, dans cette évacuation, non pas l'échange du gage de Kelung contre celui des Pescadores, mais le simple abandon d'un territoire conquis par nos armes ; et tout ce qui pouvait être interprété comme de l'impuissance ou de la faiblesse devait être à tout prix évité par nous à la veille de la négociation d'un traité de paix. Aussi l'amiral Courbet se hâta de donner aux troupes du corps expéditionnaire de Kelung l'ordre de rester dans leurs positions. Il fit simplement évacuer le matériel maritime et militaire, accumulé naguère à Formose en vue de l'établissement qu'on y avait projeté, et il le fit diriger sur les Pescadores.

Il faut remarquer, en effet, que le protocole ayant été signé à Paris au moment même où s'accomplissait la prise de ces îles, le document en question ne prononçait pas leur nom. La note explicative était muette sur leur reddition future ; elle ne parlait que de l'évacuation du nord de Formose. L'amiral pouvait donc avoir l'espoir que sa dernière et admirable conquête serait conservée à la France ; aussi, malgré l'armistice, continua-t-il de mettre à exécution les plans qu'il avait formés dès l'origine. Convaincu chaque jour davantage du merveilleux avenir réservé à Port-Makung et aux îles des Pêcheurs, il ne négligea rien pour y fonder au plus tôt l'établissement complet et durable qu'il jugeait nécessaire.

Le commandant de Maigret, chef d'état-major de l'escadre,

était, comme on l'a vu, parti pour Formose dès le 3 avril ;
il y resta plus d'un mois avec mission d'y régler tous les
détails de l'embarquement et du transport sur les Pescadores
des approvisionnements et du matériel. Grâce à ses habiles
mesures, grâce aussi à l'activité que chacun déploya, on put
créer à Makung, en quelques semaines, presque en quelques

Pêcheurs des Pescadores.

jours, un centre
très bien pourvu d'approvi-
sionnement et de ravitaillement, propre en tout cas à suffire aux
exigences d'une escadre qui ne comptait pas alors moins de
trente-quatre bâtiments. C'était là un véritable tour de force ;
mais que ne peut-on accomplir avec une volonté opiniâtre et
une ardeur à toute épreuve ?

Le 6 avril, un personnel médical détaché des ambulances
de Kelung était arrivé à Makung. Il fut installé dans une immense maison, autrefois le yamen du mandarin, construction

très aérée, avec cours, jardins et nombreuses dépendances. Celles-ci furent, dans la suite, transformées en autant de salles isolées où les conditions hygiéniques étaient bonnes et où les malades trouvèrent un abri convenable lors de la réapparition de l'*algide*. Car elle revint cette sinistre maladie, frappant ceux qu'elle avait épargnés à Kelung, faisant de nouvelles et trop nombreuses victimes. Oh ! ces misères, ces maladies ! de quelle impression douloureuse et navrante, elles enveloppent les souvenirs de ceux qui se trouvaient alors dans cette vaillante escadre !

Outre le personnel médical, un navire avait amené un ingénieur des constructions navales, M. Duplaa-Lahitte, et un entrepreneur français de Saïgon, agent de la maison Eymar. On commença aussitôt la construction de deux appontements. La besogne fut rapidement menée. Une *direction du port* put être bientôt constituée. Elle fut

Régime lacté.

confiée à M. le capitaine de frégate Ferrand, récemment venu du Tonkin où il commandait le *Léopard*. Il reçut le titre de *commandant de la marine* et eut pour adjoint le lieutenant de vaisseau Brion, de la *Triomphante*. On détacha sous ses ordres un nombreux personnel de sous-officiers et de matelots pris sur tous les bâtiments et trois cents prisonniers du *Ping-on* qui devinrent de précieux auxiliaires pour tous les travaux de force.

Alors commença cet énorme travail du débarquement du matériel qui venait de Formose. Les bâtiments y coopéraient tous, en envoyant au navire à décharger des embarcations et des hommes. Chaque jour deux cent cinquante marins de corvée travaillaient sans relâche depuis 5 heures du matin jusqu'à la nuit. Ils étaient obligés de se surmener, car certains bâtiments de commerce, comme le *Welcome*, affrétés pour une période limitée, devaient toucher 1,500 fr. par jour de retard dans leur déchargement. Les embarcations accostaient le long des appontements et étaient déchargées dans les wagonnets qui roulaient sur un chemin de fer Decauville. On créa de la sorte à terre, et fort rapidement, un vaste dépôt de charbon. On disposa dans d'anciens hangars réparés et appropriés, des magasins à vivres et, auprès d'eux, un parc aux bœufs alimenté par les paquebots des Messageries maritimes. Le service des vivres fonctionna ainsi de très bonne heure. Les navires et la troupe envoyaient tous les matins à la *distribution*. On aurait pu se croire dans l'un des ports de France. Comme à Brest ou à Toulon, le bâtiment qui quittait *la garde* à 8 heures du matin était chargé ce jour-là d'envoyer aux *subsistances* le médecin, le commissaire et l'officier *de commission*.

Le *Feï-ho* avait été mis à la disposition de l'ingénieur hydrographe Rollet de l'Isle. Une carte de la rade fut dressée immédiatement ; on y numérota les mouillages de 1 à 40. Lorsque le sémaphore de l'île Fisher signalait un navire, l'amiral désignait son mouillage en hissant un numéro : 15, par exemple. Les deux bâtiments les plus rapprochés du poste 15, c'est-à-dire les navires mouillés à 14 et à 16, hissaient respectivement ces numéros, en sorte que le nouveau venu n'avait qu'à venir se placer au poste intermédiaire que lui indiquaient ses deux voisins.

L'organisation des défenses des îles et de la rade, commencée par l'installation d'une batterie de $80^m/_m$ sur l'île Fisher, n'était pas perdue de vue. Un commandant d'artillerie de marine avait été, dans ce but, mandé de Kelung. Il avait fait réparer dans les forts les dégâts que nos obus y avaient causés. Deux batteries de 90^m/$_m$, amenées de France le 5 mai par le *Château-Yquem* avec des mulets et des artilleurs, étaient destinées à armer ces forts.

Pendant ce temps, les troupes et les compagnies de débarquement laissées à terre *(Bayard, Triomphante, d'Estaing)* nettoyaient leurs casernements et s'y installaient pour le mieux. Vers la fin d'avril, quand les travaux les plus indispensables eurent été exécutés, le commandant en chef fit étudier l'assainissement de la ville. Sa malpropreté entretenait, si elle n'engendrait pas, l'*algide* et la fièvre typhoïde. On combla deux ou trois ruisseaux infects, on rasa les maisons sordides qui avoisinaient les cantonnements, on déblaya les décombres, on perça de larges avenues, on répandit à profusion du sulfate de fer et de l'acide phénique, et, peu à peu, l'état sanitaire devint meilleur.

Les indigènes, rassurés par les proclamations de l'amiral, s'étaient rapprochés de nous, ils rentraient dans leurs villages et s'adonnaient, comme par le passé, aux travaux des champs. Ils venaient en toute confiance vendre fruits et légumes. Un petit marché était installé dans la ville et facilitait l'approvisionnement des tables. On y trouvait du veau, des volailles, des œufs en abondance. Les navires, si mal partagés depuis de longs mois, profitaient des bienfaits de ce retour au calme et à la sécurité. Le poisson affluait dans les sampans qui circulaient sur rade; il était à si bas prix que sur les fonds du *détail* on pouvait en offrir journellement aux équipages. Les paquebots des Messageries, qui depuis le 10 avril faisaient escale à Makung, apportaient en outre du Japon, moutons, gibiers, fruits, etc..., au grand détriment et au grand déplaisir des *mercantis* et des *storekeepers* qui étaient venus prendre d'assaut la place de Makung. Ces industriels sans pudeur, sortes de vampires du soldat et du matelot, faisaient payer les moindres choses le quadruple de leur valeur. C'était une exploitation sans nom. L'amiral avait essayé de régenter la vente, mais il n'avait guère pu tarifer que les objets de première nécessité pour les troupes.

En somme, la vie matérielle devenait presque facile. L'existence n'avait plus la rigueur des mois précédents : les équipages goûtaient un peu de repos, bien gagné; les chauffeurs pouvaient abandonner leurs chaudières enfin éteintes ; et les navires eux-mêmes,

Les poissons affluaient dans les sampans...

déshabitués depuis longtemps de tous soins de coquetterie, reprenaient leur apparence ordinaire. La mousson de nord-est venait de cesser et la belle saison qui précède la venue de la mousson de sud-ouest avait fait son apparition. D'ailleurs, dans cette superbe rade, le roulis était inconnu. Sur les bâtiments toujours tranquilles on était assuré de goûter, pendant la nuit, un sommeil réparateur. Des promenades à terre venaient rompre la monotonie du séjour à bord et on pouvait s'aventurer dans les environs de la ville sans risquer, comme à Kelung, d'être fusillé par quelque sentinelle chinoise. Les officiers possédés de la manie du *bibelot* trouvaient aisément à occuper leurs loisirs. Les pagodes nombreuses de l'île Ponghou étaient une mine inépuisable de bouddhas et de statuettes de bois doré, d'objets curieux que les bonzes eux-mêmes, ô profanation ! ne se refusaient pas à vendre. La maladie du bibelot est contagieuse : peu à peu, elle s'était répandue partout et chacun allait faire à terre sa moisson de curiosités et de souvenirs. Jusqu'à un excellent et digne aumônier de la flotte que l'on vit un jour rapportant triompha-

Les officiers possédés de la manie du bibelot...

lement dans ses bras un superbe bouddha, naguère ornement d'un temple païen !

Tandis que l'organisation de Makung s'accomplissait avec une célérité et un ordre qui font grand honneur aux officiers de l'état-major de l'amiral, l'escadre ne restait pas inactive. Elle avait à s'employer dans les quatre rôles qui lui étaient maintenant dévolus : voyages à Kelung — service des dépêches — surveillance des passes des Pescadores — blocus du riz à l'embouchure du Yang-tse. Les allées et venues entre

Formose et Makung étaient incessantes. Presque tous les navires étaient employés au transport du matériel. C'est dans l'un de ces voyages que se perdit, le 30 avril, le torpilleur de M. Campion, n° *46.* Il était à la remorque du *d'Estaing,* sans personne à bord, comme cela se pratique toujours. L'amarre qui le reliait au croiseur passait dans une manille dont le boulon se brisa. Le *d'Estaing* ne put pas le reprendre à cause de l'état de la mer et chercha seulement à se maintenir auprès de lui. Mais la nuit survint, la mer grossit davantage et le torpilleur échappa dans l'obscurité à sa surveillance. L'amiral envoya le surlendemain quatre navires à la recherche du petit bâtiment : aucun ne réussit à le retrouver. Les dépêches étaient portées à Hong-Kong par les croiseurs. La correspondance de l'amiral étant alors des plus considérables, deux de ces bâtiments devaient marcher en même temps, l'un allant de Makung à Hong-Kong, l'autre faisant le trajet inverse. Mais ces voyages, loin d'être pénibles, offraient à ceux qui les effectuaient la compensation d'une relâche agréable.

La surveillance des passes des Pescadores incombait aux canonnières. Dans le début, cette surveillance avait eu pour cause la nécessité de traquer les 1,500 soldats chinois défenseurs de Makung qui, relégués dans la partie de l'île la plus éloignée de nous, cherchaient à fuir et à gagner Formose. C'est ainsi que le *Lutin,* on s'en souvient, captura un jour quatre-vingts de ces soldats blottis dans le fond d'une jonque. Plus tard, les canonnières durent croiser autour de l'île pour en défendre l'accès à de nouvelles troupes. Elles eurent aussi à protéger les paisibles habitants des villages ralliés à nous, et même à leur prêter main-forte contre les mandarins qui tentaient de les inquiéter ou de les molester.

Quant au blocus du riz, il restait tenu avec la même

rigueur. Il importait plus que jamais, malgré l'armistice, de continuer les mesures prohibitives dont l'effet avait été si puissant sur les dispositions du gouvernement chinois. Le centre d'opérations était le mouillage de l'île Kintang, plus tard appelé mouillage de Taou-sé, du nom d'un village chinois, situé sur une petite île, où l'amiral Lespés avait réussi à faire créer un marché très bien fourni en vivres et provisions de toutes sortes. L'importance de la croisière et de la flotte détachée devant le Yang-tse obligeait à maintenir constamment un bâtiment amiral dans le nord. Le *Bayard* y demeura jusqu'au 21 mars, jour où l'amiral Courbet alla mener en personne la prise des Pescadores ; l'amiral Lespés y resta du 21 mars au 28 mai, époque où il y fut relevé par l'amiral Rieunier et le *Turenne*. Le service était organisé de la façon suivante : devant la rivière Yung, stationnaient deux bâtiments, la frégate amirale au poste de Taou-sé, et un croiseur en grand'garde sous l'île Ta-yew. Ce service de grand'garde était plus spécialement fait par l'*Éclaireur*, le *Rigault*, le *Champlain*. Tous les autres navires étaient échelonnés de Gutzlaff à Shaweisham, sous la direction du capitaine de vaisseau le plus ancien. C'étaient le *Nielly*, le *Lapérouse*, le *Château-Renaud*, auxquels se joignirent dans la suite le *Magon*, le *Roland*, le *Primauguet*, le *Villars*. Ils allaient à tour de rôle à Taou-sé se ravitailler en vivres et en charbon, apportés par les grands vapeurs français *Tancarville, Cachar*, etc.

Ce blocus du Yang-tse était aussi ingrat que par le passé : toujours les mêmes allées et venues, les mêmes *ronds dans l'eau*, les mêmes mouillages en pleine mer, les mêmes piétinements sur place lassants et monotones ; mais cette fois, aux ennuis ordinaires, s'ajoutaient la rigueur d'une température extrêmement froide et les dangers d'une brume presque continuelle ; en outre, la vigilance la plus soutenue était nécessaire dans ces parages fréquentés par d'innombrables steamers de toutes tailles et de toutes nationalités.

Deux des bâtiments bloqueurs avaient réussi à inspirer une véritable terreur aux consignataires de navires à Shanghaï, qui les désignaient sous les noms de *white* et de *black,* le blanc et le noir. Ces deux bateaux, que leur vitesse de 15 nœuds rendait redoutables, étaient le *Primauguet* peint en blanc et le *Nielly* peint en noir. C'est à ce dernier navire qu'on dut le 28 mai, presque à la fin du blocus, la capture de l'insaisissable *Wawerley.* Ce bâtiment avait si souvent mis en défaut la vigilance de nos croiseurs, que son audace ne connaissait plus de bornes. Il poussait l'impertinence jusqu'à faire annoncer par les journaux le moment de son départ ainsi que sa destination. Certain jour, il fut signalé par M. Patenôtre comme devant quitter Shanghaï avec une cargaison suspecte. L'avis en étant parvenu au commandant du *Magon,* sous-chef de la station, le commandant des Essards obtint, sur sa demande, d'aller avec le *Nielly* attendre le *Wawerley* à 100 milles au nord de Shaweisham. Les choses se passèrent comme elles avaient été dites. Le soir, le navire anglais partit de Shanghaï sans feux, navigua toute la nuit près de la côte loin du *Magon* qui l'attendait à la sortie des passes habituelles et, au petit jour, se trouva à sa grande stupéfaction en présence du *Nielly.* Il était abondamment chargé de plomb, d'étain, de soufre et de salpêtre. Sa capture fut décidée et le lieutenant de vaisseau Couturier le conduisit à Makung, où il arriva le 30 mai.

Lorsque la prise des Pescadores fut un fait accompli, tous nos navires vinrent successivement à Makung passer une ou deux semaines pour visiter leur machine et se reposer de leurs fatigues. Là seulement, ils purent éteindre leurs feux que,

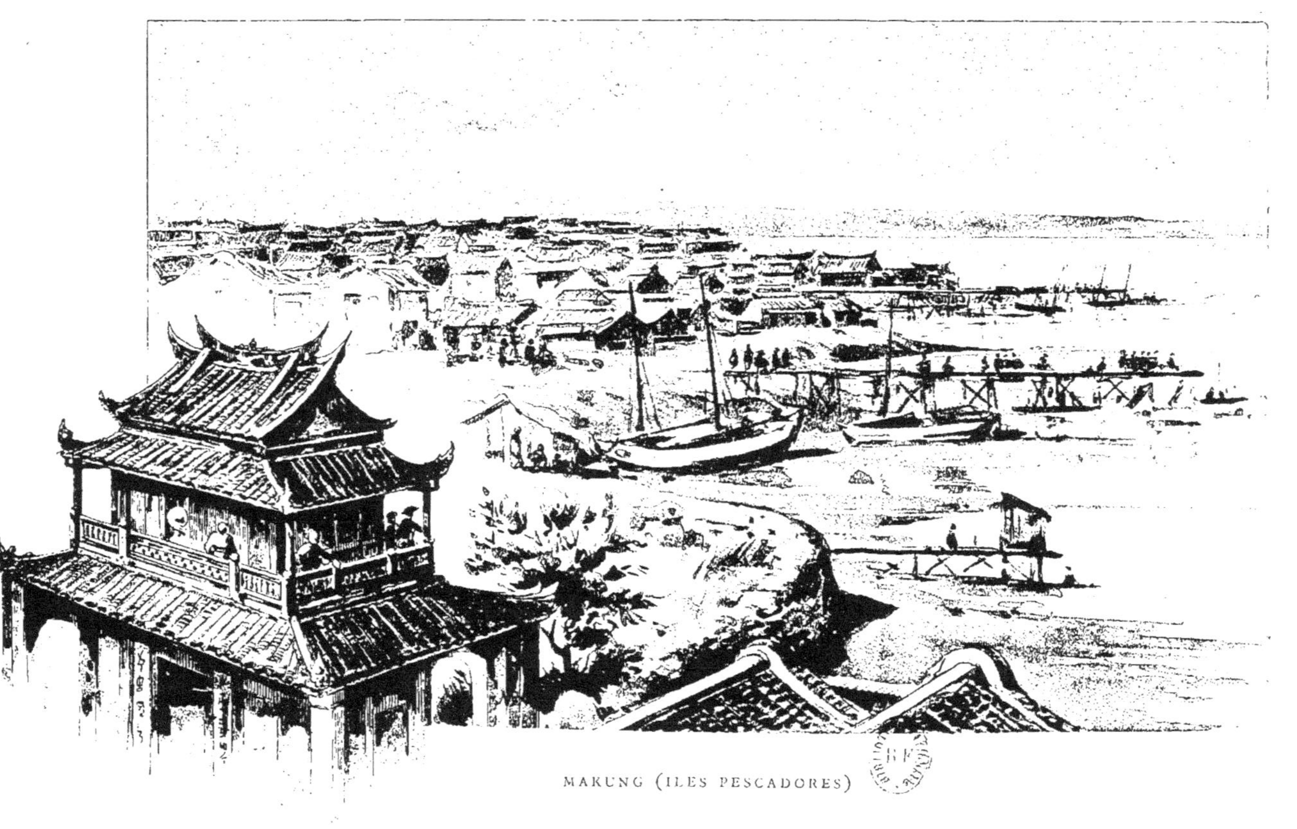

MAKUNG (ILES PESCADORES)

depuis six mois, les uns et les autres gardaient toujours allumés. Là seulement, il fut possible aux officiers en second de s'occuper de la propreté des bâtiments dont aucun, depuis six mois, n'avait reçu une seule couche de peinture.

La saisie du *Wawerley* fut le seul incident notable de cette longue et dure croisière, dont les équipages commençaient alors à entrevoir le terme. Ils savaient que M. Patenôtre, entré en relations directes avec Li-Hung-Chang à Tien-Sin, était sur le point de conclure et de signer une paix définitive.

Cette paix prochaine était depuis un mois, à bord des navires, l'unique et constante préoccupation. On cherchait à pressentir ce qu'elle serait, on espérait surtout qu'elle rapporterait à la France quelque honneur ou quelque profit. Aussi éprouva-t-on une réelle déception lorsqu'on apprit que l'abandon des Pescadores était presque  décidé. Les télégrammes reçus par l'amiral, vers la fin du mois de mai, ne pouvaient laisser que bien peu de doute à cet égard.

Alors, au souvenir du sang versé et des efforts accumulés, un amer découragement s'empara de chacun. Le sentiment très vif d'orgueil national qui se trouvait au fond du cœur de tous les officiers et même de tous les matelots leur faisait désirer, avant et par-dessus tout, une paix glorieuse, eussent-ils dû pour cela voir se prolonger encore les fatigues endurées. L'abandon probable des Pescadores les alarmait profondément. Ils ne pouvaient s'habituer à l'idée que cette récente conquête ne resterait pas à tout jamais une terre française, et l'amiral Courbet, pénétré plus que personne de l'importance de cette possession nouvelle, luttait auprès du Gouvernement pour sa conservation avec toute l'autorité de sa haute influence et la ténacité de son énergique caractère.

La France s'étant engagée formellement par l'article 1er du protocole à ne poursuivre d'autre but que l'exécution de la convention Fournier et celle-ci n'ayant mentionné aucune acquisition de territoire, il était assurément difficile de donner satisfaction immédiate à la vive et patriotique insistance de l'amiral demandant à ne pas abandonner les Pescadores. Mais la chose était-elle absolument impossible ? Ne pouvions-nous faire dans le traité avec la Chine une concession quelconque, territoriale ou autre, afin de nous assurer en retour la possession définitive de ces îles qui occupent dans les mers de Chine une position sans égale, au double point de vue maritime et politique ? Par notre nouvelle frontière du Tonkin, nous allions nous trouver en voisinage immédiat avec la Chine. Voisinage ne signifie pas toujours amitié. Dès lors, la plus simple prévoyance ne nous commandait-elle pas de tout faire pour conserver ce groupe d'îles qu'une merveilleuse situation géographique place comme une sentinelle avancée au cœur même du vaste empire de nos voisins ?

Il en fut jugé autrement, et bientôt parurent les ordres relatifs à l'évacuation prochaine. Des mesures furent ordonnées pour l'embarquement du matériel récemment mis à terre. Les bâtiments eurent de nouveau à fournir des hommes et des embarcations, et le travail des premiers jours d'avril recommença, mais en sens inverse. Le *Nantes-Bordeaux*, le *Cachar*, le *Château-Yquem*, les transports, les croiseurs et les cuirassés eux-mêmes reçurent du matériel.

On était occupé à cette besogne qui provoquait plus d'un regret, quand, soudain, toutes les pensées furent douloureusement détournées par un événement imprévu, un irréparable malheur. L'amiral Courbet était mort! Ce chef illustre et aimé n'était plus!

Le 11 juin, à 7 heures du soir, les navires présents sur rade de Makung apprenaient brusquement que l'amiral était à toute extrémité. Ce fut de la stupéfaction, tant le coup était imprévu. Quelques jours avant, on l'avait vu accompagnant jusqu'au cimetière, par un soleil de plomb et nu-tête, le corps de M. Dert, sous-commissaire de la marine. La veille encore, il avait dirigé en personne les mouvements de son escadre et brutalement sa mort apparaissait imminente. On avait voulu douter de cette nouvelle presque incroyable. Mais la communication était officielle. Il n'y avait pas d'illusion possible.

On savait que l'amiral était souffrant depuis deux jours. Atteint d'une affection chronique des intestins contractée dans les pays chauds, il avait été pris, au mois d'avril, d'une crise aiguë qui avait inspiré à son entourage de sérieuses inquiétudes. Des soins dévoués et surtout une volonté de fer avaient eu raison du mal. Pendant quelques semaines sa santé parut revenir. La prise des Pescadores, en lui donnant les joies d'un nouveau succès, améliora encore son état, mais au milieu du mois de mai, ses forces baissèrent sensiblement. Les conserves, qui formaient l'unique alimentation des navires, répugnaient à son estomac fatigué. Le lait seul pouvait lui convenir et il avait dû faire acheter à Hong-Kong une vache pour lui en fournir. Les fatigues physiques d'une campagne déjà longue, et l'énorme préoccupation d'un commandement si actif rendaient malheureusement une rechute inévitable. Le ministre mis au courant de cette situation, venait d'autoriser le *Bayard* à opérer son retour en France, les assurances de paix étant formelles ; mais sourd aux instances les plus affectueuses et les plus pressantes, l'amiral était décidé à n'user de cette liberté qu'après la conclusion définitive du traité. Il voulait, jusqu'au dernier instant, rester à la tête de sa belle escadre.

La rechute redoutée se produisit, elle fut foudroyante. Les premiers symptômes se déclarèrent le 10, atténués et bénins. La nuit du 10 au 11 fut mauvaise.

« Le 11, dans l'après-midi, l'aumônier du *Bayard,* ami particulier de l'amiral, vint le voir et resta seul avec lui. Le vaillant marin, qui avait vécu en croyant, voulait mourir en chrétien. Le prêtre lui administra les derniers sacrements, que le malade reçut en pleine connaissance, avec la foi la plus vive. Puis il fit venir son secrétaire et l'entretint quelques instants.

Embarquement du matériel.

« L'amiral Lespès, informé que les derniers moments approchaient, accourut près de son frère d'armes. Le mourant n'eut plus la force de lui tendre la main ; le docteur soutint son bras et il put ainsi transmettre, dans une dernière étreinte, à celui qui devait le remplacer, le commandement de l'escadre au milieu de laquelle il avait voulu mourir.

L'état-major se succédait dans l'étroite chambre où l'amiral s'éteignait doucement.

« Le docteur prit dans ses mains les mains du malade ; de temps à autre un léger mouvement indiquait que la vie ne l'avait pas abandonné : soudain, toute pression cessa. Courbet ouvrit une dernière fois ses yeux et les tourna vers le ciel comme pour dire un dernier adieu à sa famille qu'il ne devait plus revoir, à tous ces vaillants qui l'entouraient, à cette France qu'il aimait tant et pour laquelle il mourait ; il poussa un soupir et ce fut le dernier. »

A 11 heures du soir, le canot à vapeur de garde portait à la terre et aux bâtiments, tenus en éveil par une anxieuse attente, l'annonce du fatal dénouement. Une sorte de lettre de faire-part était ainsi conçue :

« Le contre-amiral Lespès, commandant en sous-ordre l'escadre de l'Extrême-Orient et les corps d'occupation de Formose et des Pescadores, a la profonde douleur de leur faire part de la perte qu'ils viennent de faire dans la personne de leur glorieux commandant en chef, le vice-amiral Courbet.

« La France entière s'associe à notre deuil. »

Le 12, à 8 heures du matin, les vergues étaient mises en pantenne, les couleurs et marques distinctives en berne et le *Bayard* tirait un coup de canon qu'il devait renouveler d'heure en heure jusqu'au coucher du soleil. Puis les équipages assemblés sur le pont entendaient la lecture de l'ordre du jour suivant :

Officiers, officiers mariniers, sous-officiers, marins et soldats de l'escadre de l'Extrême-Orient et du corps expéditionnaire de Formose,

Nous venons de faire la perte la plus cruelle ; notre illustre et glorieux commandant en chef n'est plus, emporté à notre affection et à notre admiration par une maladie que les fatigues de la campagne ont rendue foudroyante. Nos frères d'armes du Tonkin, où son nom brillait naguère, notre patrie entière, dont il fut un des plus nobles enfants, s'associeront à notre immense deuil. Pour ceux qui l'ont connu et apprécié, son souvenir restera comme le modèle de toutes les vertus militaires.

Je prends par intérim le commandement en chef de l'escadre de l'Extrême-Orient et du corps expéditionnaire de Formose. C'est un héritage bien lourd que me valent mon ancienneté et mon grade. Mais je sais que je puis compter sur votre discipline parfaite, votre dévouement au pays, sur votre valeur militaire dont vous avez donné tant de preuves, et que vous me rendrez ainsi plus légère la tâche que j'ai à remplir.

De votre côté, vous trouverez en moi un chef entièrement dévoué ; je ne suis pas un nouveau venu parmi vous ; vous me connaissez, soyez sûr que je mettrai tous mes efforts à faire valoir auprès du pays les titres que vous ont acquis vos services. Je tâcherai aussi de remplacer pour vous, autant qu'il me sera possible, votre chef vénéré, le vice-amiral Courbet.

Contre-amiral LESPÈS.

A 9 heures et demie, un service privé était célébré sur le *Bayard*. Le lendemain 13, avait lieu la cérémonie funèbre. Dès 7 heures et demie, des détachements de marins et de troupes se réunissaient sur le pont du *Bayard* ; les compagnies de débarquement des navires et les troupes restées à terre avaient pris les armes. A 8 heures, le service religieux commençait et était suivi d'un défilé devant les restes du commandant en chef. Après le défilé, l'amiral Lespès prononçait une émouvante allocution qui faisait verser des larmes à tous les marins, si pleinement attachés par la reconnaissance et par l'admiration au vaillant chef que la mort venait de leur ravir.

Le cercueil fut alors mis en chapelle pendant que le *Bayard* faisait une salve de dix-neuf coups de canon et que les bâtiments et la terre exécutaient trois décharges de mousqueterie. Au dernier coup de canon, les vergues furent croisées, les couleurs rehissées et le pavillon de vice-amiral amené.

Dans des pages émues, un des officiers de la *Triomphante,* M. Julien Viaud (Pierre Loti), a fait le récit de cette triste journée du 11 juin. Il a rendu, avec une vérité poignante, l'impression du vide que cette mort causait au milieu de l'escadre. Il a surtout donné l'exacte sensation du prestige et de l'ascendant que l'amiral exerçait autour de lui : « Il avait sa manière à lui, impérieuse et brève, de donner ses ordres. — Vous m'avez compris, mon ami ? Allez ! avec cela un salut, une poignée de main et on allait — on allait n'importe où ; on allait avec confiance, parce que le plan était de lui. » Puis, insistant sur le sentiment de confiance absolue que la supériorité de l'amiral inspirait à tous, il a ajouté : « Dans les heures d'anxiété (et elles revenaient souvent), au milieu des engagements qui semblaient douteux, dès qu'on le voyait paraître, lui, ou seulement son pavillon dans le lointain, on disait : Ah ! le voilà, c'est tout ce qu'il faut ; ça finira bien puisqu'il arrive ! En effet, cela finissait bien, toujours ; cela finissait de la manière précise que lui tout seul, très caché dans ses projets, avait arrangée et prévue. »

La mort de ce chef était faite pour répandre dans toute l'escadre les plus vifs sentiments de regret et de tristesse. Tous ces officiers qui l'avaient vu à l'œuvre, qui avaient eu l'honneur et le bonheur de servir sous ses ordres, mesuraient l'étendue de la perte que faisaient à la fois la marine et la France. C'est qu'ils comptaient sur lui, non plus pour cette guerre de Chine déjà terminée, mais pour l'avenir, pour quelque nouvelle lutte plus grande, plus nécessaire, plus désirée... Cette mort soudaine ne créait pas seulement un vide immense au milieu d'eux. Elle arrachait du cœur de tous une secrète espérance.

XVI

LE TRAITÉ DE PAIX

(9 juin - 25 juillet.)

Les dispositions du *protocole* du 4 avril furent exécutées
de la part de la Chine avec un sincère désir d'arriver à une
solution satisfaisante du conflit. Les mandarins, les chefs
militaires montrèrent partout, pendant la durée de l'armistice, une parfaite correction d'attitude. Le Gouvernement
français, de son côté, observa scrupuleusement les clauses de

l'arrangement préliminaire ; il chargea M. Patenôtre de se rendre à Tien-Sin et de s'y mettre en rapport avec Li-Hung-Chang et les deux membres du Tsong-li-Yamen désignés pour l'assister.

Le 9 juin, fut signé entre les plénipotentiaires français et chinois le *traité définitif de paix, de commerce et d'amitié* dont l'article 9 était ainsi conçu :

Dès que le présent décret aura été signé, les forces françaises recevront l'ordre de se retirer de Kelung et de cesser la visite, etc., en haute mer. Dans le délai d'un mois après la signature du présent traité, l'île de Formose et les Pescadores seront entièrement évacuées par les troupes françaises.

La nouvelle officielle de la paix fut apportée à Makung, le 13 juin, par le *Roland,* quarante-huit heures après la mort de l'amiral Courbet, le jour même où son pavillon était amené du mât de misaine du *Bayard.* On remarqua tristement ce jour-là que le vœu de l'amiral était accompli : ainsi qu'il en avait toujours témoigné l'inébranlable volonté, il avait commandé son escadre jusqu'à la conclusion de la paix !

La tâche qui incombait dès lors à l'amiral Lespès, appelé à lui succéder, était particulièrement ingrate. Prenant possession du commandement au lendemain de la signature du traité, il n'avait plus en perspective ni opérations stratégiques, ni événements militaires. Il ne lui restait dorénavant qu'à présider aux évacuations consenties, œuvre difficile qui devait être faite de prudence, de méthode et de tact. Aucune de ces qualités ne manquait au nouveau commandant en chef. Il se tira à son grand honneur de la mission que les événements lui avaient réservée et se montra le digne successeur du vaillant amiral que la mort venait de ravir.

L'abandon des gages conquis par nous ayant été, comme

on l'a vu, pressenti bien avant la signature de la paix, la venue du traité de Tien-Sin ne fit que hâter la restitution de toutes nos prises : territoires ou navires.

Le 2 juin, en vertu d'un arrangement spécial, on avait déjà fait la remise du *Feï-ho* à l'administration des douanes impériales. Ce ne fut pas sans satisfaction que dans l'escadre on se vit débarrassé du capitaine et des quatre officiers européens de cette canonnière. Logés soit sur le *Bayard*, soit sur la *Triomphante* ou sur les transports, prenant leurs repas à la table des états-majors, ils étaient les hôtes les plus gênants qu'on pût imaginer. On les avait traités pourtant avec mille égards. L'amiral, pour des raisons faciles à comprendre, s'était seulement réservé le droit d'ouvrir leurs correspondances et de leur interdire toute communication avec la terre. Certes, leur sort ne pouvait être considéré comme enviable et l'*air pur de la liberté* aurait été sans doute préféré par eux à la détention qu'ils subissaient. Toutefois, ce n'était pas là ce qu'ils regrettaient le plus. Ils se plaignaient avant tout d'être mal nourris. Les menus peu variés qu'imposait le blocus de Formose ne trouvaient pas grâce devant eux. Dans une lettre de protestation insérée dans un journal de Hong-Kong, ils exposèrent tous leurs griefs, médisant amèrement du vin de nos cambuses et se plaignant du retour trop fréquent du bœuf de conserve. Notre cuisine aussi — cette cuisine française, dont nous sommes si fiers, — était dans cette lettre fort maltraitée. De la part du capitaine c'était là de l'oubli, sinon de l'ingratitude. Il nous souvient que, dix-huit mois plus tôt, pendant un séjour à Amoy, convié à dîner sur la *Triomphante*, ce même capitaine avait paru apprécier hautement l'ordonnance du festin et, à en juger par la gaieté exubérante qu'il montrait au sortir de table, on pouvait croire qu'il avait aussi rendu longuement hommage à la générosité des vins de France. Le 15 juin, le *Wawerley* partait pour Saïgon et de là allait à Hong-Kong, pour être remis à son ancien capitaine — qui faisait, du reste, toutes sortes de difficultés au lieutenant de vaisseau chargé de cette restitution. Quant au *Ping-on,* il se rendait également à Saïgon où il devait désarmer.

Ce même jour, à 4 heures du soir, *Lutin, Annamite,*

Le dragon chinois prisonnier.

Tonkin et *La Galissonnière* appareillaient pour Kelung. L'amiral Lespès allait diriger, en personne, l'évacuation de Formose. Il n'y avait plus de matériel dans l'île depuis longtemps; seules, les troupes occupaient encore leurs positions. Une entrevue des plus correctes eut lieu à bord du navire amiral entre le commandant de l'escadre et les généraux chinois. On y régla les détails du départ du corps expéditionnaire. Nos ennemis firent preuve en cette circonstance d'une parfaite dignité et d'une absolue sincérité. Tout se passa sans incident : les mesures prescrites par l'amiral Lespès assurèrent l'ordre le plus complet pendant les trois jours que durèrent les opérations de l'évacuation. Au fur et à mesure que nos soldats quittaient une position, elle était immédiatement occupée par les troupes chinoises et les crêtes que nous abandonnions se couvraient aussitôt des grands drapeaux multicolores du Céleste-Empire. Mais pas la moindre démonstration bruyante, rien qui nous fît sentir notre évincement, rien qui pût blesser notre légitime susceptibilité. Le 21 juin, à 9 heures du matin, les derniers détachements embarquaient à bord des navires. Quand, le dernier de tous, le colonel Duchesne quitta le quai de Kelung, le pavillon français, qui flottait encore sur la maison de la douane, fut amené et salué par le *La Galissonnière* de vingt et un coups de canon.

A midi, les bâtiments appareillaient et faisaient route sur les Pescadores. Nous n'avions plus un seul soldat à Formose..... De notre séjour de neuf mois sur cette terre inhospitalière, il ne restait plus qu'un souvenir, et dans le fond de la rade, sur le rivage même, comme pour attester notre passage, un grand et triste cimetière où dormaient du sommeil éternel, vingt et un officiers ou adjudants et plus de cinq cents soldats ou marins.

Formose abandonnée, la dislocation de l'escadre commença, marchant de pair avec l'évacuation des Pescadores. Chaque jour de la fin de juin vit partir l'un des navires. Le *d'Estaing* et le *Kerguelen* s'en allèrent les premiers, remorquant jusqu'à Saïgon les torpilleurs *50* et *44 ;* de là, ils firent route pour la France. Le *Villars* et l'*Éclaireur* les suivirent, ainsi que le *Château-Yquem* emmenant à Halong troupes, artillerie et mulets. Puis l'*Annamite* rapatriant les malades, le *Duguay-Trouin* et le *Château-Renaud*, rentrèrent en France ; le *Magon* et le *Fabert* rejoignirent la station du Pacifique et le *Rigault-de-Genouilly* la station du Levant. Peu après, l'*Atalante* alla désarmer à Saïgon et le *Nielly* rallia la station de la mer des Indes, tandis que le *La Clocheterie*, le *Lutin* et la *Comète* se dirigèrent sur le Tonkin, aux ordres du général de Courcy.

Le 1ᵉʳ juillet, il ne restait plus à terre, à Makung, que des troupes; le matériel avait été embarqué et dirigé sur le Tonkin, sur la Cochinchine ou même sur Madagascar. Depuis le départ des malades avec l'*Annamite,* l'ambulance ne contenait que des convalescents, presque des valides. Le *Cachar* avait pris à son bord l'effectif entier du corps d'occupation, à l'exception d'une centaine d'hommes d'infanterie de marine et des personnels administratif et médical. Tout était prêt pour accomplir, au premier signal, l'évacuation définitive. L'amiral n'attendait qu'un dernier télégramme pour tout abandonner.

Le 22 juillet, cet abandon se consomma. Comme à Kelung, le pavillon français naguère victorieux sur cette plage, fut salué de vingt et un coups de canon au moment où il cessa d'y flotter. Comme à Kelung, nos morts seuls restèrent pour rappeler notre passage.

Le cimetière qui, par une étrange ironie du sort, devait demeurer là-bas comme le seul vestige de notre conquête, avait été pieusement construit. Le détachement du génie avait entouré d'un mur l'emplacement des tombes, à la pointe Dutch où étaient enterrés les marins et aussi à Makung où l'on avait mis les soldats. Des deux côtés, au milieu des petits tertres surmontés d'une croix noire, on avait élevé un monument funéraire, sorte de colonne pyramidale ; en outre, à Makung, un cénotaphe était édifié « à la mémoire de l'amiral Courbet et des braves morts pour la France..... »

Qu'ils reposent en paix ceux qui, après avoir donné leur vie à la patrie, ont maintenant le suprême honneur de rappeler à l'ennemi d'hier, à l'étranger d'aujourd'hui, les victoires

trop désintéressées de la France ! Les Chinois se sont engagés
à respecter les restes de ces victimes de leur devoir. Dieu veuille
que cette promesse soit tenue !

Les stipulations du traité du 9 juin se trouvaient donc
ainsi exécutées : l'île de Formose et les îles Pescadores étaient
entièrement évacuées.

« Rome, a dit Montesquieu, s'enrichissait toujours ; chaque
guerre la mettait en état d'en entreprendre une autre. » Nous
ne sommes pas comme les Romains. Ou, du
moins, si nous cherchons à nous enrichir,
comme le prouve notre rêve d'empire co-
lonial, nous ne semblons jamais songer à
ce qu'une guerre nous
mette en état d'en en-
treprendre une autre.
Un heureux coup de
main nous avait donné
ces Pescadores, merveilleusement situées
pour la sauvegarde de nos intérêts ou de nos droits en Indo-
Chine et pour leur défense au jour, prochain peut-être, où
ils seront méconnus. Et cependant nous avons abandonné
ces îles, persistant à acquérir sur le continent des territoires
dont la charge nous paraît déjà lourde. Nous avons fait bon
marché de cette possession, prouvant que notre insouciance
de l'avenir n'avait d'égale que notre indifférence du passé.
Nous avons rendu ce port de Makung où nos flottes, en
sûreté, protégées par d'inexpugnables défenses, seraient restées comme une éternelle menace pour nos adversaires....
Et ceci s'accomplissait au moment où sans guerre, sans victoires, sans traité de paix, une nation rivale acquérait dans
cet Extrême-Orient, témoin de nos succès, la possession de

Port-Hamilton. Qui donc serait assez aveugle pour ne pas voir la cruelle leçon qui se cache sous ce simple rapprochement?

Le 27 juillet, le *Journal officiel* contenait l'avis suivant : « Par suite de la reprise des relations pacifiques avec la Chine, le Gouvernement a décidé la dissolution de l'escadre de l'Extrême-Orient à la date du 25 juillet et la reconstitution à cette même date de la division navale, sous le titre de division navale de l'Extrême-Orient dont le contre-amiral Lespès exercera le commandement en chef. »

Cette division comprenait le *La Galissonnière* (amiral Lespès), le *Turenne* (amiral Rieunier), la *Triomphante,* le *Lapérouse,* le *Primauguet ,* le *Champlain ,* le *Roland ,* la *Vipère* et le *Sagittaire.*

Quant au *Bayard,* parti de Makung le 23 juin, il ramenait en France la dépouille mortelle de l'amiral Courbet. A Toulon, on s'apprêtait à la recevoir en grande pompe : un catafalque monumental était préparé à cet effet dans l'arsenal, une magnifique cérémonie était ordonnée; quand une terrible épidémie éclata dans la ville. Le Gouvernement, par mesure de prudence, fit donner l'ordre au *Bayard* de se rendre aux îles d'Hyères. Il y arriva le 25 août et y mouilla auprès de l'escadre de la Méditerranée. Le 26, au matin, après un service religieux célébré à bord du *Bayard* et présidé par l'amiral Duperré, commandant de l'escadre, le corps du vainqueur de Fou-Chéou fut ramené sur la terre française, au quai des Salins d'Hyères, où l'amiral Krantz, préfet maritime, le salua au nom de la marine.

Le 28, eurent lieu aux Invalides les funérailles solennelles que le Parlement avait votées et, le 1er septembre, l'amiral fut enterré à Abbeville, sa ville natale. Quelques années plus tard on lui éleva, par souscription nationale, sur l'une des places d'Abbeville, un beau monument, œuvre du sculpteur Falguière. Et ce fut une nouvelle occasion de célébrer la mémoire de l'illustre amiral.

Sur la plage des Salins, sous le dôme des Invalides ou au cimetière d'Abbeville, les cérémonies, bien qu'ayant des caractères différents, furent également imposantes. Le patriotique hommage rendu à l'amiral Courbet était unanime. On se souvenait que « son nom, pendant deux ans, avait fait vibrer une génération tout entière, qu'au bruit de ses succès une sorte de frémissement avait passé sur la France, faisant tressaillir tous les cœurs », et devant sa dépouille mortelle, on s'unissait encore dans un même sentiment pour saluer une gloire nationale.

L'histoire de l'escadre de l'Extrême-Orient se termine ici.

L'inutilité de ses efforts ne doit pas empêcher de reconnaître tout ce qu'elle a fait de grand et de glorieux, tout ce qu'elle a dépensé de dévouement et de vaillance.

Ses faits d'armes et la haute renommée de son illustre chef resteront pour immortaliser son souvenir. Mais ses longues et pénibles croisières ne sont pas moins à son honneur. Tout alors s'acharnait contre elle : des fatigues écrasantes, une mer inclémente, un climat meurtrier.

Et pourtant elle a traversé ces mauvais jours sans une seule défaillance, montrant au contraire que rien ne pouvait abattre sa constance et son ardeur. Elle a vu beaucoup des siens tomber glorieusement dans les combats ou mourir obscurément dans les ambulances et jamais sa confiance ne s'est lassée. Elle était prête d'avance à tous les sacrifices.

C'est que l'amour ardent de la Patrie, que chacun portait en soi, se trouvait uni à la plus haute idée du devoir et de l'abnégation, à la plus exacte discipline. Quand les grands sentiments ont le don d'enflammer ainsi les cœurs et d'élever à ce point les âmes, de grandes choses doivent s'accomplir.

« La nature, a dit Bossuet, ne manque pas de faire naître, dans tous les pays, des courages élevés, mais il faut lui aider à les former. Ce qui les forme, ce qui les achève, ce sont

des sentiments forts et de nobles impressions qui se répan-
dent dans tous les esprits et passent insensiblement de l'un
à l'autre. Tous les Romains étaient nourris dans les sentiments de gloire, de patience, de grandeur de la nation et
d'amour de la patrie. »

Le culte de ces grands sentiments, qui fut le secret de la
fortune de Rome, était vivant parmi tous ceux qui faisaient
partie de cette glorieuse escadre de l'Extrême-Orient : fidèles
aux traditions de la marine, ils n'avaient souci d'autre chose
que de la grandeur du nom français.

ANNEXES

COMPOSITION DE L'ESCADRE DE L'EXTRÊME-ORIENT

ESCADRE CHINOISE ENGAGÉE A LA PAGODE

COMPOSITION

DE

L'ESCADRE DE L'EXTRÊME-ORIENT

ETATS-MAJORS GÉNÉRAUX

COURBET (A. A. P.), Vice-Amiral, Commandant en chef.
DE MAIGRET (M. E.), Capitaine de frégate, Chef d'état-major.
FORET (X. A.), Capitaine de frégate, 1ᵉʳ Aide de camp.
RAVEL (E. B.), Lieutenant de vaisseau, 2ᵉ Aide de camp.
FABRE DE LAMAURELLE, Lieutenant de vaisseau, Secrétaire.
HABERT (J. A. A. M.), Lieutenant de vaisseau, Officier d'ordonnance.
EDET (L. V. D.), Commissaire adjoint, Commissaire d'escadre.
L'abbé ROGEL (E. R. M.), Aumônier.
DOUE (P. A.), Médecin en chef, Médecin en chef d'escadre.

LESPÈS (S. N. J.), Contre-Amiral, Commandant en sous-ordre.
LECOMTE (G. E.), Lieutenant de vaisseau, Aide de camp.
PERRIN (E. J. P. M.), Lieutenant de vaisseau, Secrétaire.
LE DENTU (E. A.), Commissaire adjoint, Commissaire de division.
PIESVAUX (A. L.), Médecin principal de division.
L'abbé LALLEMAND (B. L.), Aumônier.

Rieunier (A. B. L.), Contre-amiral, Commandant en sous-ordre.
Blanc (A.), Capitaine de frégate, 1er Aide de camp.
Paupie (G.), Lieutenant de vaisseau, Secrétaire.
Capdegelle, Sous-Commissaire, Sous-Commissaire de division.
Catelan, Médecin principal de division.

BAYARD, cuirassé de croisière. — 825 ch. — 12 canons.

(Pavillon du vice-amiral.)

Parrayon (E.), Capitaine de vaisseau, Commandant.
Gourdon (P. F. C.), Capitaine de frégate, Second.
De Marliave (C.), Lieutenant de vaisseau.
Amelot (E. M.), idem.
Gourjon du Lac (C. H. A.), idem.
Receveur (J. C. H.), idem.
Duboc (E. C. E.), idem.
Hervau (J. F.), Mécanicien principal de 1re classe.
Serrant (H.), Mécanicien principal de 2e classe.
Guéguen (H. F.), Sous-Commissaire, Officier d'administration.
Landouar (J. B.), Médecin de 2e classe.
Jombert (R. M. M.), Aspirant.
Péan de Ponfilly (L. M. F.), idem.
De Marquessac (J. M. P. A.), idem.
De Tuault (J. J. M. H.), idem.
Richard (R. L.), idem.
Jeau (J E.), idem.
De Boyer de Camprieu (C. J. F.), Aide-Médecin.

LA GALISSONNIÈRE, cuirassé de croisière. — 500 ch. — 12 canons.

(Pavillon du contre-amiral Lespès.)

Fleuriais (G. E.), Capitaine de vaisseau, Commandant.
Jacquemier (M. J. R.), Capitaine de frégate, Second.
De Martel (H. C. R.), Lieutenant de vaisseau.
Leprince (P. L.), idem.
Mourre (M. J. M.), idem.
Vuillaume (J. J. B.), idem.
Harel (A. L.), idem.

Martin (M. F. M.), Enseigne de vaisseau.
Aubriot (I. H.), Mécanicien principal de 1re classe.
Coignet (F. A.), Aide-Commissaire, Officier d'administration.
Puech, Médecin de 2e classe.
Verlynde (P. J.), Aspirant de 1re classe.
Nouette d'Andrezel (C.), idem.
Voillaume (L. A. C.), idem.
Linkenheld (C. L. M. J.), idem.
Van-Gaver (A. E. A.), idem.
Le Gouz de Saint-Seine (J. C. J. B.), idem.
Morin (A. H. T.), idem.
Houdet (H. T. M.), Aide-Médecin.

TURENNE, cuirassé de croisière. — **850** ch. — **12 canons.**

(Pavillon du contre-amiral Rieunier.)

Dupuis (T. E.), Capitaine de vaisseau, Commandant.
Raoul (A. V. M.), Capitaine de frégate, Second.
Granier (J. J), Lieutenant de vaisseau.
Ropert (E. H.), idem.
Dierx (P. A.), idem.
Huyot (E. H.), idem.
Dulaurent de Montbrun (L. M.), idem.
Miquel (G.), Mécanicien principal de 1re classe.
Capdegelle, Sous-Commissaire, Officier d'administration.
Thamin, Médecin de 2e classe.

TRIOMPHANTE, cuirassé de croisière. — **575** ch. — **13 canons.**

Baux (F.), Capitaine de vaisseau, Commandant.
Charil de Ruillié, Capitaine de frégate, Second.
Duval (R.), Lieutenant de vaisseau.
Poirot (M.), idem.
Merlin, idem.
Loir (M.), idem.
Brion (T. M. C.), idem.
Banel (L. E. R.), Enseigne de vaisseau.
Pourpe (J. A. H.), idem.

De Marsay, Enseigne de vaisseau.
Cattiaux (E. C.), Mécanicien principal de 2ᵉ classe.
Marin, Sous-Commissaire, Officier d'administration.
Breton (J. F.), Médecin de 1ʳᵉ classe.
Lombard (F.), Médecin de 2ᵉ classe.
Grout (M. G.), Aspirant de 1ʳᵉ classe.
Augagneur (F. M. J.), idem.
Vesco (M. H.), idem.
Nèple (P.), idem.
Calmette (L. C. A.), Aide-Médecin.

ATALANTE, cuirassé de croisière. — 450 ch. — 12 canons.

Trève (A. H. S.), Capitaine de vaisseau, Commandant.
Rivet (L. J.), Capitaine de frégate, Second.
Chanard (J. B.), Lieutenant de vaisseau.
Berry (A. J. M.), idem.
Goëz (P. H. G. O.), idem.
Sourrieu (B. S. H.), idem.
Bergevin (P. M.), idem.
Zévaco, Mécanicien principal de 2ᵉ classe.
De Gueydon (H. L. T.), Sous-Commissaire, Officier d'administration.
Miquel (J. A. A.), Médecin de 1ʳᵉ classe, Médecin-Major.
Pichon (M. A.), Médecin de 2ᵉ classe.
Gueit (M. V. C. J.), Aspirant de 1ʳᵉ classe.
Mineur (J. L. M.), idem.
Lequerré (A.), idem.
Leloup (J. A.), idem.
Glon *dit* Villeneuve (E. G.), idem.
Sallebert, Aide-Médecin.

DUGUAY-TROUIN, croiseur de 1ʳᵒ classe. — 875 ch. — 11 canons.

Desnouy (A. E.), Capitaine de vaisseau, Commandant.
Peyronnet (L. T. B.), Capitaine de frégate, Second.
Joulia (A.), Lieutenant de vaisseau.
Thoret (N. C. M.), idem.
Suisse (H. F.), idem.
Durand-Brager (H. V.), idem.

PASSERAT DE SILANS (L.), lieutenant de vaisseau.
MURET DE PAGNAC (L. J.), Enseigne de vaisseau
FROMAGEAU (L. H.), Mécanicien principal de 2ᵉ classe.
BOBET (L.), Sous-commissaire, Officier d'administration.
PETIT, Médecin de 1ʳᵉ classe, Médecin-Major.
CASTELLAN, Médecin de 2ᵉ classe.
GIRARD (V. R.), Aspirant de 1ʳᵉ classe.
LÉVY-BING (P. J. I.), idem.
DE PÉRINELLE-DUMAY (L. P. A.), idem.
VIVIER (E. E.), idem.
RIPOTEAU (L. F. M. E.), Aide-Médecin.

VILLARS, croiseur de 1ʳᵉ classe. — 650 ch. — 15 canons.

VIVIELLE (J. L.), Capitaine de vaisseau, Commandant.
PELLETIER (F. E. H.), Lieutenant de vaisseau, Second.
ROQUEBERT (J. J.), Lieutenant de vaisseau.
BOYER (A. M. E.), idem.
DE MAUDUIT (J.), idem.
DARTIGE DU FOURNET (L. R. C. M.), idem.
KELLER (E.), Mécanicien principal de 2ᵉ classe.
PAQUERON (C. L. M.), Sous-Commissaire, Officier d'administration.
RIALAN (C. A.), Médecin de 1ʳᵉ classe, Médecin-Major.
LE DANTEC (R. J. E.), Aspirant de 1ʳᵉ classe.
MOREL (E. L.), idem.
ROUS (P. M.), Aide-Médecin.

D'ESTAING, croiseur de 1ʳᵉ classe. — 650 ch. — 15 canons.

COULOMBEAUD (F. G.), Capitaine de vaisseau, Commandant.
MAGENC (J. B. C.), Lieutenant de vaisseau, Second.
CHEVALIER (C. F. A.), Lieutenant de vaisseau.
PRADÈRE-NIQUET (E. L.), idem.
ROUXEL (E. P.), idem.
NICOLAS (H. M. C.), Enseigne de vaisseau.
GOUMARRE (J. H.), Mécanicien principal de 1ʳᵉ classe.
LE MOINE (J. A. M.), Sous-Commissaire, Officier d'ordonnance.
AUVRAY (J.), Médecin de 1ʳᵉ classe, Médecin-Major.
GOUZIEN (P. A. M.), Aide-Médecin.

LAPÉROUSE, croiseur de 1ʳᵒ classe. — 5ᴇ0 ch. — 15 canons.

Méquen (A. C.), Capitaine de vaisseau, Commandant.
Daniel (P. J.), Capitaine de frégate, Second.
Gibory (L. P. R.), Lieutenant de vaisseau.
Nény (J. M.), idem.
Heurtel (Y. E. H. F.), idem.
Dubois (E. Z.), idem.
Cazalas-Gaillon, Aspirant de 1ʳᵉ classe.
Issartel (J. L.), Mécanicien principal de 2ᵉ classe.
Laurier (J. J. H.), Sous-Commissaire, Officier d'administration.
Duval (P.), Médecin de 1ʳᵉ classe, Médecin-Major.

NIELLY, croiseur de 1ʳᵒ classe. — 550 ch. — 15 canons.

Dorlodot des Essarts (F. J.), Capitaine de vaisseau, Commandant.
Gadaud (E. L.), Lieutenant de vaisseau, Second.
De Rulhière (R. M. M. R.), Lieutenant de vaisseau.
Couturier (L. J. J.), idem.
Goudot (E. M. V.), idem.
Ratyé (J. E. C. M.), Aspirant de 1ʳᵉ classe.
Thomas (R. J.), idem.
Passo (F. V. D.), Mécanicien principal de 2ᵉ classe.
Bro (P. E.), Sous-Commissaire, Officier d'administration.
Guérard de la Quesnerie (W.), Médecin de 1ʳᵉ classe, Médecin-Major.
Copin (C. R.), Aide-Médecin.

MAGON, croiseur de 1ʳᵉ classe. — 550 ch. — 15 canons.

Puech (L. A. E.), Capitaine de vaisseau, Commandant.
Courrejolles (C. L. T.), Capitaine de frégate, Second.
Brichet (F. J. B.), Lieutenant de vaisseau.
Jean-Pascal (E. H. F.), idem.
Clerc (M. J. A.), idem.
Marquer (E. A.), idem.
Lanxade (A. M. R.), Aspirant de 1ʳᵉ classe.
Moysan (E.), Mécanicien principal de 2ᵉ classe.
Serres (A. G. H.), Sous-Commissaire, Officier d'administration.
Jabin-Dudognon (F. B.), Médecin de 1ʳᵉ classe, Médecin-Major.

PRIMAUGUET, croiseur de 1re classe. — 550 ch. — 15 canons.

BUGE (F. A.), Capitaine de vaisseau, Commandant.
PISSÈRE (F. J.), Capitaine de frégate, Second.
DE ROCHER (L. V. E.), Lieutenant de vaisseau.
BÉNET (A. J. J.), idem.
PILLOT (M. J.), idem.
DELPIT (R. J. M.), idem.
DE FAUQUE DE JONQUIÈRES (M. J. E. G.), Aspirant de 1re classe.
PERRUISSE (L. A.), Mécanicien principal de 2e classe.
JACQUES-LESEIGNEUR (H. A. F.), Sous-Commissaire, Officier d'administration.
GUEIT (P. A.), Médecin de 1re classe, Médecin-Major.

ROLAND, croiseur de 1re classe. — 550 ch. — 15 canons.

MAYET (J. G.), Capitaine de vaisseau, Commandant.
CAILLARD (L. A.), Capitaine de frégate, Second.
COUSTOLLE (P. M. A), Lieutenant de vaisseau.
FIÉRON (H. A. S. A.), idem.
RABOUIN (F. J.), idem.
DONIN DE ROSIÈRE (M. F.), idem.
LE GALL (P. E.), Aspirant de 1re classe.
CHAMAILLARD (A. M.), Mécanicien principal de 2e classe.
DELACOUR (L. F.), Sous-Commissaire, Officier d'administration.
LELANDAIS, Médecin de 1re classe, Médecin-Major.

CHAMPLAIN, croiseur de 2e classe. — 450 ch. — 10 canons.

MARTIAL (L. F.), Capitaine de frégate, Commandant.
DUFAURE DE LAJARTE (L. X.), Lieutenant de vaisseau, Second.
BARBIN (H. V.), Lieutenant de vaisseau.
BLADOU (J. A.), Enseigne de vaisseau.
LA PORTE (L. M.), idem.
PUMPERNÉEL (R. A), Aspirant de 1re classe.
GUYON (M. A. H.), idem.
NARDIN (E. A.), Mécanicien principal de 2e classe.
DUVAL (C. P. T. M.), Aide-Commissaire, Officier d'administration.
GRIÈS (C. P. P.), Médecin de 1re classe, Médecin-Major.

CHATEAU-RENAUD, croiseur de 2ᵉ classe. — 450 ch. — 7 canons.

LE PONTOIS (E.), Capitaine de frégate, Commandant.
DE LA MOTTE DE LA MOTTE-ROUGE, Lieutenant de vaisseau, Second.
D'AURIAC (A. L.), Lieutenant de vaisseau.
PRÉAUBERT (L. L), Enseigne de vaisseau.
TIRARD (M. E.), idem.
GUÉDON (V. M.), idem.
REBOUL (E. F.), Mécanicien principal de 2ᵉ classe.
BLIN (C. T. L.), Aide-Commissaire, Officier d'administration.
ARAMI, Médecin de 1ʳᵉ classe, Médecin-Major.
GAMON (V. C. M.), Aspirant de 1ʳᵉ classe.
GABORIT, Aide-Médecin.

ÉCLAIREUR, croiseur de 2ᵉ classe. — 450 ch. — 8 canons.

FOURNIER (C. H. R. L.), Capitaine de frégate, Commandant.
HAVARD (G. J. J.), Lieutenant de vaisseau, Second.
GUYOMAR (H. E. A.), Enseigne de vaisseau.
BLANCHARD (D. P. L.), idem.
MOULUN (L. H.), idem.
LEVOT (G. F. A.), Enseigne de vaisseau auxiliaire.
EXELMANS (L. R. A), Aspirant de 1ʳᵉ classe.
CABANES (B. F.), Mécanicien principal de 1ʳᵉ classe.
SALLES (F. A.), Aide-Commissaire, Officier d'administration.
DELRIEU (M. L. M.), Médecin de 1ʳᵉ classe, Médecin-Major.

RIGAULT-DE-GENOUILLY, croiseur de 2ᵉ classe. — 450 ch. — 8 canons.

RICHARD (E. F.), Capitaine de frégate, Commandant.
HOUETTE (P. A. A), Lieutenant de vaisseau, Second.
BUSNEL (F. D.), Enseigne de vaisseau.
SCHWÉRER (L. A. A.), idem.
HENNECART (J. J. A. A. F.), idem.
DUVILLE (F. J. M.), Mécanicien principal de 2ᵉ classe.
JAMET (A. B. E.), Aide-Commissaire, Officier d'administration.
ORHOND (A. G.), Médecin de 1ʳᵉ classe, Médecin-Major.
DE REINACH DE WERTH, Aspirant de 1ʳᵉ classe.
IMBERT (G. F.), Aide-Médecin.

KERGUELEN, croiseur de 3ᵉ classe. — 250 ch. — 6 canons.

FOURNIER (J. M. A.), Capitaine de frégate, Commandant.
RIDOUX (C. X.), Lieutenant de vaisseau, Second.
DECOURSON (J.), Enseigne de vaisseau.
MERCIER DE LOSTENDE (M. H.), idem.
PACQUER (E. F.), Aspirant de 1ʳᵉ classe.
PHÉRIVONG (M. C.), Aide-Commissaire, Officier d'administration.
PALASNE DE CHAMPEAUX (F. P.), Médecin de 1ʳᵉ classe, Médecin-Major.
CAMAIL (J. J.), Aide-Médecin.

VOLTA, croiseur de 3ᵉ classe. — 250 ch. — 6 canons.

GIGON (C. A. L. F. M.), Capitaine de frégate, Commandant.
PICHON (P. A. M.), Lieutenant de vaisseau, Second.
LAUGIER (A. F. G.), Enseigne de vaisseau.
MOTTEZ (L. A. J.), idem.
MARIUS (N.), idem.
BRIÈRE (J. A. L.), Aide-Commissaire, Officier d'administration.
CHÉDAN (E. A), Médecin de 1ʳᵉ classe, Médecin-Major.
N..., Aspirant de 1ʳᵉ classe.
DELRIEU (M. L. J. G.), Aide-Médecin.

DUCHAFFAUT, croiseur de 3ᵉ classe. — 230 ch. — 6 canons.

LE MERCIER-MOUSSAUX (P. L. J.), Capitaine de frégate, Commandant.
BUNEL (A. L.), Lieutenant de vaisseau, Second.
PRAT (G. L.), Enseigne de vaisseau
FOURNIER (E. F. A.), idem.
JOUBERT (G. H. J.), idem.
MER (A.), Aide-Commissaire, Officier d'administration.
NÉIS (F.), Médecin de 1ʳᵉ classe.
REBOUL, Aide-Médecin.

SAONE, aviso-transport. — **175** ch. — **4 canons.**

MONIN (R. I.), Capitaine de frégate, Commandant.
FERRIÈRE, Lieutenant de vaisseau, Second.
BARBIER (E. G. H.), Enseigne de vaisseau.
SAUVAIRE-JOURDAN (A. M B.), idem.
LAYRLE (E. M. L.), idem.
COURTIAL (M. J. C. L.), Aide-Commissaire, Officier d'administration.
LE QUÈMENT, Médecin de 2ᵉ classe.
BOITEUX (H. B. L. M.), Aspirant de 1ʳᵉ classe.
DE LAROSIÈRE (E. R.), idem.

LUTIN, canonnière. — **100** ch. — **3 canons.**

DEBAR (L. J. P.), Lieutenant de vaisseau, Commandant.
SERPETTE (A. C.), Lieutenant de vaisseau, Second.
RIQUIER (F. M.), Enseigne de vaisseau.
DE LAGARDE (J. O. M), Aspirant de 1ʳᵉ classe.
LIÈVRE (D. E), Aide-Commissaire, Officier d'administration.
THÉMOIN (F. M.), Médecin de 2ᵉ classe, Médecin-Major.

VIPÈRE, canonnière. — **100** ch. — **4 canons.**

BOUÉ DE LAPEYRÈRE, Lieutenant de vaisseau, Commandant.
D'AGOULT (H. H. A), Enseigne de vaisseau, Second.
BORGELLA (E. R.), Enseigne de vaisseau.
CHARLIER (C. T.), idem.
MASSON (A. A. J. M), Aide-Commissaire, Officier d'administration.
CASTELLAN (A. C.), Médecin de 2ᵉ classe.

LYNX, canonnière. — **100** ch. — **4 canons.**

BONNAIRE (S. A. H.), Lieutenant de vaisseau, Commandant.
DE KERNAFFLEN DE KERGOS (E.), Lieutenant de vaisseau, Second.
DOYNEL DE QUINCEY (L. J.), Enseigne de vaisseau.
FITTE (J. A.), Aspirant de 1ʳᵉ classe.
MARQUIER (M. J. A.), Aide-Commissaire, Officier d'administration.
PAQUIER (E. A.), Médecin de 2ᵉ classe.

COMÈTE, canonnière. — 100 ch. — 4 canons.

Noirot (H.), Lieutenant de vaisseau, Commandant.
Le Golleur (A. E.), Lieutenant de vaisseau, Second.
Yves (P.), Enseigne de vaisseau.
Richard (L. M), idem.
Jean-Pascal (E. C. E.), Aide-Commissaire, Officier d'administration.
Cardes (A. E.), Médecin de 2ᵉ classe, Médecin-Major.

SAGITTAIRE, canonnière. — 100 ch. — 4 canons.

Krantz (J. F. J.), Lieutenant de vaisseau, Commandant.
Dèze (V. M. J.), Lieutenant de vaisseau, Second.
Carré (M. A.), Enseigne de vaisseau.
Bardoul (J. M.), Enseigne de vaisseau auxiliaire.
Mazet (J. A. V.), Médecin de 2ᵉ classe, Médecin-Major.
Moreau de Montcheuil (M. J. C.), Aide-Commissaire, Officier d'administration.

ASPIC, canonnière. — 100 ch. — 4 canons.

De Fauque de Jonquières (M. P. E.), Lieutenant de vaisseau, Commandant.
Olivieri (J. F.), Lieutenant de vaisseau, Second.
Robaglia (G. A. J.), Enseigne de vaisseau.
Lagrésille (C. M. P.), idem.
Baudon (L. G.), Aide-Commissaire, Officier d'administration
Cauquil, Médecin auxiliaire de 2ᵉ classe, Médecin-Major.

JAGUAR, canonnière. — 65 ch. — 2 canons.

Fouet (A. J. C), Lieutenant de vaisseau, Commandant.
Conrad (E. A. L.), Enseigne de vaisseau, Second.
De Paul (C. H. F.), Enseigne de vaisseau.
Lidin (J. G. F), idem.
Jarri (M. L. A.), Médecin de 2ᵉ classe, Médecin-Major.

ANNAMITE, transport de 1re classe. — 650 ch. — 2 canons.

LE BOURGUIGNON-DUPERRÉ (E. R.), Capitaine de frégate, Commandant.
TAJASQUE (J.), Lieutenant de vaisseau, Second.
COREIL (A.), Lieutenant de vaisseau.
BALLÉ (L. L.), idem.
POURQUIER (E. V. P.), idem.
LAURENT (L. E.), Mécanicien principal de 2e classe.
DANGIBEAUD (P. G. L.), Sous-Commissaire, Officier d'administration.
BERTRAND, Médecin de 1re classe, Médecin-Major.
SUARD, Médecin de 3e classe.
GAILLARD, Aide-Médecin.
PELLEN, Aide-Pharmacien.

TONKIN, transport de 1re classe. — 650 ch. — 2 canons.

NABONA (J. J.), Capitaine de frégate, Commandant.
TERLIER (A. M.), Lieutenant de vaisseau, Second.
MONGE (J. W.), Lieutenant de vaisseau.
MAUREAU (M. P.), idem.
GASCHARD (J. C.), idem.
DOUMET (J. S.), Mécanicien principal de 2e classe.
GUIS (E. M. E.), Sous-Commissaire, Officier d'administration.
MARTINENG, Médecin de 1re classe, Médecin-Major.
ANDRÉ *dit* DUVIGNEAU, Médecin de 2e classe.
LE GUEN, Aide-Médecin.
PIRON, idem.
DEZEUZE, Aide-Pharmacien.

CHATEAU-YQUEM, croiseur auxiliaire. — 650 ch.

LEJARD (A. J.), Capitaine de frégate, Commandant.
BOUXIN (A. J. M. G.), Lieutenant de vaisseau, Second.
TERQUEM (E. L.), Lieutenant de vaisseau.
FOURNIER (M. A.), idem.
BONHOMME (J. V.), Aspirant de 1re classe.
COLSON (P. J.), idem.
DUVIGEANT (P. A.), Aide-Commissaire, Officier d'administration.
GEOFFROY (L.), Médecin de 1re classe, Médecin-Major.

TORPILLEUR de 2ᵉ classe nº 44. — 100 ch.

GRENOUILLOUX, Lieutenant de vaisseau, Commandant.

TORPILLEUR de 2ᵉ classe nº 45. — 100 ch.

DOUZANS (M. A. H.), Lieutenant de vaisseau, Commandant.

TORPILLEUR de 2ᵉ classe nº 46. — 100 ch.

CAMPION (H. E.), Lieutenant de vaisseau, Commandant.

TORPILLEUR de 2ᵉ classe nº 50. — 100 ch.

VIGNOT, Lieutenant de vaisseau, Commandant.

Le premier nom de chaque bâtiment est orthograp

le deuxième reprod

NUMÉROS	NOMS	LONGUEUR	LARGEUR	DÉPLA-CEMENT	VITESSE	FORCE nominale de la machin
		Mètres.	Mètres.		Nœuds.	
I.	Yang-ou . . . . *(Yang-woo.)*	58,00	11,20	1608	13,0	1250
II.	Fou-po . . . . *(Foo-poo.)*	61,00	10,00	1258	10,0	600
III.	Fou-Sing . . . . *(Fuh-Sing.)*	51,70	6,30	558	8,0	400
IV.	I-Sing . . . . *(Yu-Sing.)*	37,02	5,40	260	?	?
V.	Fou-Cheng . . . . *(Fuh-shing)*					
VI.	Kieng-cheng . . . . *(Chin-shing.)*	Petites canonnières en acier, type alphabétique (système cellulaire).		250	8,0	389
VII.	Yang-pao . . . . *(Yang-Pao.)*	61,00	10,00	1450	9,5	600
VIII.	Tchen-Hang . . . . *(Tchun-Hing.)*	61,00	10,00	1450	9,5	600
IX.	Tsi-ngan . . . . *(Chi-an.)*	61,00	10,00	1258	10,0	600
X.	Tchen-oueï . . . . *(Chin-wei.)*	49,00	8,00	578	10,0	480
XI.	Feï-yune . . . . *(Feï-yuen.)*	61,00	10,00	1258	10,0	600

rançaise (*Carnet de l'Officier de marine*),

ographe anglaise.

PAGE	ARMEMENT	DATE de lancement	AVARIES ÉPROUVÉES
00	I canon de 19 ; 2 whitworth de 16 en chasse et en retraite, 6 en batterie.	1872	Explosé par le torpilleur 46, incendié ensuite par des obus.
50	I 16^{c}/m ; IV de 40 livres.	1870	A remonté la rivière fuyant le combat et s'est échoué.
70	I 16^{c}/m ; II de 12.	1870	Torpillé par le 45 et par le *White* du *Volta*, incendié, pris à l'abordage, puis coulé.
30	Sortes d'espingoles.	1876	A remonté la rivière fuyant le combat et s'est échoué.
26	I Vavasseur en acier de 25^{c}/m et de 16 tonnes sur l'avant.	1875 chez sir William Armstrong.	Coulée à coups d'obus. Coulée à coups d'obus.
50	I 16^{c}/m ; II de 12^{c}/m.	1873	Incendié à coups d'obus et coulé.
50	I 16^{c}/m ; II de 12^{c}/m.	1874	Incendié à coups d'obus et coulé.
50	I 16^{c}/m ; IV de 40 livres.	1873	Incendié et coulé à coups d'obus.
00	II 16^{c}/m ; IV de 40 livres.	1872	Incendié et coulé à coups d'obus.
50	I 16^{c}/m ; IV de 40 livres.	1873	Incendié et coulé à coups d'obus.

TABLE DES GRAVURES ET DES CARTES

GRAVURES DANS LE TEXTE

GRAVURES HORS TEXTE

CARTES

TABLE DES MATIÈRES

ANNEXES

Nancy, imprimerie Berger-Levrault et Cie.

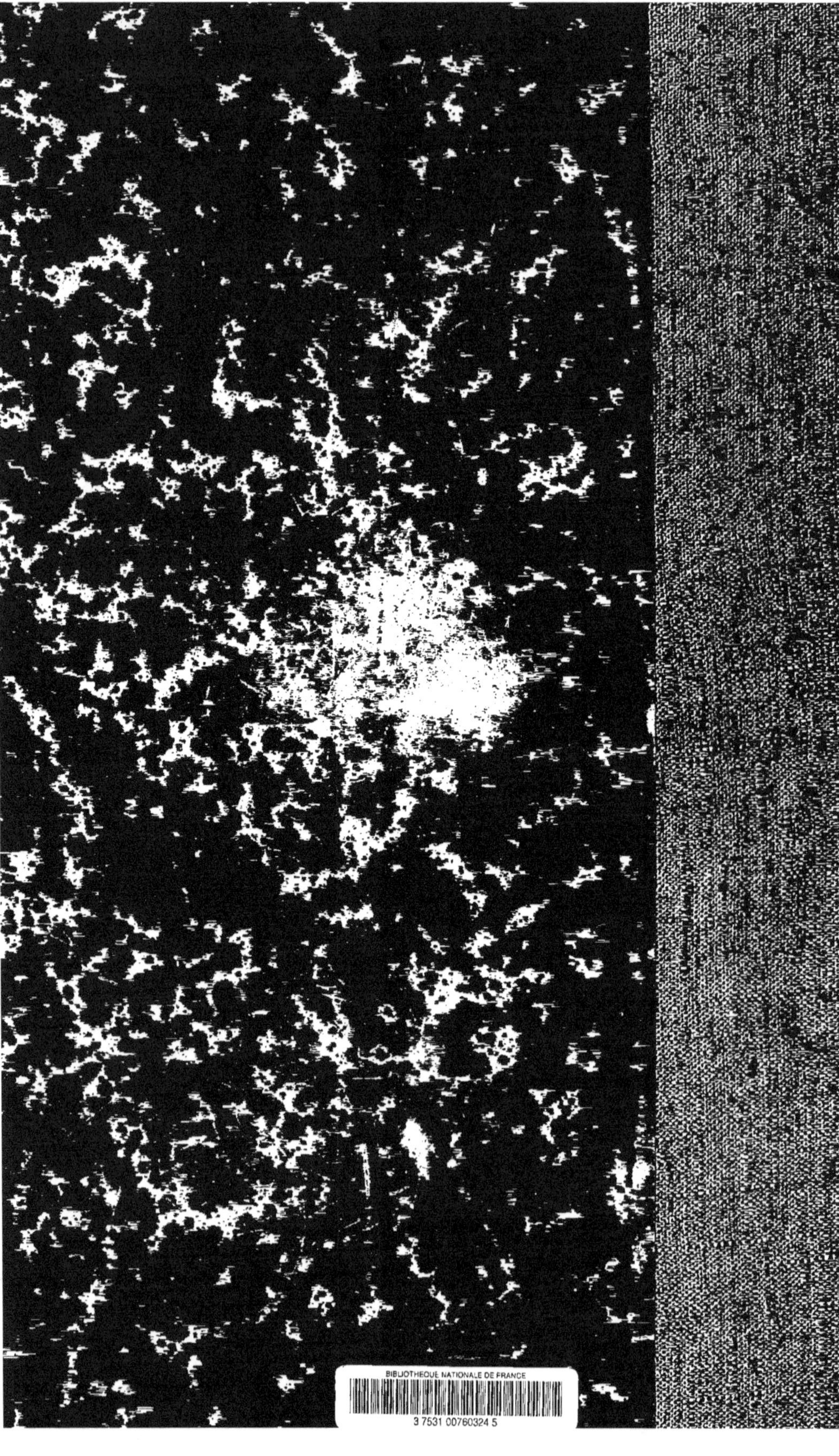

www.ingramcontent.com/pod-product-compliance
Lightning Source LLC
Chambersburg PA
CBHW071529030726
47598CB00001B/58